Marketing de Gamificação Para leigos

O marketing de gamificação pode mudar significativamente seu marketing para melhor — você só precisa saber como utilizá-lo. O fato é que nem todas as campanhas de marketing de gamificação são iguais, então é preciso saber por que algumas são bem-sucedidas (ou não). Lembre-se de que proteger sua campanha contra hackers é crucial para o sucesso.

© Somjai Jathieng / Shutterstock.com

COMO A GAMIFICAÇÃO PODE MELHORAR SEU MARKETING

O marketing de gamificação é uma experiência disruptiva e divertida para o seu público. Usado corretamente, ele oferece muitos benefícios para sua equipe. Aqui estão três claros benefícios da gamificação que mudarão a forma como você pensa o marketing para seu público:

- **As campanhas de marketing de gamificação permitem que sua equipe acumule grandes quantidades de dados dos usuários.** Os insights de dados que você obtém de sua campanha ajudarão sua equipe a melhorar e adaptar campanhas futuras para aumentar o engajamento geral

do público. Os dados também podem ajudar a impulsionar o engajamento geral da campanha digital de sua empresa, como na segmentação de público no Facebook e Google Ads.

Graças ao público poder se conectar à sua campanha diariamente, bem como à versatilidade do armazenamento em nuvem, você deve tentar captar o máximo de dados possíveis do usuário durante a campanha de gamificação. Certifique-se de cumprir todas as leis de privacidade, como o Regulamento Geral de Proteção de Dados (RGPD) da União Europeia e a LGPD do Brasil.

- **A gamificação pode ser uma excelente forma de se conectar em tempo real com seu público.** Você pode criar minicomunidades nas redes sociais em que os membros promoverão a marca de sua empresa.

  Também pode usar certos elementos de gamificação em sua campanha para ajudar seus consumidores a recompensar uns aos outros. Pode parecer estranho, mas pense nisso como uma forma de dar a eles uma oportunidade de contribuir. Aqui estão alguns exemplos:

  - Dê ao seu público a chance de ser responsável por outras pessoas. Você pode fazer isso criando funções em sua campanha de gamificação. Por exemplo, pode conceder direitos de administrador ou moderador a determinados membros do público.

  - Dê ao seu público a capacidade de presentear outros membros. Eles farão isso para ajudar seus amigos a alcançar os seus objetivos em sua campanha. Talvez seja difícil implementar esse recurso, mas o potencial de retorno pode ser um forte motivador.

  - Desenvolva uma forma de seu público responder a perguntas e ensinar outros usuários sobre os elementos de gamificação em sua campanha. Se e quando eles compartilharem seus conhecimentos, sua campanha deve oferecer a eles uma recompensa no jogo.

  Esses elementos de gamificação podem ser úteis para tornar sua campanha mais acessível, especialmente se seu setor não tem o costume de levar as pessoas a compartilhar e ajudar.

- **Criar lealdade em seu público não apenas fará com que voltem à sua campanha, mas também que promovam ativamente sua marca.** Na verdade, o público fiel continua a se inscrever em campanhas futuras, é ativo nas redes sociais de sua empresa e compra dela (ou, pelo menos, há mais chances de fazê-lo).

  A gamificação usa elementos como emblemas, recompensas e conquistas que são a norma no mundo dos jogos — desta forma, é uma das ferramentas mais poderosas para aumentar a lealdade do seu público. Sua equipe de marketing pode usar essas ferramentas para converter facilmente os consumidores em embaixadores leais de sua empresa e marca.

  Graças à gamificação, você pode estabelecer um poderoso vínculo com seus usuários, acelerando os processos de desenvolvimento de lealdade.

Marketing de Gamificação

para
leigos

Marketing de Gamificação

Para leigos

Zarrar Chishti

ALTA BOOKS
E D I T O R A
Rio de Janeiro, 2021

Marketing de Gamificação Para Leigos®

Copyright © 2021 da Starlin Alta Editora e Consultoria Eireli.
ISBN: 978-65-5520-483-4

Translated from original Gamification Marketing For Dummies®. Copyright © 2020 by John Wiley & Sons, Inc. ISBN 978-1-119-66397-3. This translation is published and sold by permission of John Wiley & Sons, Inc., the owner of all rights to publish and sell the same. PORTUGUESE language edition published by Starlin Alta Editora e Consultoria Eireli, Copyright © 2021 by Starlin Alta Editora e Consultoria Eireli.

Todos os direitos estão reservados e protegidos por Lei. Nenhuma parte deste livro, sem autorização prévia por escrito da editora, poderá ser reproduzida ou transmitida. A violação dos Direitos Autorais é crime estabelecido na Lei nº 9.610/98 e com punição de acordo com o artigo 184 do Código Penal.

A editora não se responsabiliza pelo conteúdo da obra, formulada exclusivamente pelo(s) autor(es).

Marcas Registradas: Todos os termos mencionados e reconhecidos como Marca Registrada e/ou Comercial são de responsabilidade de seus proprietários. A editora informa não estar associada a nenhum produto e/ou fornecedor apresentado no livro.

Impresso no Brasil — 1ª Edição, 2021 — Edição revisada conforme o Acordo Ortográfico da Língua Portuguesa de 2009.

Erratas e arquivos de apoio: No site da editora relatamos, com a devida correção, qualquer erro encontrado em nossos livros, bem como disponibilizamos arquivos de apoio se aplicáveis à obra em questão.
Acesse o site **www.altabooks.com.br** e procure pelo título do livro desejado para ter acesso às erratas, aos arquivos de apoio e/ou a outros conteúdos aplicáveis à obra.

Suporte Técnico: A obra é comercializada na forma em que está, sem direito a suporte técnico ou orientação pessoal/exclusiva ao leitor.

A editora não se responsabiliza pela manutenção, atualização e idioma dos sites referidos pelos autores nesta obra.

Produção Editorial
Editora Alta Books

Gerência Comercial
Daniele Fonseca

Editor de Aquisição
José Rugeri
acquisition@altabooks.com.br

Produtores Editoriais
Illysabelle Trajano
Maria de Lourdes Borges
Thales Silva

Marketing Editorial
Livia Carvalho
Gabriela Carvalho
Thiago Brito
marketing@altabooks.com.br

Equipe de Design
Larissa Lima
Marcelli Ferreira
Paulo Gomes

Diretor Editorial
Anderson Vieira

Coordenação Financeira
Solange Souza

Produtor da Obra
Thiê Alves

Equipe Ass. Editorial
Brenda Rodrigues
Caroline David
Luana Rodrigues
Mariana Portugal
Raquel Porto

Equipe Comercial
Adriana Baricelli
Daiana Costa
Fillipe Amorim
Kaique Luiz
Victor Hugo Morais
Viviane Paiva

Atuaram na edição desta obra:

Tradução
Rafael Fontes

Copidesque
Alberto Gassul Streicher

Revisão Técnica
Cayo Woebcken
Especialista em marketing de gamificação

Revisão Gramatical
Aline Vieira
Thaís Pol

Diagramação
Joyce Matos

Dados Internacionais de Catalogação na Publicação (CIP) de acordo com ISBD

C542m   Chishti, Zarrar
    Marketing de Gamificação Para Leigos / Zarrar Chishti ; traduzido por Rafael Fontes. - Rio de Janeiro : Alta Books, 2021.
    304 p. : il. ; 17cm x 24cm.

    Tradução de: Gamification Marketing For Dummies
    Inclui índice.
    ISBN: 978-65-5520-483-4

    1. Marketing. 2. Gamificação. 3. Estratégia de marketing. I. Fontes, Rafael. II. Título.

2021-2301
CDD 658.8
CDU 658.8

Elaborado por Odilio Hilario Moreira Junior - CRB-8/9949

Ouvidoria: ouvidoria@altabooks.com.br

Editora afiliada à:

Rua Viúva Cláudio, 291 — Bairro Industrial do Jacaré
CEP: 20.970-031 — Rio de Janeiro (RJ)
Tels.: (21) 3278-8069 / 3278-8419
www.altabooks.com.br — altabooks@altabooks.com.br

Sobre o Autor

Zarrar Chishti é consultor de desenvolvimento de software e jogos, tendo desenvolvido e comercializado mais de quinhentos jogos para empresas em todo o mundo.

Zarrar é procurado para assessorar no desenvolvimento de jogos virais para grandes campanhas de marketing. Seu trabalho o leva a contribuir com diretores de marketing para novos lançamentos, e para o gerenciamento de equipes de desenvolvedores de jogos e designers envolvidos com projetos de grande escala. Ele também atua na organização e execução de cursos e eventos de desenvolvimento de jogos.

Depois de se formar na Universidade de Glasgow, em 1996, com um prestigioso diploma com honras em engenharia de software, Zarrar foi contratado como desenvolvedor de software em Londres e Los Angeles por cinco anos. Em 2001, ele abriu sua própria empresa de software em Glasgow e, em dois anos, estava empregando dez funcionários. Em 2005, quando começou a oferecer desenvolvimento de jogos para seus clientes, sua empresa havia crescido para uma equipe de trinta pessoas.

Recentemente, Zarrar tem expandido sua empresa, Tentacle Solutions, abrindo escritórios no Sudeste Asiático e na Europa Oriental, bem como fazendo parcerias com empresas importantes no continente africano. Zarrar o incentiva a interagir com ele no Twitter (@zarrarchishti) e no LinkedIn (zarrarchishti).

Dedicatória

Para Papai Gee.

Agradecimentos do Autor

Isso não vai demorar muito. Algumas pessoas muito especiais em minha vida precisam ser mencionadas; sem elas, nem este livro e nem o sucesso que encontrei em minha vida profissional teriam sido possíveis. Começarei com meu amigo mais próximo, que esteve (e continua) ao meu lado nos momentos mais importantes: meu irmão, Ibrar. Agradeço também à minha eterna companheira de crime, minha esposa Sadia; ao meu filho, Yahyaa; e a minhas filhas "janno-jaan", Sara, Aisha e Rushda, todos dos quais sou imensamente orgulhoso. Obrigado aos meus pais, que me deram a educação e o crescimento mais incríveis que eu poderia ter desejado. Eu estaria encrencado se também não reconhecesse Bella, nossa gata completamente inútil, mas insubstituível.

Gostaria de transmitir um sincero agradecimento à minha agente, Carole. Você continua a me entender, apesar do meu forte sotaque escocês! Sua orientação e paciência no início serão sempre lembradas e apreciadas. Além disso, obrigado a Steven Hayes, Elizabeth Kuball e sua equipe incrível na Wiley.

Por fim, gostaria de agradecer a todos os colaboradores espalhados pelo mundo, pela dedicação e trabalho árduo. Amor e paz a todos vocês.

Sumário Resumido

Introdução 1

Parte 1: Introdução ao Marketing de Gamificação 5
CAPÍTULO 1: Gamificando Sua Estratégia de Marketing 7
CAPÍTULO 2: Conhecendo os Modelos de Gamificação 17

Parte 2: Começando Sua Jornada no Marketing de Gamificação 35
CAPÍTULO 3: Identificando Seu Público-alvo 37
CAPÍTULO 4: Aumentando o Engajamento na Sua Campanha 53
CAPÍTULO 5: Montando Seu Orçamento 71
CAPÍTULO 6: Conhecendo a Tecnologia 85

Parte 3: Executando Seu Plano de Gamificação 107
CAPÍTULO 7: Transformando Seu Jogo em Realidade 109
CAPÍTULO 8: Selecionando os Componentes Certos 123
CAPÍTULO 9: Lançamento e Promoção do Seu Jogo 143

Parte 4: Monitorando Eventos e Dados Depois do Lançamento 169
CAPÍTULO 10: Reunindo Todos os Dados 171
CAPÍTULO 11: Analisando e Aplicando Dados 189
CAPÍTULO 12: Evitando Sobrecarga de Dados 207

Parte 5: Preparativos para Sua Próxima Jornada de Gamificação 221
CAPÍTULO 13: Fracasso: Aprendendo com a Primeira Jornada 223
CAPÍTULO 14: Relançando Sua Campanha de Gamificação 235

Parte 6: A Parte dos Dez 249
CAPÍTULO 15: Dez Melhores Exemplos de Gamificação 251
CAPÍTULO 16: Dez Erros Comuns no Marketing de Gamificação 259
CAPÍTULO 17: Dez Benefícios da Gamificação do Seu Marketing 269

Índice 277

Sumário

INTRODUÇÃO 1
  Sobre Este Livro.. 1
  Penso que.. 2
  Ícones Usados Neste Livro 3
  Além Deste Livro 3
  De Lá para Cá, Daqui para Lá 4

PARTE 1: INTRODUÇÃO AO MARKETING DE GAMIFICAÇÃO 5

CAPÍTULO 1: Gamificando Sua Estratégia de Marketing 7
  Vendo o que a Gamificação Pode Fazer no Marketing............. 8
    Entendendo a gamificação 8
    Gamificando o seu marketing................................ 9
    Alguns exemplos de gamificação............................ 10
  Entendendo a Diferença entre a Gamificação e
    Outras Táticas de Marketing Online 10
      As vantagens da gamificação 11
      Levando sua experiência do usuário para o próximo nível..... 13
  Elevando o Seu Marketing Atual................................ 15

CAPÍTULO 2: Conhecendo os Modelos de Gamificação 17
  Explorando Suas Opções....................................... 18
    Descobrindo os tipos de jogos............................. 18
  Criando as Configurações Perfeitas para
    a Campanha de Gamificação 27
      Escolhendo o jogo correto para o público.................. 27
      Determinando a duração e a frequência 29
  Evitando as Ciladas 31
    Dependendo de desktops.................................... 32
    Bancando o esperto.. 32
    Complicando a jogabilidade 32
    Criando muitas recompensas................................ 32
    Usando incorretamente as mecânicas 33
    Apostando nos virais 33
    Criando uma campanha que não pode ser jogada
      no trabalho 34
    Presumindo que o público entende de jogos 34

PARTE 2: COMEÇANDO SUA JORNADA NO MARKETING DE GAMIFICAÇÃO... 35

CAPÍTULO 3: Identificando Seu Público-alvo ... 37
    Definindo Seu Público ... 38
        Jogando fora tudo o que você acha que sabe sobre seu público... 38
        Conduzindo pesquisas para encontrar seu público... 39
    Observando Mais de Perto Sua Base Atual de Clientes ... 40
        Estabelecendo dados existentes ... 41
        Adaptando-se ao B2B... 42
    Minerando Suas Mídias Sociais... 43
        Identificando os principais dados ... 43
        Acompanhando métricas exclusivas de cada plataforma ... 45
        Escolhendo dados de mídia significativos versus métricas de vaidade... 49

CAPÍTULO 4: Aumentando o Engajamento na Sua Campanha ... 53
    Estabelecendo Recompensas e Conquistas... 54
        Recompensando seus jogadores... 54
        Criando lealdade... 57
    Incentivando o Compartilhamento entre o Seu Público ... 60
        Usando uma hashtag única ... 60
        Oferecendo mais do que apenas um link... 66

CAPÍTULO 5: Montando Seu Orçamento ... 71
    Definindo Seu Orçamento... 72
        Estimando os custos... 72
        Alinhando o orçamento com os objetivos ... 72
        Antecipando os riscos ... 73
    Montando Sua Equipe ... 74
        Contabilizando o modelo de gamificação... 74
        Terceirizando talentos ... 74

CAPÍTULO 6: Conhecendo a Tecnologia ... 85
    Escolhendo uma Base para a Campanha... 85
        Desenvolvendo em HTML5... 86
        Reconhecendo as desvantagens de criar um app ... 91
    Mantendo as Comunicações... 92
        Verificando a capacidade de entrega do e-mail ... 93
        Certificando-se de que os e-mails não acabam na pasta de spam... 95
        Continuando sua campanha... 96
        Cumprindo o Regulamento Geral de Proteção de Dados... 101
    Considerando Problemas de Testagem ... 103
        Métodos de testagem ... 104
        Verificando os navegadores ... 105

PARTE 3: EXECUTANDO SEU PLANO DE GAMIFICAÇÃO 107

CAPÍTULO 7: **Transformando Seu Jogo em Realidade** 109
Escolhendo o Modelo de Gamificação Perfeito para Você 110
Determinando Seu Público-alvo 114
    Conduzindo sua pesquisa de público 114
    Considerando o que a pesquisa diz 115
Incorporando Metas ao Jogo 116
    Criando objetivos SMART 116
    Elaborando seus objetivos de gamificação 118
Criando Recompensas de Fidelidade 120
    Escolhendo suas opções 120
    Usando recompensas no seu jogo 121

CAPÍTULO 8: **Selecionando os Componentes Certos** 123
Entendendo o Processo de Desenvolvimento de Jogos 124
    Compreendendo as etapas do ciclo de vida de desenvolvimento dos jogos 124
    Decidindo qual modelo de ciclo de vida é o ideal para você .. 127
Montando Sua Equipe 131
    Descobrindo quem faz o quê 132
    Equilibrando o papel de todos 133
    Escolhendo freelancers, agências ou funcionários internos ... 134
Preparando a Estratégia Técnica 137
    Compreendendo as opções disponíveis 137
    Comparando as plataformas 140

CAPÍTULO 9: **Lançamento e Promoção do Seu Jogo** 143
Definindo a Janela de Lançamento 144
Aperfeiçoando Sua Página de Destino 145
Decolando em 3... 2... 1 148
    Gerando interesse no pré-lançamento 148
    Elaborando uma estratégia de lançamento por meio das redes sociais 150
Dia de Lançamento: Focando Seu Jogo 152
    Alcançando seu público atual 153
    Chamando a atenção da mídia 157
    Oferecendo uma prévia para influenciadores e blogueiros ... 160
    Usando seus canais de mídia social existentes (ou não) 163
    Levando seu jogo para outros sites 166

PARTE 4: MONITORANDO EVENTOS E DADOS DEPOIS DO LANÇAMENTO 169

CAPÍTULO 10: **Reunindo Todos os Dados** 171

Criando um Portal para Seus Dados 172
    Desenvolvendo seu portal 172
    Protegendo o acesso 173
    Criando seus relatórios 176
Identificando Quais Dados Você Deve Coletar 177
    Acompanhando o progresso 177
    Interação 178
    Duração 178
    Porcentagem de novas sessões 178
    Metas atingidas 179
    Visualizações versus sessões 179
    Rejeição 180
    Localização 180
    Recorrentes versus novos 180
    Referências 181
Acompanhando a Jornada do Usuário 181
    Observando todos os movimentos 182
    Aprendendo o que os usuários não dizem 184
Obtendo Feedback Valioso do Usuário 185
    Fornecendo um formulário de feedback 186
    Instalando suporte para chat ao vivo 186
    Avaliando o desempenho da campanha 186
    Criando um fórum online 187
    Exibindo o feedback positivo do cliente 187
    Usando enquetes 187
    Monitorando as redes sociais 188

CAPÍTULO 11: **Analisando e Aplicando Dados** 189

Compreendendo o Porquê e o Como da Análise de Dados 190
Extraindo os Dados de Sua Campanha 191
    Fontes de dados 191
    Localizando os dados 195
Aplicando Big Data Inteligente 196
    Desconstruindo o big data 196
    Beneficiando-se do big data e da análise de dados 198
Obtendo Ajuda da Análise Preditiva 199
    Escolhendo uma ferramenta de análise preditiva 200
    Usando a análise preditiva 200
Mantendo o Controle dos Dados 201
    Mantendo a confiança do público 202
    Protegendo os dados 203
    Protegendo seu banco de dados 204

CAPÍTULO 12: Evitando Sobrecarga de Dados 207
    Cuidando da Capacidade Máxima 208
        Identificando os efeitos do travamento 208
        Preparando-se para o aumento de tráfego 209
    Lidando com Falhas de Dados 213
        Identificando o motivo 213
        Resolvendo o problema 214
        Evitando que os problemas aconteçam
        novamente e minimizando os danos 214
    Aplicando as Melhores Práticas de Desenvolvimento 217
        Otimizando o código de gamificação 217
        Concentrando-se na finalidade dos dados 219

PARTE 5: PREPARATIVOS PARA SUA PRÓXIMA JORNADA DE GAMIFICAÇÃO 221

CAPÍTULO 13: Fracasso: Aprendendo com a Primeira Jornada 223
    Compreendendo os Resultados 224
        Usando os dados a seu favor 224
        Usando corretamente as análises 227
    Pesquisando para o Futuro 229
    Modelando o Futuro 233
        Apurando dados 233
        Usando inteligência artificial 234

CAPÍTULO 14: Relançando Sua Campanha de Gamificação ... 235
    Motivos para Relançar Sua Campanha 236
    Ajustando a Campanha de Gamificação 238
        Verificando os pontos de saída 238
        Avaliando se a opção de gamificação
        escolhida foi a ideal para você 239
        Redefinindo seu público-alvo 242
        Construindo uma versão sazonal da sua campanha 243
    Sabendo Quando Parar 247

PARTE 6: A PARTE DOS DEZ 249

CAPÍTULO 15: Dez Melhores Exemplos de Gamificação 251
    Starbucks: Starbucks Rewards 252
    Chipotle: A Love Story Game 252
    Nike: Nike+ FuelBand 253
    M&M's: Eye-Spy Pretzel 254
    Target: Wish List 255
    Citroën: Game of Scroll 255
    Coca-Cola: Shake It 256

Netflix: Black Mirror: Bandersnatch 256
Nissan: CarWings. 257
Magnum: Pleasure Hunt 258

CAPÍTULO 16: Dez Erros Comuns no Marketing de Gamificação 259

Oferecer uma Experiência do Usuário Desinteressante 260
Deixar Seu Público Implorando por Ajuda 260
Ter uma Estrutura de Jogo Defeituosa 261
Deixar o Usuário Esperando. 261
Definir Objetivos Inúteis. 262
Não Estabelecer Objetivos Claros de Big Data. 263
Parecer Ótimo no Desktop, Mas Nem Tanto nos Celulares 264
Não Checar os Ausentes 265
Falhar na Interação Social 266
Lançar Sem Marketing 267

CAPÍTULO 17: Dez Benefícios da Gamificação do Seu Marketing 269

Reforçando o Reconhecimento da Marca 270
Aumentando o Alcance 270
Atraindo Rapidamente um Público Mais Jovem. 271
Estimulando o Engajamento 272
Injetando Diversão em Sua Marca 272
Influenciando o Comportamento do Cliente 273
Acumulando Big Data. 273
Personalizando a Experiência com a Marca. 274
Desenvolvendo a Fidelidade do Cliente 274
Coletando Feedback e Excelentes Informações do Cliente. 275

ÍNDICE 277

Introdução

O que é o marketing de gamificação? Depois de fazermos uma campanha bem-sucedida, um de meus clientes colocou de forma simples: "Não posso acreditar que acabamos de dar aos nossos clientes a *experiência* de um jogo em uma campanha que não tinha nada a ver com jogos."

Gamificação é quando você aplica técnicas e conceitos de jogos a qualquer campanha de marketing. Hoje, ela está em todos os lugares — por exemplo, empresas recompensando seus funcionários, professores incentivando seus alunos a competir por notas mais altas e até mesmo pais recompensando seus filhos por lavar a louça.

Não é de se espantar que a gamificação também funcionou para campanhas de marketing. Quando qualquer empresa, grande ou pequena, implementa a gamificação de maneira adequada, a campanha atenderá aos objetivos de marketing da empresa. Por quê? Porque os humanos têm um desejo inato de jogar e competir.

O marketing de gamificação pode ter os seguintes objetivos finais:

- » Construir o conhecimento da marca
- » Aumentar o engajamento
- » Impulsionar conversões
- » Potencializar a lealdade do consumidor
- » Encorajar a defesa da marca

Sobre Este Livro

Este livro é para profissionais de marketing, não desenvolvedores.

A maioria dos livros, blogs e artigos sobre gamificação são escritos para desenvolvedores. Então, eu queria escrever este livro para pessoas como os meus clientes — pessoas como você! Ao ler esta obra, quero que sinta que estou sentado ao seu lado em nossa sala de conferências, discutindo como você pode implementar o marketing de gamificação em sua próxima campanha.

Este material cobre todos os aspectos do desenvolvimento, lançamento e análise de uma campanha de marketing de gamificação. Você não tem que ler o livro do começo ao fim. Pode usar o sumário e o índice para encontrar o assunto sobre o qual deseja obter mais informações. Não precisa se lembrar do que está lendo — não haverá um teste na semana que vem e você sempre poderá voltar aqui para encontrar o que precisa.

Se estiver com pouco tempo, pode pular qualquer coisa marcada com o ícone Papo de Especialista, bem como o texto nas caixas cinzas (chamadas de *boxes*). Tais informações são interessantes (alguns podem dizer "fascinantes"!), mas não são essenciais para a sua compreensão do assunto em questão.

Neste livro, você pode notar que alguns endereços online se dividem em duas linhas de texto. Se está lendo o livro impresso e deseja visitar uma dessas páginas, basta digitar o endereço exatamente como está anotado no texto, fingindo que a quebra de linha não existe. Se está lendo o e-book, é fácil — basta clicar no endereço para ser levado diretamente para a página da internet.

Por fim, nesta obra, você encontrará muitos exemplos de campanhas de marketing de gamificação de empresas ao redor do mundo. Algumas dessas campanhas terão terminado quando você ler este livro; outras ainda estarão em execução. Para aquelas que ainda estão ativas, encorajo-o a se inscrever e começar a se envolver. Experimente o que elas têm a oferecer e tente relacionar como cada elemento de gamificação funcionará com a sua própria campanha.

Penso que...

Este livro é para pessoas que trabalham com marketing ou que são responsáveis pelo marketing de suas empresas. Portanto, não presumo que você tenha conhecimento em design ou desenvolvimento de jogos. No entanto, presumo o seguinte:

» Você é o responsável por uma campanha na sua empresa.
» Você conhece os fundamentos do marketing.
» Você conhece e tem experiência em jogos online.
» Você tem acesso aos modelos de análise de sua empresa.
» Você tem uma equipe interna de desenvolvedores e designers ou pode contratar uma.

Ícones Usados Neste Livro

Como outros livros da série *Para Leigos*, este livro usa ícones, ou pequenas imagens nas margens, para chamar sua atenção para certos tipos de material. Aqui estão os que uso:

Sempre que vir o ícone Dica, pode ter a certeza de que encontrará algo que vai poupar seu tempo ou dinheiro, ou apenas tornar a sua vida mais fácil (pelo menos no que diz respeito à sua campanha).

Você não precisa memorizar este livro, mas quando digo algo tão importante que você realmente *deve* se lembrar, eu o marco com o ícone Lembre-se.

Já realizei várias campanhas de marketing de gamificação e aprendi uma coisa ou outra ao longo do caminho. Se eu puder salvá-lo das armadilhas que sei que existem por aí, eu o farei! Sempre que avisar sobre algo que pode causar uma verdadeira dor de cabeça para você e sua equipe, utilizo o ícone Cuidado.

Ocasionalmente, utilizo algumas informações que são um pouco técnicas demais. Se essa for sua praia, fique atento ao ícone Papo de Especialista. Se preferir se limitar apenas às informações essenciais, pode pular esses pormenores sem problemas.

Além Deste Livro

Além do material impresso ou e-book que está lendo agora, este produto vem com alguns itens que você pode acessar gratuitamente de qualquer lugar da internet. Confira a Folha de Cola Online para obter informações sobre como os jogos podem mudar seu marketing para sempre, dicas sobre como as campanhas de gamificação diferem e conselhos sobre segurança de dados para sua campanha de gamificação. Você pode acessar a Folha de Cola Online no site da Editora Alta Books, www.altabooks.com.br. Procure o título do livro e faça o download da Folha de Cola completa, bem como de erratas e possíveis arquivos de apoio.

De Lá para Cá, Daqui para Lá

Se você não está familiarizado com a gamificação, dê uma olhada no Capítulo 1 — é um bom ponto de partida. Se já entende de gamificação e está familiarizado com o básico, provavelmente pode pular para o Capítulo 3 e começar a aprender como dar o pontapé inicial em sua primeira campanha de marketing de gamificação. Caso seu foco seja os dados, vá para a Parte 4. E se quiser apenas um pouco de inspiração, consulte o Capítulo 15.

Onde quer que comece, você encontrará informações que pode usar em sua próxima campanha de marketing de gamificação!

1
Introdução ao Marketing de Gamificação

NESTA PARTE . . .

Descubra o que o marketing de gamificação pode fazer por você e como as campanhas podem se adequar aos seus objetivos.

Explore os vários modelos de marketing de gamificação.

> **NESTE CAPÍTULO**
> » Vendo como a gamificação atua no marketing
> » Identificando o que faz a gamificação se destacar
> » Definindo quais elementos da gamificação funcionarão para você

Capítulo **1**

Gamificando Sua Estratégia de Marketing

Graças ao surgimento da gamificação, campanhas de marketing em todo o mundo estão se tornando cada vez mais envolventes. As campanhas de marketing de gamificação oferecem ao seu público uma *experiência*, não apenas conteúdo.

Adicionar elementos de gamificação em seu marketing dará à sua próxima campanha uma grande vantagem. A gamificação aprimora a experiência do usuário e aumenta o engajamento do público. Outra vantagem é que o usuário estará mais inclinado a interagir e a compartilhar a campanha.

A aplicação de elementos de gamificação nos negócios está se popularizando rapidamente. Uma pesquisa da Gartner estima que mais de 70% das organizações da Forbes Global terão pelo menos um aplicativo baseado em jogos, e que metade de todas as empresas que gerenciam processos de inovação terão se "gamificado". Isso abre uma oportunidade maravilhosa para você e sua equipe estimularem comportamentos específicos, motivando o público a realizar atividades que exigiriam muito esforço e tempo em uma campanha não gamificada.

Neste capítulo, examino como a gamificação pode ajudar no marketing e, em seguida, exploro como ela dá à sua campanha uma vantagem sobre as formas tradicionais de marketing.

Vendo o que a Gamificação Pode Fazer no Marketing

Usar elementos de jogos em sua campanha de marketing pode parecer esquisito à primeira vista. Mas, em meus 15 anos de experiência em gamificação e marketing, descobri que gamificação é uma estratégia de marketing altamente eficaz, não importa em qual setor a marca esteja.

Quando você gamifica sua campanha, seu público se diverte interagindo com sua marca, o que significa que sua empresa aumentará o engajamento geral. É uma situação sem perdedores!

O principal objetivo da gamificação é possibilitar que seus esforços de marketing sejam direcionados à coleta de dados. Abordo esse assunto melhor no Capítulo 11. Mas, por ora, saiba que é possível analisar big data para obter insights que podem levar a decisões e movimentos estratégicos mais eficientes para os negócios da sua empresa. Portanto, não se trata apenas de proporcionar ao público uma experiência divertida — trata-se de coletar dados sobre o público enquanto se divertem.

Nas seções a seguir, explicarei o que exatamente é gamificação, contarei como você pode gamificar seu marketing e compartilharei alguns exemplos de campanhas de marketing de gamificação bem-sucedidas.

Entendendo a gamificação

Gamificação é simplesmente o processo de aplicar técnicas e conceitos em geral encontrados em jogos a algo que esteja fora desse universo — neste caso, sua campanha de marketing. Mesmo que nunca tenha ouvido falar de marketing de gamificação, é provável que você já tenha experimentado uma campanha como essa, quer tenha percebido ou não.

LEMBRE-SE

A gamificação pode ser tão simples quanto incorporar emblemas ou elementos de conquista (você pode encontrar isso na campanha de recompensas da Starbucks, veja o Capítulo 15). Do outro lado do espectro, é possível desenvolver uma campanha totalmente integrada, como quando o McDonald's e a Hasbro se uniram para criar o Banco Imobiliário do McDonald's.

Adicionar elementos de gamificação, mesmo em uma situação negativa, pode tornar as coisas um pouco melhores. Por exemplo, quando o navegador Google Chrome não consegue carregar uma página, ele apresenta ao usuário um minigame simples, mas muito envolvente, conforme mostrado na Figura 1-1.

FIGURA 1-1: O Google adicionou um minigame do *T. rex* ao seu navegador Chrome.

Gamificando o seu marketing

Os elementos de gamificação podem ser baseados em vários tipos de jogos que têm seus próprios elementos de gamificação, como troféus, emblemas ou recompensas (veja o Capítulo 2).

Na minha experiência, quando o conteúdo de marketing incorpora elementos de gamificação, o engajamento do cliente cresce. Esse crescimento significa que seu público não apenas se lembrará da sua campanha, mas também a compartilhará com seus amigos e familiares nas redes sociais. Isso significa que você tem maior possibilidade de levar sua marca para um público cada vez mais amplo.

Quando você apresenta uma campanha de marketing de gamificação para o público, eles começam a pensar mais sobre a sua marca, o que pode levar a um grande crescimento nas assinaturas de newsletters e até mesmo à compra de um ou mais produtos ou serviços relacionados à campanha.

O resultado mais eficaz da gamificação é que as taxas de conversão aumentarão conforme o público se motive a concluir tarefas por recompensas.

Alguns exemplos de gamificação

O Capítulo 15 trata de estudos de caso reais de campanhas de marketing de gamificação. Deixe-me aguçar o seu apetite com apenas alguns exemplos adicionais de marcas das quais você provavelmente já ouviu falar:

» **Verizon Wireless:** A Verizon teve um aumento de 30% nas taxas de login devido à sua campanha de gamificação. A empresa fez isso adicionando ao seu site placares, emblemas e integração de redes sociais, entre outros elementos de gamificação. Com essa campanha, a Verizon conseguiu se envolver com seus clientes em um nível muito mais próximo.

Mais de 50% dos usuários do site participaram dos novos recursos de gamificação. E os que aproveitaram a integração social passaram 30% a mais de tempo no site e geraram 15% a mais de visualizações na página do que os usuários que usaram o método tradicional de login.

» **Grupo Volkswagen:** A Volkswagen convidou seus consumidores na China, um de seus maiores e mais importantes mercados, para ajudar a empresa a desenvolver novas versões do "carro do povo". Os participantes receberam ferramentas de gamificação para ajudá-los a projetar facilmente seu novo veículo e puderam postar seus designs online. Os designs foram então abertos para que outras pessoas vissem e avaliassem.

Os resultados foram colocados em tabelas de classificação para que os concorrentes e o público em geral pudessem ver como os designs concorrentes estavam se saindo. Em dez semanas, a campanha online de crowdsourcing recebeu mais de 50 mil ideias! No final do primeiro ano da campanha, quando, pelo menos, 33 milhões de pessoas já haviam visitado o site, o público escolheu três conceitos vencedores.

Essa campanha deve seu sucesso ao fato de que a Volkswagen reconheceu que a participação em uma iniciativa popular de negócios precisa ser não apenas atraente e recompensadora, mas também envolvente e divertida. Como a equipe de marketing da Volkswagen usava gamificação, a campanha se tornou viral na China.

Entendendo a Diferença entre a Gamificação e Outras Táticas de Marketing Online

Quando comecei a consultoria em marketing de gamificação, os profissionais tradicionais viam esse método apenas como uma moda passageira que não duraria. Hoje, ele é uma das formas mais lucrativas de marketing em todo o mundo, com engajamento de milhões de pessoas do público.

O marketing de gamificação pode ser muito rentável e lucrativo para sua empresa. Ao longo dos anos, ajudei e testemunhei empresas de todos os setores implementarem com sucesso elementos de gamificação em suas campanhas.

Nas seções a seguir, apresentarei as vantagens da gamificação e mostrarei como você pode levar sua experiência do usuário para o próximo nível.

As vantagens da gamificação

A gamificação fornece a resposta aos problemas inerentes ao marketing tradicional. Ela usa o instinto básico que os humanos possuem de querer jogar e competir, e oferece uma maneira para todas as campanhas de marketing fornecerem valor real para seu público e uma experiência digital positiva.

Ao usar técnicas de gamificação, você desenvolverá o conhecimento da marca, atrairá o engajamento com sua marca e desenvolverá um programa de fidelidade duradouro.

Aqui estão algumas de suas vantagens em relação ao marketing tradicional:

» **Colocar um pouco de diversão em sua marca ou mensagem.** A gamificação incorpora elementos de diversão e competição em qualquer estratégia de marketing. Essa é uma boa notícia para sua marca, porque sua campanha atrairá ativamente pessoas que desejam participar, seguir e compartilhar a mensagem de sua marca.

» **Obter um feedback melhor e mais significativo.** Infelizmente, somos todos inundados com pedidos de feedback de sites atualmente. Por isso, é raro conseguir feedback significativo do cliente para uma campanha de marketing tradicional. Se você confiar em técnicas tradicionais, é provável que não tenha uma imagem clara de como seu público se sente sobre sua empresa, marca e campanha.

   A gamificação ajuda a simplificar o processo, oferecendo uma campanha mais envolvente e divertida que aumenta as taxas de resposta. Isso gera uma resposta emocional e imediata do seu público, porque ele responde sem pensar na resposta. Então, em meio a um bombardeio de pedidos de feedback, a gamificação torna sua campanha mais atraente à audiência, a partir de um processo simples, contínuo e divertido.

» **Gerar lealdade.** Seu público é inundado com todas as formas de ruído — promoções especiais, ofertas e mensagens publicitárias em todos os lugares que olham. Para que sua campanha seja bem-sucedida, ela precisa engajar os clientes, manter seu interesse e desenvolver lealdade. Com tantas opções competindo agressivamente pela atenção do seu público, essa tarefa está cada vez mais difícil.

A gamificação pode potencializar programas de fidelização, criando um relacionamento mais sustentável e proveitoso com os clientes. Quando feitos corretamente, os programas de fidelidade de gamificação têm um impacto impressionante.

» **Personalizar a experiência de seu público com sua marca.** O marketing de gamificação pode criar uma experiência mais pessoal para o seu público durante a campanha. A segmentação e a personalização são essenciais para impulsionar a conversão, desenvolver confiança e construir a fidelidade do cliente (veja o Capítulo 9). Quanto mais você adaptar seu marketing ao seu público-alvo, mais eficazes serão suas campanhas.

Você pode criar experiências de jogo personalizadas para audiências específicas e, em seguida, desenvolver essas experiências de jogo de acordo com os valores da sua marca. Ao fazer isso, sua campanha de marketing se conectará com seu público em um nível mais profundo.

» **Fornecer big data.** *Big data* oferece insights de todos os tipos de fontes de dados estruturados e não estruturados para ajudar a melhorar a forma como as empresas operam e interagem com os consumidores. A gamificação, que permite a conexão com o público de uma forma mais interativa e íntima, reúne dados valiosos que podem ser transformados em novos insights para criar segmentos de mercado detalhados para campanhas futuras.

A gamificação gera muitos dados que sua empresa pode analisar, especialmente quando os usuários precisam fazer login em suas redes sociais, nas quais muitos dos dados públicos disponíveis podem ser coletados. O mais interessante é que esses dados podem ser integrados com todos os outros dados de gamificação que você está armazenando, fornecendo, assim, um contexto mais completo.

Examino com mais detalhes as técnicas de big data no Capítulo 11.

» **Influenciar o comportamento dos seus clientes.** A gamificação tem uma grande vantagem sobre as campanhas de marketing tradicionais no que diz respeito a influenciar o comportamento do cliente. Uma campanha de gamificação envolve experiências universais, como estímulo e motivação.

Influenciar o público a tomar as decisões que você deseja é o Santo Graal do marketing. No Capítulo 15, explico como o uso de gamificação da Nissan influenciou os motoristas a adotarem melhores hábitos de direção, que é exatamente a mensagem com a qual a empresa queria se alinhar.

» **Impulsionar o engajamento.** Se sua campanha de marketing for engajante, será compartilhada. A gamificação pode ajudar a impulsionar o engajamento, fazendo com que seu público compartilhe sua campanha com amigos e familiares.

A gamificação atua na psicologia que impulsiona o engajamento humano — o desejo de competir e melhorar, bem como querer ser recompensado imediatamente. A tecnologia é apenas o gatilho utilizado para colocar essa psicologia em prática na esfera empresarial.

- **Atrair um público mais jovem.** Ao prometer uma experiência divertida e envolvente, sua campanha atrairá a atenção de um público mais jovem imediatamente. O público mais jovem vem adotando rapidamente as novas revoluções da tecnologia digital e social. Isso torna a gamificação um método ainda mais importante se sua campanha deseja atrair os jovens. Ela força seu marketing a praticar a criatividade, o que certamente atrairá um público mais jovem.

- **Ampliar o alcance.** Não importa o tipo de campanha que você faça, um dos principais objetivos será sempre conquistar novos clientes. Não importa quais segmentos de mercado está almejando ou em qual setor sua empresa atua, alcançar mais consumidores em potencial sempre será uma parte fundamental do seu marketing.

  O brilhantismo das campanhas de marketing de gamificação, em que situações cotidianas são transformadas em jogos, é que elas são multifuncionais e em camadas, melhorando naturalmente o engajamento do público e o alcance da marca.

- **Gerar um melhor reconhecimento da marca.** Ao utilizar a gamificação, você pode atrair novos clientes quando eles perceberem sua marca como parte de uma campanha inovadora e divertida. Seu público, novo e antigo, experimentará sua campanha de marketing de uma forma divertida e interativa — uma experiência que deixará seu público mais ciente de sua empresa e marca.

  Ao explorar recompensas, pontos, ranques, tabelas de classificação e competição, todos os quais abordo profundamente no Capítulo 4, você pode encorajar seu público a seguir, compartilhar e curtir sua marca nas redes sociais. Dessa forma, pode aumentar seu alcance e, em última instância, o reconhecimento da sua marca.

Levando sua experiência do usuário para o próximo nível

Uma campanha de marketing de gamificação desencadeará emoções que estão ligadas à experiência positiva do usuário. Essas emoções podem desempenhar um papel muito importante na maneira como você se relaciona com o público.

Aqui estão alguns modos pelos quais o uso de elementos de gamificação pode afetar o seu público:

- **Dar controle ao usuário:** Conduzir seu público em direção às metas de marketing desejadas torna-se parte da jornada do usuário. Ninguém gosta de ser forçado a um destino. A maioria das pessoas gosta de se sentir no controle. Esse é o centro da gamificação. Sua estratégia se tornará mais como uma campanha "escolha sua própria aventura", que é o que fará as pessoas se envolverem (veja o Capítulo 2).

» **Sair em uma jornada:** Os elementos de gamificação podem ajudar o público a visualizar para aonde estão indo na campanha. As pessoas gostam de saber para aonde a campanha está indo e onde estão no processo. Considere um elemento de gamificação simples, como emblemas: você pode ver como os emblemas podem atuar como mapas de progresso para o público. Eles sabem onde estão no processo e quais são as próximas etapas. De certa forma, esses elementos ajudam a dividir a jornada de seu público em partes, o que a torna mais gerenciável e envolvente — e mais provável que eles continuem.

» **Fornecer uma real sensação de realização:** A realização é um dos fatores impulsionadores mais poderosos para que seu público permaneça em sua campanha. O que quer que façam em sua campanha, eles vão querer sentir que conquistaram algo. Se conseguir fazer com que tenham uma sensação de realização, eles continuarão voltando para sua campanha. Ao usar elementos de gamificação, como pontos ou recompensas, você pode criar essa sensação de conquista em intervalos regulares.

» **Definir metas competitivas:** Seu público será competitivo por natureza. A maioria deles vai querer se esforçar cada vez mais. Ao aplicar elementos como placares, você pode convencer seu público a voltar e tentar novamente. A competição é o fator que impulsiona a popularidade do app Nike+ (veja o Capítulo 15).

» **Explorar:** Quando você dá ao seu público a liberdade de explorar, isso cria curiosidade e empolgação, que são duas emoções muito poderosas e positivas. Claro, o elemento de gamificação deve ser cuidadosamente estruturado para que seu público não fique sobrecarregado nem entediado. Com uma combinação de níveis, estratégia e elementos de enredo (veja o Capítulo 2), você pode transformar qualquer campanha em uma que permita ao público sentir que tem espaço para explorar dentro de sua campanha.

» **Fornecer recompensas:** As pessoas adoram ser recompensadas. Anteriormente, expliquei a importância de criar uma sensação de realização. Mas esse sentimento deve ser complementado com uma recompensa tangível. Considere o programa Starbucks Rewards, no qual a Starbucks oferece recompensas após um certo número de compras (veja o Capítulo 15). Crie suas recompensas de forma que seu público se esforce para colocar as mãos nelas.

» **Oferecer exclusividade:** Seu público fará praticamente qualquer coisa por elementos de gamificação exclusivos, como níveis de status. A exclusividade cria intriga e curiosidade. Seu público trabalhará muito para alcançar esse status. Isso é semelhante a desbloquear um nível secreto em um videogame.

» **Criar colaboração:** Outro fator importante é a comunidade e a colaboração. Os elementos da comunidade permitem que o público colabore para alcançar coisas maiores e melhores do que poderiam por conta própria. Se você puder fazer seu público se sentir parte de uma equipe dentro da campanha, criará lealdade e uma experiência positiva para o usuário.

Elevando o Seu Marketing Atual

Usar elementos de gamificação em sua campanha pode ser uma ótima maneira de aumentar o engajamento com sua marca. E o engajamento influenciará muito as decisões de compra do público.

Aqui estão algumas maneiras de intensificar sua estratégia de marketing atual incorporando a gamificação:

LEMBRE-SE

- » **Descubra quais elementos de gamificação podem atrair o seu público-alvo (veja o Capítulo 3).** Se não olhar para esse aspecto primeiro, talvez não consiga envolvê-los o suficiente para obter o retorno que deseja.

    Nem todo modelo e elemento de gamificação será adequado para seu público-alvo. Na verdade, você pode descobrir que apenas um ou dois realmente funcionam com eles. Antes de decidir, você precisa entender como os modelos de gamificação funcionam com diferentes públicos.

    Se o público abrange um grande grupo demográfico, é possível combinar vários elementos populares para atrair um público diversificado.

- » **Faça o dever de casa.** Verifique os exemplos no Capítulo 15 para ter uma noção de como a gamificação funciona, que tipo de recompensas as empresas oferecem e como as campanhas incorporam os objetivos de marketing das empresas.

DICA

    Nada ajuda mais a moldar sua própria estratégia do que experimentar o que outros fizeram antes de você. Veja se consegue identificar as melhores práticas que se encaixam em *seus* objetivos de marketing.

    Os elementos de gamificação mais bem-sucedidos geralmente são o compartilhamento social, pontuação e recompensas. Investiguei vários modelos de jogos de perguntas e respostas, de quebra-cabeças e de habilidades antes de saber o que funcionaria para a marca e o público do meu cliente. Essa estratégia mais prática também me forneceu uma maneira de entender melhor o que era envolvente, com base em minhas *próprias* reações.

- » **Pense em estabelecer incentivos.** Considere o que você quer dar como incentivo. Pode ser um novo produto, conteúdo digital ou cupons promocionais, por exemplo. Seja o que for, você precisa oferecer um incentivo claro para fazer a gamificação funcionar com o seu público. Seu público precisa de um *motivo* para querer alcançar o pote de ouro no fim do arco-íris.

Pesquise o que funciona com outras pessoas em seu setor, ou pergunte ao seu público o que eles gostariam de receber em sua próxima campanha.

» **Seja o mais objetivo possível.** Uma campanha de marketing de gamificação complexa pode se perder no meio da audiência. Olhe para a campanha sob o ponto de vista do público. Se não conseguirem descobrir os elementos rapidamente, eles a deixarão de lado. Hoje em dia as pessoas têm períodos de atenção um pouco curtos e muitas distrações, então considere tornar cada marco de conquista ou gamificação relativamente curto.

» **Pense com quem você deseja trabalhar nas suas tarefas criativas e técnicas.** Defina seu prazo ideal para desenvolver e lançar sua campanha de marketing de gamificação e definir seu orçamento. A gamificação pode ser algo novo na sua estratégia de marketing, então procure terceirizar talentos especializados (veja o Capítulo 5).

» **Planeje o lançamento.** Seu público não pode jogar sua incrível campanha de gamificação se não souber de sua existência. Ao combinar um lançamento planejado efetivamente, uma campanha de e-mail direcionada, a divulgação nas redes sociais e uma pesquisa de alcance de mídia, você pode garantir que o jogo alcance todas as pessoas que possam se interessar por ele (veja o Capítulo 9).

» **Não tenha medo de ousar nos elementos de gamificação.** Não existe uma bíblia ou o "jeito certo" de criar campanhas de marketing de gamificação. Os elementos são projetados para personalizar a experiência e aumentar exponencialmente o desafio proposto para o seu público. A única maneira de saber qual é o certo para o *seu* público é se jogar nesse universo e fazer escolhas conscientes.

DICA

Permaneça atualizado sobre os novos elementos para manter a estratégia de marketing atual para o público. Inscreva-se em blogs escritos por especialistas do setor. Aqui estão alguns que recomendo [Todos os sites citados ao longo deste livro têm conteúdo em inglês]:

» **Gamelearn (www.game-learn.com/serious-games-gamification-blog):** O blog do Gamelearn explica como os jogos podem ser aplicados a ambientes de negócios.

» **Gamification Nation (www.gamificationnation.com):** Este blog oferece novos conteúdos de gamificação apresentados de uma forma divertida.

» **Gamified UK (www.gamified.uk):** Gamified UK é um ótimo lugar para começar a aprender sobre gamificação e teoria dos jogos de forma mais ampla.

» **Yu-kai Chou (https://yukaichou.com):** Yu-kai Chou é autor e palestrante internacional sobre gamificação e design comportamental, e seu blog é uma ótima fonte.

> **NESTE CAPÍTULO**
> » Verificando as opções de jogo à sua disposição
> » Escolhendo as configurações adequadas para seu público
> » Evitando erros comuns

Capítulo **2**

Conhecendo os Modelos de Gamificação

Você e sua equipe têm muitas opções e elementos de gamificação. A chave é entender todas essas opções e como elas podem beneficiar sua campanha.

Certifique-se de manter o público-alvo em mente ao criar sua campanha. Entender seu público o ajudará a fazer as escolhas corretas e, em última análise, uma campanha mais envolvente.

Neste capítulo, eu o conduzo pelas várias configurações que você pode fazer para sua campanha de gamificação e apresento alguns dos erros que encontrei ao longo da minha jornada nessa área.

Explorando Suas Opções

Quando você estiver começando a pensar em desenvolver uma campanha de marketing de gamificação, ficará feliz em saber que tem muitas opções! Mas elas podem ser esmagadoras. Não existe uma lista de todas as opções à sua disposição, mas, ao longo de muitos anos trabalhando com tantos clientes, descobri maneiras de dar sentido a todas essas informações. E é disso que trata esta seção.

Aqui, apresento a você os seis tipos de jogos que pode escolher:

- Clássicos
- Empreendedores
- Disruptivos
- Experiências de usuário
- Colaborativos
- Comunidades

Nas próximas seções, vou mostrar com mais detalhes cada um desses estilos de jogos.

Descobrindo os tipos de jogos

Nesta seção, podemos ver os elementos individuais que você pode escolher em cada um dos seis tipos de jogos. Ao ler as seções a seguir, pense em seu público-alvo. Primeiro, classifique os tipos de jogos que mais se adéquam à sua campanha. Em seguida, escolha os elementos que funcionarão melhor para o seu público em cada um desses tipos de jogos. Por exemplo, se seu público-alvo for formado por outras empresas, você provavelmente desejará basear 70% de sua campanha no tipo de jogo empreendedor e o restante nos clássicos e na experiência do usuário. Como alternativa, se seus clientes estão na faixa dos 18 a 25 anos, será importante concentrar-se mais nos tipos de jogos de comunidade e experiência do usuário, porque é disso que os jovens de 18 a 25 anos gostam.

Clássicos

O tipo de jogo clássico inclui elementos de gamificação intuitivos. Você pode adicionar esses elementos à sua campanha e saber que seu público poderá interagir facilmente com ela.

DICA

Se essa campanha é sua primeira iniciativa de marketing de gamificação, recomendo utilizar o tipo de jogo clássico.

Aqui estão alguns elementos comuns encontrados nos jogos clássicos (nem todos terão cada um desses elementos, então escolha o que funciona para você)

- » **Estratégia:** A estratégia envolve pensamento e planejamento cuidadosos, nos quais o público deve elaborar uma série de ações contra um ou mais oponentes. Os jogadores vencem por meio de um planejamento superior, mas o fator sorte também está envolvido (em uma escala muito menor). Se deseja que a estratégia faça parte do seu jogo, certifique-se de incorporar um desafio para o seu público, para que ele possa explorar ou organizar o seu ambiente.

- » **Investimento:** O objetivo aqui é fazer com que o seu público invista tempo e emoções no jogo. Se você atingir essa meta, eles valorizarão sua campanha. Esse tipo de jogo normalmente demanda mais desenvolvimento na fase de design, para garantir que haja o suficiente para envolver o público em longo prazo. Em última análise, é importante que seu jogo os leve de volta à campanha para garantir que seu progresso seja mantido.

- » **Consequências:** Se incluir esse elemento em seu jogo clássico, haverá uma consequência para cada uma das ações do público. Cada ação (ou não ação) significativa deve resultar em uma consequência visual, como recompensas, emblemas ou pontos.

- » **Progresso e feedback:** Abordo esse elemento nos próximos capítulos, nos quais discuto a importância de dar ao seu público algum tipo de medida de progresso e feedback à medida que avançam em seu jogo.

- » **Tutoriais:** A última coisa que você quer é que sua campanha de gamificação deixe o seu público perdido. Para aliviar esse problema, é possível incluir um tutorial visual, bem como seções de ajuda em cada parte importante de sua campanha. Dessa forma, seu público saberá como tudo funciona desde o início e ao longo da campanha.

- » **Conquistas:** Ao contrário do progresso e feedback, em que seu público pode ver uma progressão positiva, aqui o medo de perder pontos e conquistas pode ser um estimulante poderoso. Com o marketing de gamificação, levar seu público para a campanha é a parte fácil. Fazê-los retornar e valorizar seu status em sua campanha só pode ser feito por meio de conquistas regulares e significativas.

- » **Enredo:** Em um jogo clássico, você pode querer adicionar um enredo na forma de narrativa ou tema. Essa estratégia pode ajudar seu público a se envolver mais.

O enredo pode estar ligado a alguma narrativa existente associada à sua empresa ou setor. Pode ser qualquer coisa, desde os valores da sua empresa até temas atuais da área. Independentemente do que decidir, certifique-se de que faça sentido para seu público e facilite sua compreensão. Caso contrário, sentirão uma desconexão imediata com sua campanha.

» **Tempo:** Incluir a pressão do tempo em seu tipo de jogo clássico pode ajudar a criar um senso de urgência em sua campanha. Reduzir a quantidade de tempo que seu público tem para concluir tarefas pode concentrá-los em sua campanha. Você também pode ampliar o engajamento ao aumentar pressão relativa ao tempo.

Por exemplo, dê a eles 15min para resolver uma tarefa específica, o que é bastante tempo. Entretanto, sempre que o público cometer um erro, não só será penalizado, mas também o seu tempo será reduzido. Esse aumento na pressão relativa ao tempo adiciona uma tensão interessante ao tipo de jogo clássico. A ideia é que seus usuários permaneçam engajados porque querem resolver a tarefa mais rápido.

» **Raridade:** Sempre devem existir níveis de raridade nas conquistas oferecidas em um jogo clássico. Tornar algo raro pode torná-lo ainda mais desejável. Por exemplo, se oferecer emblemas coloridos, deve haver um emblema muito cobiçado, mas extremamente raro de conseguir.

Empreendedores

Você deve incorporar pelo menos um elemento de tipo empreendedor em sua campanha. O jogo empreendedor gira em torno de pontos e status. Isso cria o tipo de envolvimento em que o usuário quer mostrar aos amigos como ele está progredindo (por exemplo, por meio de emblemas).

Um exemplo de jogo empreendedor é o programa de milhas aéreas Avios da British Airways, em que cada milha adicional coletada é uma conquista por si só. Os passageiros podem ganhar Avios ao comprar passagens, fazer compras nos sites parceiros e ao usar um cartão de crédito American Express. No entanto, a British Airways também concede Avios pela compra de um determinado número de passagens todos os anos. Esses emblemas fornecem acesso privilegiado a salas VIP em todo o mundo, entre outros benefícios. Os passageiros devem, então, garantir que completam as viagens todos os anos para manter o status adquirido.

Há uma boa chance de que seu público responda bem aos jogos empreendedores: alguém que se gaba de ter status ou conquistas maiores do que seus amigos.

Aqui estão alguns elementos dos jogos empreendedores (nem todos terão cada um desses elementos, então escolha o que funciona para você):

» **Níveis ou progressão:** Em um tipo de jogo empreendedor, dar ao seu público a chance de subir de nível (como níveis de status) e objetivos pode ajudá-lo a mapear visualmente a progressão em sua campanha. Os níveis garantirão que seu público permaneça fiel à sua campanha e empresa.

» **Novas habilidades:** A ideia aqui é dar ao seu público a oportunidade de aprender algo novo sobre sua empresa, seus produtos, serviços ou setor. A gamificação pode ser uma forma muito eficaz de atingir esse objetivo em uma campanha de marketing. Por exemplo, se deseja destacar o fato de que sua empresa usa um método ou ingrediente exclusivo, certifique-se de que essa lição seja aprendida durante o envolvimento das pessoas com sua campanha.

» **Recompensas simbólicas:** As recompensas simbólicas são diferentes das gerais, como emblemas. Recompensas simbólicas são um símbolo físico da conquista, como um café grátis ou dois ingressos na próxima compra de alguém. Certifique-se de que tenham significado, status e sejam úteis para a campanha.

» **Desafios:** Em um jogo empreendedor, é importante desafiar o público. Não tenha medo de criar desafios. Na verdade, procure incorporá-los em níveis crescentes. Os desafios ajudam a manter o público interessado e envolvido, especialmente após a fase inicial. Procure testar o conhecimento do seu público e dê a oportunidade de aplicá-lo. Superar desafios fará com que sintam que mereceram suas conquistas.

Disruptivos

Elementos do tipo de jogo disruptivo ajudam a criar uma campanha de marketing de gamificação que desloca as tendências existentes, vindo a substituí--las. As campanhas disruptivas são geralmente mais inovadoras em design e fora do padrão em termos de funcionalidade.

DICA Tente identificar lacunas nas campanhas atuais do seu setor que não conseguem ver como as tendências de marketing estão evoluindo. Com um elemento revolucionário, você pode criar uma campanha disruptiva que permitirá que sua empresa fique à frente das demais. Além disso, seu público receberá com prazer uma mudança nas campanhas que estão sendo lançadas sobre eles.

Aqui estão alguns elementos dos jogos disruptivos (nem todos terão cada um desses elementos, então escolha o que funciona para você):

» **Ferramentas de criatividade:** Devolva o controle ao seu público. Por exemplo, permita que ele crie seu próprio conteúdo e se expresse. Pode haver uma série de razões para fazer isso, fora sua campanha, incluindo ganho pessoal, prazer ou para ajudar outras pessoas.

Um exemplo deste tipo de elemento é a popular campanha ElfYourself da Office Depot/OfficeMax. ElfYourself é um app (disponível para download nas lojas de aplicativos) que permite aos usuários fazer upload de fotos de seus amigos e familiares direto do Facebook ou de seus celulares. Em seguida, os usuários selecionam uma dança e o aplicativo cria um vídeo personalizado que pode ser compartilhado nas redes sociais.

» **Inovação:** Dar aos seus usuários uma forma de pensar fora da caixa e fora dos limites da sua campanha é um grande elemento em um jogo disruptivo. Essa abordagem permite que eles canalizem a inovação e ajuda você a entender o que desejam e esperam. Por exemplo, você pode permitir que seu público desenvolva um sistema que crie os resultados que *ele* gostaria de ver. É possível então usar esses dados para ver se sua empresa está produzindo os resultados esperados.

» **Caos:** Recebo olhares engraçados quando sugiro o caos como um elemento de gamificação. Mas, em jogos, o caos é simbólico. É um elemento central que mantém o jogador imerso e engajado. Para o seu jogo disruptivo, não se trata de queimar a imagem da sua empresa por completo. Em vez disso, pense nesse elemento de caos como jogar fora o livro de regras da sua campanha. Por exemplo, em seu modelo de gamificação, considere a execução de eventos "sem regras".

» **Recompensas aleatórias:** A chave aqui é surpreender o público — agradavelmente, é claro. Você pode fazer isso com recompensas inesperadas. Se feito da forma correta, o engajamento crescerá em longo prazo. Todo mundo gosta de uma boa surpresa, especialmente se for inesperada e aleatória. Esse elemento de uma campanha disruptiva manterá seu público envolvido de uma forma mais positiva.

» **Voz:** Creio que dar voz ao público é um elemento muito eficaz em um jogo disruptivo, em especial em setores nos quais os clientes raramente são ouvidos. No entanto, não é suficiente apenas dar voz ao público. Ele precisa sentir que sua voz está sendo ouvida. Você pode fazer isso incorporando ferramentas de feedback em seu jogo, que permitam coletar dados conforme ouve os clientes. Esses dados podem ser muito poderosos para sua empresa e setor como um todo, pois fornecem uma visão mais ampla do seu público e geram oportunidades de criar relacionamentos melhores com eles.

» **Invisibilidade:** Se usado da forma correta, o elemento de invisibilidade pode funcionar na sua campanha de gamificação. Basicamente, trata-se de encorajar a liberdade total e a falta de inibições. Por quê? Ele permite que seu público seja muito mais aberto e honesto em suas opiniões. Porém, tenha cuidado — a invisibilidade pode revelar o que há de pior em seu público.

Experiências do usuário

O tipo de jogo de experiência do usuário envolve projetar sua campanha em torno da psicologia de seu público-alvo. Você pode ir além e considerar seus comportamentos, processos de pensamento e capacidades também.

Gosto de pensar na *experiência do usuário* como elementos criativos de design que criam uma impressão única e duradoura nos jogadores. O objetivo aqui é a coleta de dados (veja o Capítulo 10). Você coleta dados ao acessar comportamentos e processos de pensamento aos quais seu público-alvo responderá positivamente.

DICA

Antes de examinar as especificidades dos elementos da experiência do usuário, deixe-me oferecer algumas dicas gerais sobre o assunto:

» **Aprenda o máximo que puder sobre o seu público-alvo (veja o Capítulo 9).** Esse é o melhor conselho que posso dar aos meus clientes. Por exemplo, se pensa que seu público-alvo são homens de 18 a 30 anos, volte para sua pesquisa porque isso é muito vago. Existem muitos tipos de jogadores com gostos e expectativas diferentes no que diz respeito à complexidade dos jogos. Você não pode apelar para todos. Portanto, é melhor ser mais específico e projetar a campanha para aqueles que provavelmente se envolverão de forma positiva.

» **Menos é mais.** Quando você deseja adicionar elementos ao seu jogo, pode ficar tentado a adicionar quantos elementos puder. Esse impulso é natural. Como profissional de marketing, você deve adicionar mecanismos extras para garantir o máximo de engajamento. Mas usar menos elementos é o cerne da disciplina da experiência do usuário.

» **A experiência do usuário da sua campanha deve parecer ininterrupta.** Isso é mais difícil do que parece. Ao projetar seu jogo, certifique-se de evitar descontinuidades na experiência do usuário. É importante que a jogabilidade seja atraente e o feedback, imediato, para manter o fluxo da campanha. Um exemplo disso é empregar o mesmo nível de capacidade de resposta em todos os elementos que projeta. Qualquer coisa com que o jogador interage deve responder com dicas visuais e de áudio.

» **Como em qualquer campanha de marketing, tente manter a consistência da experiência.** Crie um guia que contenha os princípios básicos de sua experiência do usuário. Em seguida, certifique-se de que todos os designers e desenvolvedores sigam esse guia. A consistência ajuda seu público a encontrar o caminho em torno da campanha de gamificação com mais facilidade, pois eles terão menos regras para descobrir e decorar.

DICA

Para reunir o máximo possível de informações comportamentais e pessoais sobre o público de sua campanha, junto com os dados relativos, você deve usar um programa de análise (veja o Capítulo 11). Os dados coletados permitirão identificar problemas com o design da sua campanha de forma mais clara.

Aqui estão alguns elementos de jogos de experiências de usuário (nem todas terão cada um desses elementos, então escolha o que funciona para você):

» **Emblemas e conquistas:** Emblemas e conquistas de gamificação são um reconhecimento do compromisso que seu público tem com sua campanha. Usá-los apropriadamente motivará os jogadores a superar todos os seus desafios e a promover de forma ativa sua campanha para os outros. A perspectiva de ganhar mais emblemas é uma das melhores ferramentas de engajamento dos usuários. Use os emblemas com sabedoria e de maneira significativa para torná-los mais apreciados. Por exemplo, faça com que seu público conquiste cada emblema em vez de simplesmente oferecê-los em troca dos dados do usuário. Mas também não torne muito difícil e raro que consigam um emblema.

» **Placares:** Os placares são um elemento útil para aumentar o engajamento em sua campanha. Eles são comumente usados para mostrar ao usuário como ele se compara aos outros e para que possa ver como está se saindo. Em sua forma mais simples, um placar é uma lista de pontuações altas. É a representação visual de uma competição em tempo real dentro da sua campanha. Os placares incentivam seu público a competir e definir metas entre si. Por fim, os placares permitem aos jogadores acompanhar seu progresso em relação aos outros jogadores.

» **Pontos de experiência:** Assim como os emblemas, os pontos de experiência são elementos de feedback. Você pode usá-los para permitir que seu público acompanhe o progresso e como uma forma de desbloquear novos elementos dentro da campanha. Os pontos de experiência devem ser baseados nas conquistas do público na campanha. Em sua campanha, os jogadores devem ganhar experiência realizando tarefas e completando objetivos.

» **Habilidade ou sorte:** Este elemento promove a ideia de que seu público tem uma boa chance de ganhar algo em sua campanha. Habilidade e sorte estão profundamente enraizadas no design de jogos. Elas são uma forma de os jogadores ganharem recompensas sem muitas dificuldades.

» **Easter eggs:** Um *Easter egg* é um recurso, nível ou bônus escondido que seu público normalmente não encontra durante o jogo. Eles só podem ser encontrados ao buscar nos níveis e explorar. Easter eggs são uma forma divertida de recompensar e surpreender seu público apenas por se envolver. Eles incentivam o cliente a passar mais tempo interagindo com a sua campanha. Quanto mais difíceis de serem encontrados, mais emocionante e viral sua campanha se tornará.

Colaborativos

Nem todos os tipos de jogos precisam ser visuais ou gamificados para serem eficazes em sua campanha. Um jogo didático permite aos seus usuários ajudar uns aos outros. Isso pode parecer estranho, mas é melhor ver esse tipo de jogo como uma maneira do seu público retribuir.

Aqui estão alguns elementos dos jogos colaborativos (nem todos terão cada um desses elementos, então escolha o que funciona para você):

» **Ser responsável:** Dar ao seu público a chance de ser responsável por cuidar de outras pessoas pode ser muito gratificante. Isso pode ser feito ao criar funções em sua campanha. Por exemplo, você pode conceder privilégios de administrador ou moderador a determinados membros do público. Pode desenvolver uma hierarquia em várias camadas que permite certas posições de poder em certas localizações geográficas.

» **Acesso:** Conceda acesso a recursos e habilidades especiais em sua campanha. Dessa forma, seu público terá mais maneiras de ajudar os outros e contribuir. Também os ajuda a se sentirem valorizados pela sua empresa, o que por si só promove um papel mais significativo e merecido na campanha.

» **Colecione e troque:** Este elemento explora o amor das pessoas por colecionar coisas. Se puder, tente dar ao seu público um modo de coletar itens e trocá-los em sua campanha. Por exemplo, eles podem usar seus pontos para obter descontos em produtos e serviços. Se fizer isso, construirá relacionamentos e compromissos de propósito e valor.

» **Presentear:** Oferece ao seu público a capacidade de presentear outros jogadores, ajudando-os a atingir seus objetivos na campanha. Por exemplo, algumas campanhas permitem que os usuários que alcançaram determinado nível ofereçam presentes para familiares e amigos. Esse elemento pode ser difícil de incorporar, mas o potencial de reciprocidade pode ser um motivador poderoso.

» **Dividir conhecimento:** Esse elemento se tornou importante na gamificação recentemente. Você incorpora em seu jogo uma forma de seu público responder a perguntas e ensinar outras pessoas. Quando eles compartilham seus conhecimentos, sua campanha oferece a eles uma recompensa no jogo.

Comunidades

A grande maioria do seu público-alvo gosta de fazer parte de uma comunidade. Os jogos de comunidades podem criar um ambiente divertido por meio da interação com outros membros.

Os elementos da comunidade permitem que o público colabore para alcançar coisas maiores e melhores do que poderiam se tentassem sozinhos. Esses elementos fazem sentido em campanhas de marketing de gamificação porque são amplamente utilizados em modelos populares nessa área. Por exemplo, se tiver um jogo do tipo FarmVille (www.zynga.com/games/farmville/), o público ficará feliz em regar a fazenda de outra pessoa em troca de novas safras para sua própria fazenda.

Aqui estão alguns elementos de jogos de comunidade (nem todos terão cada um desses elementos, então escolha o que funciona para você):

» **Guildas ou equipes:** Guildas permitem que seu público compartilhe cenários e habilidades comuns e seja reconhecido como alguém treinado e confiável. A entrada na guilda deve ser por meio de convite ou comprovante de tempo despendido na campanha geral. Ao adicionar esse elemento, dê ao seu público a capacidade de que eles mesmos construam guildas ou equipes. Grupos pequenos podem ser uma forma eficaz de aumentar o engajamento. Por fim, você pode considerar maneiras de permitir competições baseadas em equipes.

» **Redes sociais:** Permita que sua campanha se conecte a plataformas de redes sociais, não apenas para possibilitar que seu público se conecte com seus próprios amigos, mas também para que se torne visível para outros membros. Isso pode ajudar a criar oportunidades para novos relacionamentos em sua campanha. Desta forma, sua campanha pode criar minicomunidades dentro de cada rede social.

» **Descoberta social:** Esse elemento é extremamente parecido com o elemento das redes sociais, mas vai um passo além. É uma forma de seu público ser encontrado e construir novos relacionamentos. Você faz isso usando seus dados para ajudar a combinar os membros do seu público com base em suas escolhas e status em sua campanha.

» **Personalização:** É quase a norma agora fornecer ao público as ferramentas para ajudá-lo a personalizar sua experiência em sua campanha. Isso permite que sua campanha seja mais pessoal, aumentando o engajamento geral. Você pode oferecer avatares, permitir que jogadores façam upload de fotos de perfil e até mesmo que façam upload de suas próprias imagens de fundo. A ideia é deixar o seu público personalizar o ambiente, permitindo que se expressem e escolham como se apresentarão a outras pessoas em sua campanha.

» **Recompensas temporárias:** Podem incluir coisas como presentes de aniversário. Você pode dar um passo adiante e criar recompensas temporárias que estão disponíveis apenas por um determinado período de tempo (por exemplo, se o público voltar na próxima quarta-feira, ele receberá uma recompensa).

Criando as Configurações Perfeitas para a Campanha de Gamificação

Além de definir o que sua campanha de gamificação incluirá, você precisa decidir como ela será executada. Isso inclui pensar sobre os dados demográficos, a duração e a frequência de suas campanhas. Essas informações o ajudarão a moldar sua forma final e a criar uma mensagem consistente para sua equipe e público.

Escolhendo o jogo correto para o público

Decidir quais elementos funcionarão com seu público é essencial. Um método para encontrar os elementos certos é observar os tipos de jogadores de Bartle (veja a Figura 2-1), uma classificação baseada em um artigo de 1996 de Richard Bartle. De acordo com os tipos de jogadores de Bartle, existem quatro tipos distintos de jogadores, cada um motivado por um incentivo diferente:

```
                      Ação
                       ▲
                       │
         Matadores     │    Conquistadores
                       │
  Jogador ◄────────────┼────────────► Mundo
                       │
         Socializadores│    Exploradores
                       │
                       ▼
                    Interação
```

FIGURA 2-1: Os tipos de jogadores de Bartle.

» **Conquistadores:** Os conquistadores se importam principalmente com pontos e status. Aqui estão algumas características dos conquistadores:
  - Querem poder mostrar aos amigos como estão progredindo.
  - Gostam de colecionar emblemas, troféus e status no jogo.
  - Respondem bem a esquemas de incentivos, como milhas aéreas.
  - Querem ganhar pontos ou passar para o próximo nível.
  - Gostam de provas de sucesso, como pontos, posses ou prêmios.

- Buscam recompensas e prestígio com o avanço na campanha.
- Cerca de 10% dos jogadores se enquadram nesta categoria.

» **Exploradores:** Os exploradores querem ver coisas novas e descobrir novos segredos. Eles não estão tão preocupados com pontos e emblemas. Aqui estão algumas características dos exploradores:

- Valorizam mais a descoberta do que o status no jogo, como emblemas.
- Aceitam tarefas repetitivas, contanto que mais cedo ou mais tarde "desbloqueiem" uma nova área da campanha.
- Gostam do elemento-surpresa que é possível em uma campanha de gamificação.
- Querem descobrir coisas novas; adoram encontrar tesouros escondidos.
- Gostam de cavocar e encontrar algo novo ou desconhecido. Caminhos secretos e achados raros os empolgam muito mais do que os prêmios.
- Preocupam-se mais com a jogabilidade do que com o resultado final.
- Cerca de 10% dos jogadores se enquadram nesta categoria.

» **Socializadores:** Os socializadores querem interagir com outras pessoas. Se você quiser atrair esse grupo, os elementos de interação social em sua campanha contarão mais do que a estratégia de gamificação da campanha. Aqui estão algumas características dos socializadores:

- Divertem-se em seus jogos por meio da interação com outros jogadores.
- Ficam felizes em colaborar para conseguir coisas maiores e melhores do que poderiam sozinhos.
- Sua recompensa está nos relacionamentos formados em sua campanha.
- Cerca de 80% dos jogadores se enquadram nesta categoria.

» **Matadores:** Os matadores têm fortes instintos competitivos. Aqui estão algumas características dos matadores:

- Gostam de marcar pontos, competir com pessoas, participar de desafios, vencer e exibir seus conhecimentos.
- São semelhantes aos conquistadores no sentido de que ficam emocionados ao ganhar pontos e status. O que os diferencia é que os matadores querem ver outras pessoas perderem.
- São altamente competitivos; vencer é o que os motiva.
- Querem ser os melhores jogadores em sua campanha.
- Menos de 1% dos jogadores se encaixa nesta categoria.

Para atrair matadores, inclua elementos como placares e classificações. Considere fazer o público competir entre si, se possível.

Se conhecer os tipos de jogadores de Bartle no seu público-alvo, poderá atender às necessidades deles ao desenvolver sua campanha. Para aumentar o sucesso, busque maneiras de atrair *mais de um* tipo para sua campanha.

Existem outros fatores demográficos a serem considerados ao desenvolver sua próxima campanha de marketing de gamificação, incluindo os seguintes:

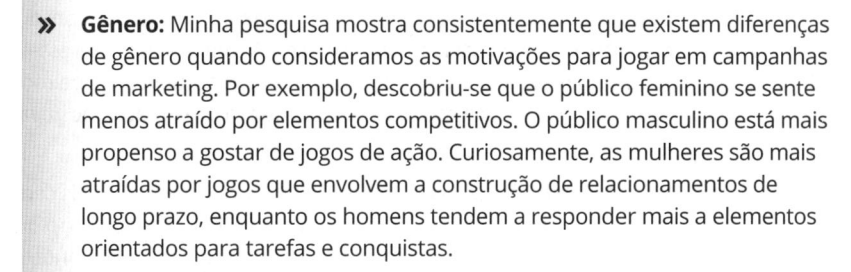

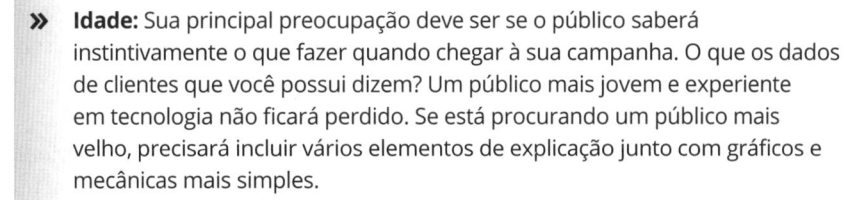

» **Gênero:** Minha pesquisa mostra consistentemente que existem diferenças de gênero quando consideramos as motivações para jogar em campanhas de marketing. Por exemplo, descobriu-se que o público feminino se sente menos atraído por elementos competitivos. O público masculino está mais propenso a gostar de jogos de ação. Curiosamente, as mulheres são mais atraídas por jogos que envolvem a construção de relacionamentos de longo prazo, enquanto os homens tendem a responder mais a elementos orientados para tarefas e conquistas.

Evite estereótipos de gênero. Você pode acabar alienando seu público com os dados de pesquisa errados.

» **Idade:** Sua principal preocupação deve ser se o público saberá instintivamente o que fazer quando chegar à sua campanha. O que os dados de clientes que você possui dizem? Um público mais jovem e experiente em tecnologia não ficará perdido. Se está procurando um público mais velho, precisará incluir vários elementos de explicação junto com gráficos e mecânicas mais simples.

Determinando a duração e a frequência

Considere a longevidade de sua campanha. Quanto tempo ela vai durar? Isso é importante para campanhas de gamificação, em que você investiu muitos recursos para criar um veículo de marketing exclusivo. Idealmente, é importante que sua campanha dure o suficiente para que seu público se envolva por completo.

Se sua campanha durar menos de um mês, você reduzirá seriamente a probabilidade de seu público ver, entender e se envolver com os elementos de gamificação nos quais está trabalhando. Da mesma forma, é importante que sua campanha não dure mais do que seis meses, pois corre o risco de seus elementos de gamificação ficarem obsoletos. Se uma campanha se tornar muito familiar para o público, ela acabará perdendo o apelo. Mesmo marcas como Coca-Cola e Nike mudam suas campanhas de gamificação com frequência para manter o interesse em suas mensagens de marketing.

DICA

Ao considerar a duração da sua campanha, tenha isto em mente:

» **O que é popular hoje pode não ser mais amanhã.** A gamificação funciona melhor quando é baseada em tendências, mas você precisa identificar uma duração razoável para elas.

» **Tente fornecer um meio de obter feedback dos clientes (veja o Capítulo 10).** Isso pode ser feito por meio de formulários, bots de chat e plataformas de mídia social. Em seguida, acompanhe o interesse público em sua campanha e faça os ajustes necessários. Ser capaz de mostrar ao seu público que você está ouvindo produzirá uma reação positiva nas redes sociais.

» **Seja flexível.** Não tenha medo de encerrar a campanha mais cedo do que pretendia caso identifique que o interesse está acabando ou, pior, se estiver recebendo feedback negativo. Descubra o que está funcionando em seus esforços de marketing atuais. Talvez você não precise mudar tudo — apenas ajuste qualquer coisa que está causando reações negativas.

» **Seja inovador.** A gamificação tem tudo a ver com inovação. Seja criativo com seus elementos de gamificação. Preste atenção ao que está acontecendo. Não tenha medo de ser um criador de tendências!

Depois de definir a duração da sua campanha, considere a periodicidade dela. Com que frequência você lançará uma nova campanha? Os elementos de gamificação são caros para desenvolver e as campanhas podem exigir muito esforço.

LEMBRE-SE

Todos os elementos que você cria — da animação aos designs e à codificação — podem ser reutilizados. Eles são ativos de sua empresa. O primeiro desenvolvimento terá os maiores custos. Após sua primeira campanha, custará menos para renovar e recodificar as novas. Pense em como reutilizará os elementos ao desenvolver sua primeira campanha de gamificação.

DICA

Existem três frequências que eu recomendo considerar:

» **Únicas:** Quando a campanha acaba, termina a narrativa dos elementos de gamificação. Ao reutilizar os elementos de gamificação para a próxima campanha, você produzirá uma narrativa totalmente nova. Essa abordagem funciona bem quando seu público é exposto à sua campanha por longos períodos de tempo. Nesse caso, uma nova narrativa despertará o interesse deles em seus esforços de marketing cada vez que você lançá-los.

» **Séries:** Assim como uma série de TV, a narrativa continua de onde parou na última campanha. Essa abordagem pode ser muito lucrativa em termos de marketing. Sua mensagem é repetidamente enviada ao público com o mínimo de esforço (após o primeiro lançamento). Tal abordagem funciona para campanhas curtas, deixando seu público querendo mais.

» **Sazonais:** Aqui, sua campanha se baseia nos temas sazonais. A versão mais popular é o Natal, que tem sido historicamente a época mais envolvente para campanhas de gamificação. Essa abordagem pode funcionar para campanhas de médio a curto prazo. Pode até funcionar para as de longo prazo, desde que o tema sazonal seja incorporado à campanha, em vez de tratado como um relançamento.

Na Tabela 2-1, comparo as várias frequências com os modelos de gamificação que examinei no início do capítulo.

TABELA 2-1 Determinando a Melhor Frequência para Seu Modelo de Gamificação

Modelo de Jogo	Custo	Tempo de Desenvolvimento	Frequência
Ação	Baixo	1 a 2 semanas	Séries, sazonais
Simulação	Alto	3 meses	Únicas
Narrativas interativas	Muito Alto	4 a 6 meses	Únicas
Aventura	Médio	2 a 3 meses	Únicas, sazonais (incorporadas)
Quebra-cabeças	Baixo	2 a 3 semanas	Séries, sazonais
Baseado em palavras	Baixo	2 a 3 semanas	Séries, sazonais
Baseado em habilidades	Médio	1 mês	Séries, sazonais
Multijogadores	Alto	2 a 3 meses	Únicas
Educacional	Alto	2 a 3 meses	Únicas, sazonais (incorporadas)
RPGs	Alto	2 a 3 meses	Únicas

Evitando as Ciladas

Nesta seção, compartilho alguns dos erros que cometi para que você possa evitá-los. Acredite ou não, a lista era maior — encurtei-a para deixar apenas os mais importantes, que acredito que possam ser evitados com um pouco de cuidado logo de início.

Dependendo de desktops

Os celulares e tablets estão por toda parte, então, como profissional de marketing, você precisa se certificar de que seus elementos de gamificação sejam desenvolvidos usando interfaces compatíveis com dispositivos móveis.

Como explico no Capítulo 6, ter um design de jogo responsivo significa que ele pode ser reproduzido em diferentes tipos de dispositivos. Você pode atingir esse objetivo usando HTML5, que é uma estrutura baseada na internet que, na minha opinião, é a melhor maneira de garantir que os jogos rodem em qualquer dispositivo.

Bancando o esperto

Isso é quando você tenta adicionar mais elementos após a especificação final ter sido acordada. Você vê algo novo e criativo e simplesmente *precisa* incorporá-lo ao desenvolvimento. Na maioria das vezes, isso apenas atrasa seu produto final e cria uma experiência confusa.

> **DICA**
>
> Atenha-se às especificações funcionais e crie uma "lista de desejos" quando tiver uma nova ideia. A lista pode ser útil para a próxima fase ou lançamento.

Complicando a jogabilidade

Tornar a jogabilidade única ou mais complexa não significa que sua campanha será melhor. O objetivo final de sua equipe é fazer com que seu público se envolva com a campanha. Jogabilidade muito complicada causa confusão e confusão significa a diminuição do engajamento geral. Outra desvantagem de adicionar muitos elementos é o efeito adverso na duração de carregamento. Se sua campanha não carregar rapidamente, seu público perderá a paciência e desistirá logo.

> **LEMBRE-SE**
>
> Manter a jogabilidade simples criará uma campanha divertida, interativa e fácil de jogar. É sempre melhor que os jogos sejam simples e rápidos, assim seu público vai pegar a campanha e jogar imediatamente, sem prestar muita atenção às regras.

Criando muitas recompensas

Ao longo deste livro, falo muito sobre recompensas. Afinal, elas são o objetivo final das campanhas de marketing de gamificação. Mas você pode acabar exagerando uma coisa boa. Se o seu público está sendo recompensado por cada pequena ação, as recompensas não significam nada. Todo o seu sistema de recompensas, junto com toda a sua campanha de gamificação, será nulo e sem efeito.

LEMBRE-SE: Tente limitar as maneiras como seu público recebe pontos, emblemas e recompensas. Ao fazer isso, seu público os levará mais a sério e as recompensas em si parecerão especiais.

DICA: Além disso, mantenha os objetivos e as recompensas simples. Escolha duas ou três ações que deseja que seus usuários realizem. Ao recompensar os usuários por realizarem esses comportamentos específicos, você pode motivá-los a fazer exatamente o que deseja.

Usando incorretamente as mecânicas

As mecânicas de jogo são responsáveis por impulsionar suas metas e objetivos de marketing. Use muitas, e sua mensagem se torna supersaturada e seu público começa a ficar confuso sobre os objetivos que estão sendo comunicados. Use muito pouco e a mensagem não será passada com clareza.

Por exemplo, você pode usar emblemas para comunicar conquistas ao seu público. Eles mantêm os usuários motivados para alcançar o próximo nível ou ganhar outro. Esses itens, que marcam conquistas especiais, dão ao seu público uma forma de se sentir conectado à sua campanha.

Entretanto, um erro comum que vejo é quando meus clientes forçam seu público a ganhar o próximo emblema, obrigando-os a fazer algo que não querem. Por exemplo, talvez a única maneira de progredir seja compartilhando o progresso nas redes sociais. Nem todo mundo vai querer fazer isso, e algumas pessoas vão desistir.

DICA: Nesse exemplo, a mecânica de jogo deve ser encarada como uma forma de reconhecer uma conquista, não a razão para seu público fazer algo.

Apostando nos virais

O marketing de gamificação pode ter maior probabilidade de se tornar viral do que as campanhas comuns. No entanto, você não pode *apostar* todas as suas fichas nessa estatística. Isso acontecerá ou não. Nunca crio uma campanha de gamificação para viralizar.

O simples volume de campanhas que contêm vídeos, fotos, desenhos, memes infográficos, postagens e outros conteúdos facilmente compartilháveis é tão grande que é improvável que *qualquer* campanha se torne viral.

A maioria das empresas com as quais trabalho precisa reconhecer que o objetivo principal de suas campanhas de gamificação é gerar interesse em seu setor.

LEMBRE-SE: Você não pode controlar o resultado, mas pode controlar o desenvolvimento, o design e o lançamento. Trabalhe nisso e o interesse estará garantido.

Criando uma campanha que não pode ser jogada no trabalho

CUIDADO

Ninguém vai querer jogar sua campanha se os elementos do jogo (por exemplo, efeitos sonoros altos inesperados, trilha sonora irritante ou animação em tela cheia) puderem causar constrangimento repentino no trabalho. Esses elementos podem ser comuns em jogos online, mas use-os com cautela em seu marketing.

Ao projetar uma campanha de gamificação, gosto de imaginar que o público está sentado a uma mesa de distância dos seus chefes. Se você pensar assim, os elementos que desenvolverá serão sutis e sem estresse, para que todos possam desfrutar e se envolver com sua campanha, onde quer que estejam.

Presumindo que o público entende de jogos

A menos que sua empresa faça parte da indústria de jogos e entretenimento, seu público pode não estar familiarizado com as campanhas de gamificação. Vejo isso como uma grande vantagem.

Todas as campanhas de marketing estão procurando alguma forma de criar uma disrupção em seus setores. A gamificação ajuda a chamar a atenção dos usuários e promover sua marca. Se de repente você lançar um jogo para um público que não é acostumado com esse tipo de marketing, despertará o interesse deles.

O erro que vejo é presumir que seu público entenderá a mensagem dos elementos de gamificação. Isso não ocorrerá. Para superar esse obstáculo, insira o máximo de elementos de ajuda que puder. Podem ser vídeos, perguntas frequentes, mensagens de instrução no jogo ou uma janela de chat.

Se conseguir isso, públicos antes desconhecidos verão sua empresa como pioneira e uma autoridade no marketing de gamificação. Para mim, esse é o melhor resultado possível para o trabalho árduo da sua equipe.

2
Começando Sua Jornada no Marketing de Gamificação

NESTA PARTE...

Defina o seu público e entregue uma campanha envolvente e única para eles.

Conheça os vários tipos de ferramentas de engajamento em gamificação disponíveis para sua campanha.

Monte um time dos sonhos para ajudá-lo a projetar, construir e manter seu modelo de gamificação.

Entenda a tecnologia que impulsionará sua campanha de marketing de gamificação.

NESTE CAPÍTULO

» Definindo seu público ideal

» Entregando uma campanha envolvente e personalizada

» Acessando os dados existentes

» Explorando suas mídias sociais

Capítulo **3**

Identificando Seu Público-alvo

Idealmente, sua campanha de marketing de gamificação proporcionará uma experiência personalizada para o maior público possível. Para atingir esse objetivo, você não pode se dar ao luxo de adotar uma abordagem global e generalizada para seus esforços de marketing.

É necessário coletar dados importantes sobre quem será o seu público-alvo. Depois de encontrar esses dados, você pode direcionar sua campanha para eles. Entretanto, para obter os melhores resultados, você precisará esgotar todas as fontes de dados que possui sobre seus clientes e seguidores nas redes sociais. São pessoas que já conhecem você e se engajaram com sua empresa.

Depois de extrair esses dados, sua campanha enviará mensagens centradas no cliente e com conteúdo direcionado ao seu público. Identificá-lo tornará sua campanha de gamificação muito mais eficiente e bem-sucedida.

DICA Em quase todos os gerenciadores de anúncios é possível detalhar quem você deseja atingir. Assim, identificar e aperfeiçoar seu público-alvo para promover corretamente sua campanha reduzirá bastante suas despesas com anúncios.

Definindo Seu Público

A chave para definir seu público-alvo é ser o mais específico e claro possível, de modo que sua mensagem de marketing lhes pareça muito pessoal, quase como se tivesse escrito para eles pessoalmente.

Comece definindo um grupo específico de pessoas que deseja alcançar com sua mensagem de marketing. Esse grupo deve estar interessado em suas soluções e muito provavelmente disposto a comprar seus produtos e serviços. Quanto mais específico puder ser, melhor.

Ao definir seu público, você terá um grupo de pessoas com maior probabilidade de gerar conversões após encontrar sua campanha. Continue segmentando esse público com o máximo de detalhes possíveis.

Nas seções a seguir, mostrarei como definir seu público.

Jogando fora tudo o que você acha que sabe sobre seu público

Muitas vezes, as empresas são cegas ao tentar criar públicos-alvo. Elas sentem que já sabem quem é seu público, em vez de conduzir uma pesquisa independente.

CUIDADO

Presumir quem é seu público e do que ele gosta pode fazer com que o conteúdo e a estratégia de sua campanha de gamificação errem seriamente o alvo. Você pode passar pelo seguinte:

» Decisões criativas equivocadas

» Um estilo de campanha sem personalidade e pouco envolvente

» Estratégias promocionais mal-interpretadas

» Uma campanha que não agrada o seu público

LEMBRE-SE

Embora você possa já ter uma imagem do seu público em mente, desafie ativamente o seu processo de pensamento. Isso significa reunir evidências concretas para fundamentar seus pensamentos. Ao fazer isso, você está na melhor posição possível para oferecer valor.

Conduzindo pesquisas para encontrar seu público

Em um mundo perfeito, cada pessoa do planeta adoraria sua campanha de gamificação. Mas isso não é possível, porque ela precisa fornecer uma experiência personalizada e nem todos os consumidores são iguais.

DICA

Existem alguns métodos que você pode usar para identificar e analisar melhor seu mercado-alvo:

» **Conduza sua própria pesquisa inicial.** Você pode fazer isso conduzindo pesquisas e montando grupos focais para analisar os objetivos da sua campanha. As pesquisas são eficientes porque você pode receber um grande volume de feedback do cliente sem investir muito dinheiro. Embora os grupos focais sejam caros, consumam tempo e dependam de recursos, eles encorajam discussões interpessoais produtivas, o que leva a um feedback muito mais produtivo. Examino essa forma de pesquisa com mais detalhes no Capítulo 10.

» **Observe seus concorrentes.** O que os clientes estão dizendo sobre as campanhas deles nas redes sociais? Você pode identificar uma série de coisas que *não* devem ser feitas observando o que incomodou e afastou o público deles.

» **Esgote seus recursos existentes.** Você possui minibancos de dados de clientes em outros departamentos da sua empresa? Reúna todos eles e analise-os para identificar os dados-chave.

» **Faça um teste A/B.** Crie duas versões de sua mensagem principal e acompanhe a diferença de desempenho. Depois de criar suas duas versões, dê uma para um grupo e a segunda, para outro. Você pode monitorar e revisar as respostas e o engajamento de cada versão recebida.

» **Seja o mais específico possível.** Aprofunde-se sobre quem realmente é o seu público e estude suas atitudes online e os pontos problemáticos. Ao identificar um público específico, você pode tomar decisões de acordo com seus clientes, o que define o sucesso da sua campanha em longo prazo.

» **Segmente seu público (veja o Capítulo 9).** Encontre todos os dados que puder sobre como o cliente-alvo se comporta e quaisquer informações básicas sobre eles. Isso ajudará você a identificar seu público. Esses dados podem incluir o seguinte:

- Idade
- Localização
- Gênero
- Renda

- Educação
- Estado civil ou familiar
- Ocupação
- Origem étnica
- Interesses
- Hobbies
- Valores
- Atitudes
- Comportamentos
- Preferências de estilo de vida

Observando Mais de Perto Sua Base Atual de Clientes

Conhecendo seu público-alvo, você pode maximizar os resultados de cada campanha lançada. Isso significa que, conforme lança novas campanhas de gamificação, você descobrirá que menos esforço será necessário, dando-lhe a oportunidade de crescer e desenvolver seu público de modo confortável.

Como seria sequer possível você conhecer seu público-alvo? Em vez de seguir um método de tentativo e erro, você deve olhar para sua base de clientes existentes e leais. Além disso, uma grande parte do público que visitará sua campanha será de pessoas "parecidas" com seus clientes existentes. Definir quem são esses clientes pode ajudá-lo a refinar as mensagens de sua campanha e oferecer uma experiência mais pessoal.

Você obterá os seguintes benefícios ao direcionar com sucesso sua campanha de gamificação para os clientes existentes:

» Pode adaptar o conteúdo de sua campanha para garantir que ela atrairá as pessoas certas.

» Pode compreender melhor as necessidades de seu público.

» Sua campanha proporcionará uma experiência mais benéfica e envolvente.

» Haverá uma taxa mais alta de conversões e engajamentos de chamado à ação (CTA — Call to Action) em sua campanha.

Estabelecendo dados existentes

Inicialmente, você precisa olhar seu banco de dados existente, independentemente de ser na forma do sistema de gerenciamento de relacionamento com o cliente (CRM — Customer Relationship Management) da sua empresa, dos bancos de dados SQL/MySQL ou das planilhas no Excel. Certifique-se de ter as informações de contato de cada cliente, bem como seu histórico de compra e envolvimento com sua empresa. Usando essas informações, você precisa identificar os clientes por:

- » **Histórico de compras:** Quanto eles gastaram ao longo da vida e o máximo que gastaram em uma compra
- » **Referências:** Os clientes que fornecem as referências mais identificáveis
- » **Feedback:** Os clientes que fornecem feedback ou comentários sobre sua empresa, produtos ou serviços

Depois de identificar essas informações, você pode realizar uma análise para descobrir e compreender as características definidoras de seus clientes. A partir daí, pode criar seus perfis de público-alvo e segmentar pessoas que se encaixem no mesmo molde.

LEMBRE-SE

Começar a trabalhar com a vasta quantidade de perfis existentes pode ser árduo. Dependendo de como seus clientes se conectaram com sua empresa, você pode não ter muitas informações sobre eles. Não se preocupe com o que não tem — apenas reúna as informações que *tem* sobre seus clientes existentes em um pequeno banco de dados ou planilha para que possa começar a rastrear tendências.

A seguir estão alguns dos dados que precisam ser incluídos em sua análise:

- » **Informações pessoais:** Esse tipo de informação inclui a idade do seu público (uma faixa etária aproximada), gênero, renda e ocupação.
- » **Informações geográficas:** É onde seus clientes existentes moram, bem como seus fusos horários.
- » **Idioma:** Não presuma que seus clientes falem o mesmo idioma vigente no lugar em que moram. Identifique sua língua nativa.
- » **Interesses:** Essa é uma parte extremamente variada do público-alvo. O que gosta de fazer, além de utilizar seus produtos ou serviços?
- » **Potencial de compra:** Inclui não apenas o valor que seus clientes atuais gastam, mas também sua renda. É melhor ter uma faixa de renda definida (por exemplo, de R$2.000 a R$5.999).

» **Estágio da vida:** É provável que seus clientes sejam estudantes universitários? Pais de primeira viagem? Aposentados?

No momento em que tiver analisado seus dados, você terá definido uma compreensão de cada uma destas partes:

» Quem se envolverá com sua campanha
» Qual plataforma de gamificação será mais atraente para seus clientes
» Por que seu público deve escolher clicar em sua campanha

Adaptando-se ao B2B

Se sua campanha tem como alvo um público business-to-business (B2B), será importante alterar os dados:

» **Detalhes de contato:** Defina a posição ideal com a qual você deseja se engajar (por exemplo, gerentes de marketing ou gerentes de vendas).

» **Comunicação:** Não presuma que o e-mail é a melhor maneira de se comunicar. Com certas profissões, pode ser mais apropriado e envolvente informá-los de sua campanha por meio do LinkedIn.

» **Empresa:** Essas informações incluem os setores nos quais seu público normalmente trabalha, bem como o tamanho, a localização e o departamento.

» **Tomada de decisão:** Veja quais critérios de decisão seus clientes têm quando se trata de finalmente fazer uma compra. Seria ideal se você pudesse entender o que há de mais atraente e único em seu produto.

Esses pontos podem ajudá-lo a adaptar sua campanha para melhor atrair e se envolver com sua base de clientes B2B. Para fazer isso, sua campanha precisará conter os mesmos recursos e benefícios exclusivos que você encontrará nesses dados.

Se não puder obter dados significativos do seu banco de dados existente ou se não há vendas suficientes de seu produto ou serviço, encontre as informações de um terceiro. Por exemplo, considere encomendar pesquisa de uma empresa especializada para descobrir as informações. Alternativamente, você mesmo pode fazer isso usando uma plataforma de questionários online como o SurveyMonkey (www.surveymonkey.com), mostrada na Figura 3-1.

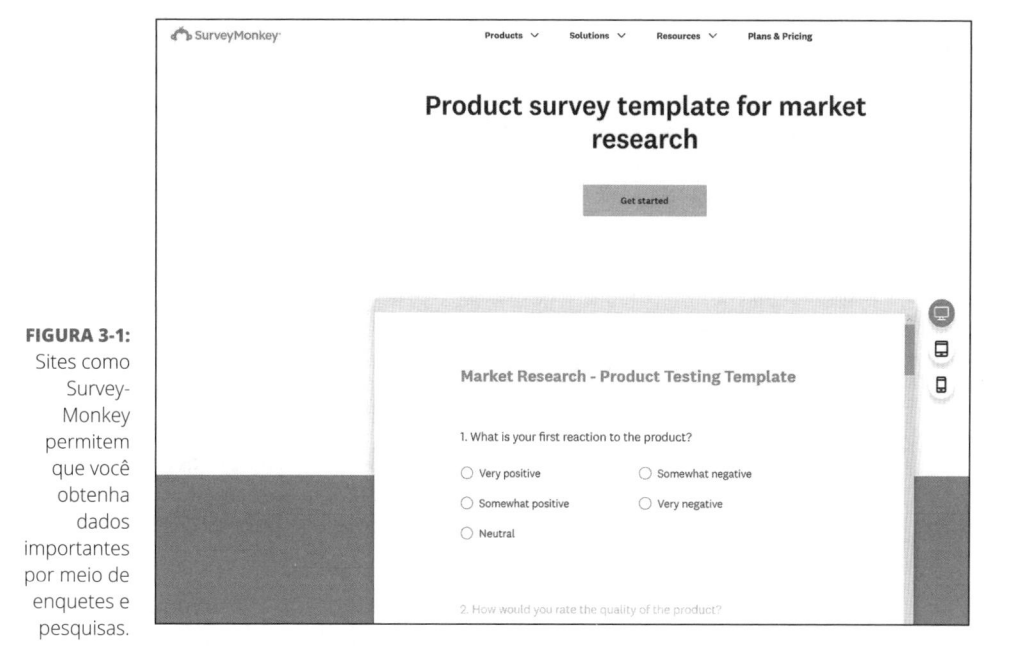

FIGURA 3-1: Sites como SurveyMonkey permitem que você obtenha dados importantes por meio de enquetes e pesquisas.

Minerando Suas Mídias Sociais

Seus dados de mídia social podem fornecer insights detalhados sobre estratégia e crescimento para sua campanha de gamificação. Eles são as informações coletadas em todas as suas redes sociais que mostram como seus usuários compartilham, visualizam e engajam com sua empresa.

Nesta seção, examinarei como selecionar os principais dados de mídia social e, em seguida, abordarei algumas plataformas individuais. Na sequência, analiso a diferença entre dados significativos e métricas inúteis de vaidade.

Identificando os principais dados

Os dados de seus canais de mídia social conterão informações importantes para você analisar. Esses dados-chave mostram o progresso geral de sua campanha nas mídias sociais. Ao analisá-los, você e sua equipe poderão tomar decisões mais consistentes sobre o conteúdo de sua futura campanha.

DICA

Aqui estão algumas maneiras de medir facilmente esses dados-chave e entender o que eles significam para sua campanha:

» **Crescimento de seguidores:** Embora sua empresa possa ter um número crescente de seguidores, você descobrirá que é mais importante identificar quem eles são.

O crescimento é saudável ou houve um aumento incomum devido a uma postagem viral? Se for a segunda opção, talvez descubra que a maior parte do fluxo de seguidores pode não se identificar com sua empresa e, portanto, não se envolverá com sua campanha.

Em última análise, você precisa identificar se esse público corresponde aos objetivos de sua campanha de marketing de gamificação.

» **Engajamento:** Considero este um dos dados mais eficazes que você pode analisar na mídia social. Ele é geralmente medido observando o número de curtidas, comentários e compartilhamentos que as publicações (ou posts) de mídia social de sua empresa geram.

Analisar suas métricas de engajamento pode ajudar a ilustrar que tipo de publicação cria mais interação com o usuário. Por exemplo, você pode descobrir que postar imagens engaja mais seu público do que os posts baseados em texto. Você também pode descobrir que artigos ou posts de blogs com foco no seu setor geram mais compartilhamentos do que aqueles que falam sobre sua empresa. Eu até percebi que um artigo interessante pode gerar mais engajamento do que posts de blogs com ofertas especiais.

Geralmente, uma alta taxa de engajamento indica que sua empresa está se conectando bem com seu público.

» **Alcance social:** Essa métrica mostrará quantas pessoas viram suas mensagens e a distância que elas percorreram. O alcance social é um bom indicador do nível de atração que suas contas e conteúdo de mídia social exercem em novas pessoas.

Ao analisar seu alcance social, você pode descobrir se sua empresa está, de fato, se conectando e interagindo com as pessoas certas.

Em geral, suas métricas de alcance social são facilmente acessíveis na página de insights em cada um de seus canais de mídia social.

» **Impressões:** Essa pode ser uma métrica extremamente complexa de obter. As impressões mostram quantas vezes as postagens de sua empresa apareceram no feed de notícias ou na linha do tempo de um usuário. Em alguns casos, o público pode ver suas postagens várias vezes em seu feed de notícias porque alguns de seus amigos as compartilham. Portanto, um usuário pode ter várias impressões.

- **Número de seguidores:** Na minha experiência, esta é a métrica que, quando analisada por si só, é a mais inútil. Você provavelmente vai olhar para ela para ver o quão grande o público de sua empresa é nas mídias sociais. No entanto, se todos esses seguidores não estiverem constantemente envolvidos, essa métrica terá pouco ou nenhum valor.

- **Curtidas e compartilhamentos:** As curtidas dadas às suas postagens indicam uma métrica de engajamento muito importante. Quanto mais curtidas suas atualizações receberem, mais engajamento elas cultivarão. Esses dados-chave mostrarão qual conteúdo merece atenção e tem mais apelo com o público.

  Os compartilhamentos demonstram uma métrica mais poderosa do que as curtidas, porque são um indicador de lealdade. O público pode gostar de uma postagem, mesmo sem lê-la. Mas compartilhar significa que ele se envolveu genuinamente com seu conteúdo. Esses dados-chave medem o quanto seus clientes desejam recomendar sua empresa aos colegas.

- **Menções:** Sempre comparo as menções com o que as pessoas falam sobre você pelas suas costas. Acho que na maioria das vezes que uma empresa recebe uma "menção" nas plataformas sociais, o comentador original nem mesmo a segue. Você precisa captar e reconhecer o que as pessoas falam sobre sua instituição por meio das menções em todos os canais. Analisar esses dados pode ajudar a medir o crescimento de sua mídia social.

DICA

Embora os comentários não sejam uma métrica direta de dados-chave, eles são uma excelente oportunidade de interagir com seu público e aprender dados importantes sobre eles. Posts valiosos e relevantes sempre geram comentários. E, mesmo que sejam negativos, você ainda pode aprender algo sobre a experiência dos comentadores com sua empresa.

Acompanhando métricas exclusivas de cada plataforma

Para obter uma medida real de todas as métricas, você precisa de um entendimento sólido de como sua empresa está se saindo em todas as plataformas de mídias sociais. A boa notícia é que a maioria das redes sociais oferece suas próprias ferramentas de análise, o que torna a mineração de métricas muito mais fácil. Nesta seção, examino algumas das maneiras como os canais populares de mídias sociais oferecem esses dados.

Facebook Insights

Se sua empresa criou uma página Facebook for Business (e, se não criou, faça isso!), você pode analisar algumas métricas dentro do canal da rede social, conforme mostrado na Figura 3-2:

» **Engajamento:** O número de curtidas, cliques e compartilhamentos que suas publicações geraram. Um recurso útil que permite que você compare as métricas de uma semana com as métricas de outra.

» **Alcance da publicação:** O número de pessoas que viu o seu conteúdo.

» **Impressões:** O número de vezes que a página da sua empresa é exibida.

» **Curtidas orgânicas da página:** O número de pessoas que curtiram sua página e não vierem de uma campanha publicitária. Essa métrica destaca a quantidade total, bem como o número de novas curtidas em uma base semanal. Também ajuda você a entender se sua presença no Facebook está crescendo de maneira saudável.

» **Curtidas pagas:** O número de pessoas que curtiram sua página provenientes de sua campanha publicitária.

» **Reações:** O número de pessoas que se engajaram com seus posts usando os vários emojis de reação do Facebook.

» **Descurtidas:** O número de pessoas que descurtiram sua página no Facebook na presente semana. Se essa métrica atingir um pico, vale a pena investigar o motivo, como um post controverso.

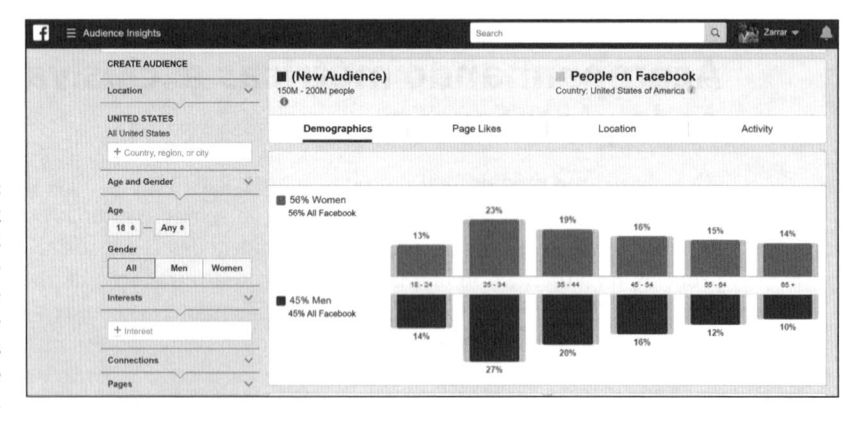

FIGURA 3-2: O Facebook Insights oferece uma grande variedade de métricas para você analisar.

Instagram Insights

O Instagram Insights fornece métricas de dados-chave divididos em duas seções — uma focada em suas postagens individuais e a outra, em seu perfil como um todo. Aqui estão algumas das principais métricas a se observar:

» **Impressões:** o número de vezes que seus posts e stories foram visualizados

» **Contas alcançadas:** O número de contas únicas que visualizaram seus posts e stories

» **Toques no site:** O número de pessoas que clicaram na URL em seu perfil

» **Visitas ao perfil:** O número de pessoas que clicaram na página da sua conta

» **Curtidas:** O número de curtidas que seus posts receberam

» **Comentários:** O número de comentários acumulados em qualquer post

» **Salvamentos:** O número de vezes que seus posts foram salvos

» **Seguidores:** O número de pessoas que começaram a segui-lo durante um período de tempo

Twitter Analytics

O Twitter for Business permite que você acesse detalhadamente os dados para sua análise, conforme mostrado na Figura 3-3. O painel fornece um resumo de seu conteúdo e outros dados-chave. Aqui estão algumas das principais métricas a serem analisadas:

» **Taxa de engajamento:** Toda uma gama de dados, incluindo cliques em links, retweets, curtidas e respostas aos seus tweets

» **Seguidores:** O número total de seguidores que sua empresa obteve, com a capacidade de comparar as taxas ao longo de um período

» **Cliques no link:** O número de pessoas que clicaram na URL em seu perfil

» **Menções:** O número de vezes que seu nome de usuário foi mencionado

» **Visitas ao perfil:** O número de pessoas que visitaram o seu perfil no Twitter

» **Respostas:** O número de vezes que seus tweets receberam respostas

» **Retweets:** O número de retweets recebidos por outras pessoas com recursos de comparação de datas

» **Impressões do tweet:** O número de vezes que seus tweets foram visualizados, gerando engajamento ou não

LinkedIn Analytics

Você pode acessar o LinkedIn Analytics por meio da página de sua empresa, que mostra todos os dados de mídia social que vão para a sua página do LinkedIn. Aqui estão as principais métricas a serem observadas:

» **Interações:** O número de comentários, curtidas e compartilhamentos que seus posts e o perfil da empresa receberam durante um período de tempo

» **Cliques:** O número de cliques nos seus posts e na página de sua empresa

» **Engajamento:** O número de interações em comparação com o número de impressões

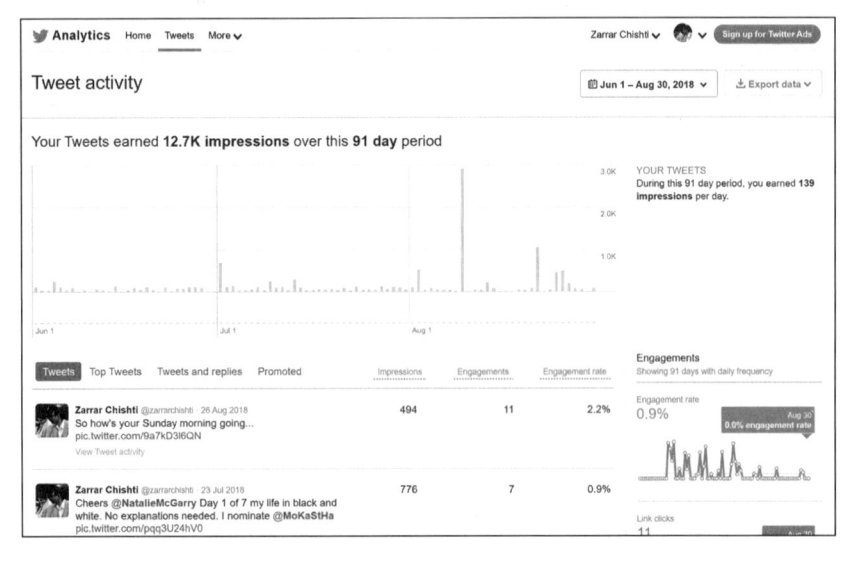

FIGURA 3-3: O Twitter Analytics ajuda você a esmiuçar seus dados-chave para ajudá-lo a entender quais tipos de posts ressoam com seu público.

» **Seguidores:** O número de novos seguidores, incluindo aqueles que vieram por meio de um post patrocinado

» **Impressões:** O número de vezes que seus posts ficaram visíveis para outros usuários do LinkedIn

Escolhendo dados de mídia significativos versus métricas de vaidade

É fácil se deixar levar pelas métricas sem realmente entender o seu significado. Em outras palavras, é tão importante analisar seus dados quanto coletá-los.

Eu também sou culpado de ficar obcecado por *métricas de vaidade* (quaisquer métricas de mídia social que fazem a presença de sua empresa parecer boa, mas fazem muito pouco em termos de engajamento), como contagem de seguidores e curtidas. O fato é que os dados das métricas de vaidade não podem ajudá-lo a medir o desempenho passado e atual de sua empresa de uma forma que permita criar uma estratégia para sua campanha de marketing de gamificação. Esses dados podem parecer impressionantes quando você os analisa em um relatório. Mas, infelizmente, podem significar muito pouco sem algum contexto.

LEMBRE-SE Sua empresa ter milhares de seguidores significará muito pouco se eles não estiverem sendo traduzidos em vendas. Da mesma forma, é inútil postar notícias e conteúdos interessantes se a maioria de seus seguidores não consegue se envolver com eles.

Mas nem tudo está perdido. Deve haver um motivo para sua empresa ter conquistado todos esses seguidores. A causa pode ter sido uma hashtag popular que você usou ou criou no passado, ou pode ter sido um post ou um artigo popular. Ao identificar o motivo, você pode usar as mesmas táticas na estratégia de lançamento da sua campanha de marketing.

LEMBRE-SE As métricas de vaidade são inúteis, pois são muito fáceis de medir e não têm contexto. Isso pode significar que elas costumam ser enganosas e, mais importante, não ajudam de forma significativa sua campanha de gamificação. Elas *parecem* impressionantes, mas, infelizmente, são desprovidas de substância.

Claro, vá em frente e tenha orgulho de suas métricas conquistadas. Não há absolutamente nada de errado em compartilhar esses dados para demonstrar como sua empresa está se saindo online. Mas saiba que os dados não podem ser usados como evidência para sua campanha. Melhor deixar isso para manchetes de sites e comunicados à imprensa.

Sem dúvida, qualquer um dos seus dados de mídia social pode ser uma métrica de vaidade. A boa notícia é: você pode identificar quais métricas não fazem sentido. A questão central a se perguntar ao considerar uma métrica é se ela ajudará sua empresa a atingir seus objetivos. Aqui estão três perguntas que você pode fazer a si mesmo para identificar as métricas de vaidade:

» **Você consegue tomar decisões significativas para sua campanha de gamificação usando essa métrica?** Ignore a métrica se a resposta for "não".

Métricas acionáveis podem ajudá-lo a tomar decisões para sua campanha. Isso ocorre porque os dados fornecem feedback e contexto significativos para o que sua campanha pretende fazer, e se tem chance de funcionar.

Dados inteligentes também podem ajudá-lo a ajustar suas estratégias para atrair um público maior. Quaisquer dados de mídia social que você coletar devem ajudar a melhorar o lançamento de sua campanha.

» **Você consegue replicar os resultados?** Quaisquer dados produzidos como uma ocorrência aleatória não serão úteis para sua campanha. Quando se trata de posts virais nas redes sociais, o raio raramente cai duas vezes no mesmo lugar, a menos que possa identificar uma causa e um efeito neles.

Certifique-se de que as métricas foram reproduzidas mais de uma vez. Se não consegue reproduzir uma métrica estatisticamente semelhante, não pode usá-la para melhorar sua campanha. Isso significa que, embora a métrica pareça ótima, os dados e o conhecimento por trás dela não farão nada para ajudar sua campanha.

» **O que fez com que as métricas parecessem tão boas?** Alguém com um grande número de seguidores notou uma de suas postagens e a compartilhou com seus próprios seguidores? Em caso afirmativo, tente entrar em contato com ele por meio de uma mensagem privada e pergunte como ele percebeu sua campanha — e não deixe de ser grato também.

Um algoritmo de terceiros (sobre o qual sua empresa não tem controle) foi responsável pelo pico? Fale com os proprietários/desenvolvedores do algoritmo para ver se você pode utilizá-lo em campanhas futuras.

A sazonalidade foi um fator (determinado mês foi responsável pela maior parte da métrica)? Essa será uma fonte inestimável de informações quando você analisar sua campanha usando big data (veja o Capítulo 11).

Alguém na empresa pagou para aumentar o número de curtidas ou seguidores? Em caso afirmativo, determine se esse gasto obteve um bom retorno sobre o investimento (ROI — Return On Investment) para sua campanha.

NÃO IGNORE OS SURFISTAS PRATEADOS

Se executada corretamente, sua campanha de gamificação pode agradar a todas as idades. Relatórios recentes têm mostrado que o número de *surfistas prateados* (geralmente, pessoas com mais de 50 anos, embora essa idade possa variar conforme o país) nas redes sociais está aumentando. Essa é uma excelente notícia para a sua campanha, pois você tem um novo canal para atingir, um público frequentemente ignorado.

Em vez de tentar atingir esse grupo demográfico diretamente, use o Facebook. Essa é a rede social preferida dos surfistas prateados (35% das pessoas com mais de 65 anos estão no Facebook, em comparação com 2% delas no Twitter e 1% no Pinterest). Portanto, é claro, a maior parte do seu marketing dependerá do Facebook.

Além disso, lembre-se de que os as pessoas mais velhas dedicarão tempo para pesquisar campanhas. Por esse motivo, é importante investir no conteúdo delas. Embora os surfistas prateados pesquisem as campanhas da mesma forma que qualquer outra pessoa, eles também tendem a usar o Bing em vez do Google. Usuários do Bing tendem a ter entre 55 e 64 anos, então inclua o Bing em sua estratégia de marketing.

Em termos de seu conteúdo real de gamificação, como esse grupo tem mais probabilidade de ler artigos e páginas online na íntegra do que o usuário médio da internet, você deve empregar mais CTAs, como "saiba mais". Sua experiência do usuário (UX — User Experience) é um elemento muito importante para garantir que sua campanha seja eficaz. Se um surfista prateado chega à sua campanha apenas para se deparar com uma página complexa e confusa, ele provavelmente não se envolverá com ela. Planeje suas páginas para que sejam fáceis de acessar — use fontes grandes, botões claros e navegação objetiva.

> **NESTE CAPÍTULO**
>
> » Criando engajamento em tempo real
>
> » Recompensando seu público
>
> » Promovendo a fidelidade em sua campanha
>
> » Desenvolvendo uma hashtag única
>
> » Incentivando o compartilhamento em canais de mídia social

Capítulo **4**

Aumentando o Engajamento na Sua Campanha

Pensar em maneiras de maximizar o engajamento para sua campanha de gamificação não é apenas benéfico, mas fundamental — e isso é verdade antes e muito depois do lançamento. Dessa forma, sua empresa criará uma experiência muito mais significativa e envolvente para seus clientes.

LEMBRE-SE

A experiência do público deve ser muito mais do que apenas uma campanha de vendas. Seu público não deve apenas sentir que a campanha foi pensada para ele, mas também deve se sentir recompensado por sua lealdade e participação. Se você cumprir essas duas metas, eles se sentirão conectados à campanha.

As campanhas que enfocam o engajamento do público se concentram na criação de valor, o que proporciona a seus públicos uma experiência significativa. Neste capítulo, ofereço estratégias específicas que você pode usar para aumentar o engajamento de sua campanha.

Estabelecendo Recompensas e Conquistas

Uma das principais vantagens de usar o marketing de gamificação é o envolvimento do público em tempo real. Seu público recebe feedback e estatísticas em tempo real que são influenciados pela forma como engajam com sua campanha. Recompensas e conquistas motivarão seu público a continuar voltando à sua campanha para que possam concluir ou prosseguir com um desafio ou tarefa.

O marketing de gamificação permite que seu público veja o progresso imediatamente. Essa é a vantagem do marketing de gamificação sobre o tradicional. Neste, seu público não recebe instantânea e visualmente qualquer forma de feedback e recompensa por seus esforços. Com o de gamificação, você pode recompensar cada ação ou tarefa que seu público realizar.

Recompensando seus jogadores

Seu público deve receber pontos ou experiência como recompensa por suas ações na campanha. Basicamente, sua campanha deve ser projetada para encorajar seu público com recompensas pensadas de forma estratégica durante toda a campanha. Essas recompensas os motivarão a voltar. Nas seções a seguir, apresento a você uma variedade de recompensas que pode oferecer aos seus jogadores, de pontos a barras de progresso, emblemas e muito mais.

Pontos

Os pontos são relativamente fáceis de projetar em sua campanha. O conceito é simples: complete uma tarefa e ganhe pontos. Alguns sites usam pontos como uma forma de incentivar os usuários a postar em fóruns na internet, o que ajuda os proprietários do fórum a obter mais conteúdo em seu site.

Os pontos são a maneira mais simples de recompensar um jogador. Cada missão ou ação que você incluir em sua campanha gamificada pode ser recompensada com um número específico de pontos. É necessário escolher cuidadosamente o número de pontos, dependendo da dificuldade de uma missão ou ação.

Na maioria das campanhas, os pontos funcionam como uma medida de quão bem o usuário dominou o jogo. Portanto, eles significam o nível de habilidade que uma pessoa conseguiu acumular. Você pode atribuir pontos por:

» **Clicar nos botões de call to action (CTA):** Por exemplo, baixar o aplicativo, inscrever-se em uma conta ou até mesmo clicar no botão Iniciar do seu jogo podem ser CTAs que geram pontos para o usuário.

» **Concluir um nível:** Você pode conceder pontos em áreas *dentro* de um nível.

» **Gastar tempo jogando:** Se o usuário passar um certo número de horas jogando, ele pode receber pontos.

» **Compartilhar o jogo com amigos:** Se o usuário clicar nos botões de Compartilhamento, ele pode ganhar pontos para si e/ou para a pessoa com quem compartilhou a campanha.

» **Oferecer feedback:** Dê ao público um motivo para darem feedback sobre sua campanha. Ocorreu algum erro técnico? Foi muito difícil ou muito fácil? Eles gostariam de ver mais níveis?

Você pode usar os pontos para criar um placar (veja "Placares", mais adiante no capítulo), que é uma lista contínua de usuários que têm maior pontuação.

Níveis e barras de progresso

As barras de progresso são visualizações gráficas que mostram ao público o progresso nas áreas de sua campanha. Por exemplo, elas podem mostrar quanto falta para o usuário alcançar o próximo nível. Barras de progresso também podem ser usadas para mostrar o número de pontos que o usuário deve obter para ganhar um emblema.

Não importa o contexto, elas ajudam a manter o público motivado.

Os níveis também podem ajudar a manter os usuários motivados, mas também dão a eles um senso de direção. O público fica mais focado e determinado se conseguir ver aonde podem chegar. Os níveis e as barras de progresso podem fazer o seguinte:

» Dar ao usuário uma sensação de progressão.

» Dar à campanha um design mais estruturado.

» Ajudar a manter o usuário motivado.

» Ajudar você a criar desafios específicos dentro da campanha.

Emblemas

Os emblemas são extremamente importantes nas campanhas de gamificação porque fazem seu público se sentir importante e habilidoso. Na minha experiência, os emblemas fortalecem a conexão do público com a campanha.

DICA

Ao projetar sua campanha de gamificação, associe os pontos que o público ganha com os emblemas que você concederá. Os emblemas aumentam o envolvimento do público porque são uma representação visual dos pontos que eles ganharam. Além disso, os emblemas são bem mais atrativos e divertidos do que os pontos (que são apenas números).

Muitos apps e sites gamificados usam emblemas para aumentar o engajamento. Por exemplo, o Waze, um app de navegação e trânsito muito popular, usa classificações, que vêm com emblemas visuais, conforme mostrado na Figura 4-1.

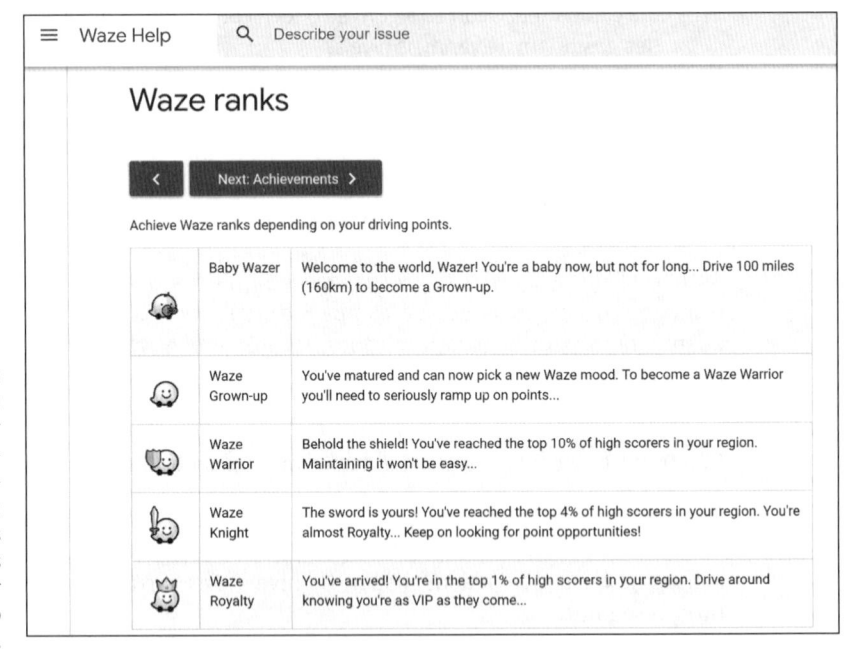

FIGURA 4-1: Waze, um app popular de navegação e trânsito, criou emblemas inovadores para manter o público engajado.

DICA

Ao projetar seus emblemas, tenha as seguintes dicas em mente:

» Emblemas devem ser projetados para reconhecer comportamentos específicos do público.

» Use um número limitado de emblemas para que seu público se sinta apreciado e valorizado. Se inundar seu público com emblemas, eles não terão tanto significado.

» Os nomes e ícones de seus emblemas devem estar alinhados com o tema e o conteúdo de sua campanha.

» Crie vários níveis dentro dos emblemas, que podem ser acompanhados por pontos.

Placares

Os pontos que seu público coleta podem ser usados para criar um placar em sua campanha. Um *placar* é uma lista contínua de usuários que têm maior pontuação. Esse tipo de competição amigável pode funcionar como um fator de motivação para que o público continue retornando à sua campanha.

DICA

Se usados corretamente, placares podem ser motivadores poderosos. Aqui estão algumas dicas para projetar os seus:

- » Quando você tem um grande número de jogadores, mostre apenas os melhores, mas dê às pessoas a opção de ver onde eles estão em comparação.
- » Dê pontos e possivelmente um emblema especial para os três primeiros jogadores. Você pode dar um emblema diferenciado para os que mantiverem sua alta classificação por um determinado período de tempo.
- » Ofereça a opção de os jogadores receberem um alerta caso percam as primeiras posições.
- » Se um usuário estiver posicionado abaixo das primeiras classificações, mostre visualmente sua distância da próxima posição superior.

Criando lealdade

Criar lealdade em seu público não apenas fará com que ele volte à sua campanha, mas também aumentará a probabilidade de que a promova para seus conhecidos. Na verdade, o cliente fiel continua a se inscrever em campanhas futuras, segue ativamente os canais de mídia social e é mais provável que compre de sua empresa.

Para criar lealdade, você precisa ter um relacionamento com seus usuários. Os relacionamentos convertem públicos em clientes e porta-vozes de sua campanha. Nas seções a seguir, apresento dicas sobre como construir o tipo de relacionamento que gerará lealdade.

Tornando o atendimento ao cliente uma prioridade

Para criar um público fiel, você precisa fornecer um atendimento ao cliente consistente e incrível. Seu público avaliará cada interação que ele tem com sua campanha com base no serviço que você fornece.

Aqui estão alguns exemplos de onde essa interação pode se originar:

- » O formulário de contato em sua página
- » Um e-mail ou telefonema

- » Um tweet direcionado ao seu perfil do Twitter
- » Uma pergunta postada na página da sua campanha no Facebook
- » Um direct recebido pelo Instagram ou outros canais de mídia social

Certifique-se de que suas respostas sejam amigáveis e que transmitam ao usuário que você está prestando atenção ao que dizem e trabalhando para resolver o problema. Seu suporte, independentemente de como o público chega até você, deve ter o mesmo tom enérgico e positivo. As respostas devem ter como objetivo resolver os problemas deles em tempo hábil.

DICA As respostas de sua campanha devem ser projetadas para responder a perguntas ou resolver problemas rapidamente, em todas as plataformas. A maioria das pessoas nas redes sociais espera uma resposta dentro de uma hora. Aconselho, principalmente no Twitter, a responder dentro de meia hora.

Votação e questionários

Solicitar e responder ao feedback do seu público é a melhor maneira de construir lealdade. O triste é que a maior parte do seu público não dará feedback, a menos que tenham um problema com sua campanha.

Por esse motivo, você deve se antecipar a quaisquer problemas em potencial e desenvolver diferentes maneiras de obter ativamente o feedback de seus usuários. Isso demonstrará ao seu público que você *deseja* ouvi-los, independentemente de a experiência ter sido boa ou ruim. Além disso, as respostas obtidas serão muito importantes para aperfeiçoar sua *próxima* campanha de marketing de gamificação.

Outro resultado positivo de solicitar feedback ativamente é ser capaz de identificar os motivos pelos quais seu público não está voltando. O que os está afastando? Por que eles não querem voltar? Por outro lado, você pode aprender o que está fazendo *direito*. O que seu público adora em sua campanha? Por que eles continuam voltando?

DICA Existem algumas estratégias diferentes para fazer com que seus clientes lhe forneçam este feedback:

- » **Pesquisas de feedback em canais de mídia social:** A maioria dos canais de mídia social oferece formulários, pesquisas e questionários que você pode enviar aos seus seguidores.
- » **Pesquisas de satisfação do cliente:** As pesquisas de satisfação do cliente são uma forma direta de coletar feedback de seu público. Envie-os alguns dias após o lançamento da campanha para que você possa identificar quaisquer problemas técnicos ou funcionais imediatamente.

» **Solicitar avaliações:** Funciona muito bem se sua campanha tiver um app para celular. Normalmente, é melhor pedir uma avaliação do cliente depois que o público se envolver com o jogo algumas vezes. É importante dar ao seu público tempo suficiente para se familiarizar com a campanha.

» **Uma pesquisa baseada em emojis:** Essas pesquisas estão se tornando muito populares porque permitem que seu público dê feedback ao clicar no emoji que representa seu humor. Normalmente, as taxas de resposta são muito mais altas do que com pesquisas baseadas em textos. Algumas ferramentas online, como o Customer Thermometer (www.customerthermometer.com), mostrado na Figura 4-2, podem ajudá-lo a implementar esse tipo de pesquisa em sua campanha.

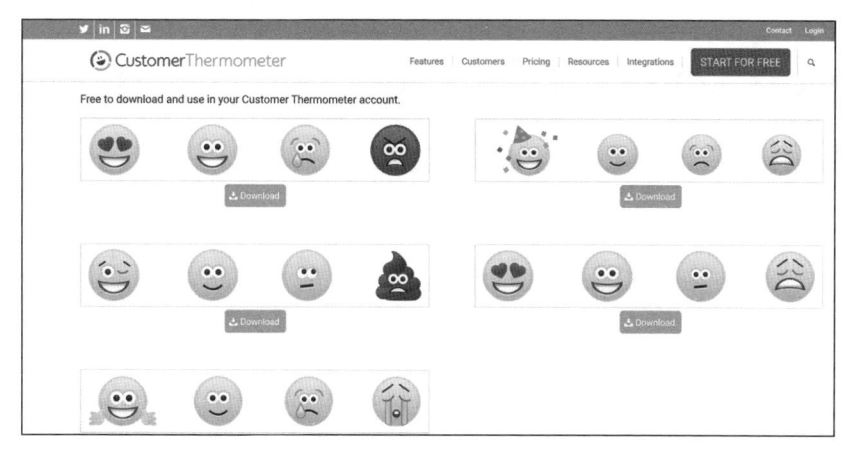

FIGURA 4-2: O Customer Thermometer ajuda a implementar pesquisas com o tema emoji nas campanhas.

Comemorando nas redes sociais

Certifique-se de reservar um tempo para celebrar os membros mais leais nas suas redes sociais. Depois de dar a eles uma voz para expressar seu feedback e experiências, você poder fazer com que se sintam especiais por apoiá-lo.

Mostre seus pensamentos e ideias nas suas redes sociais, como Instagram e Twitter. Isso não apenas promoverá a lealdade com seu público atual, mas também permitirá que outras pessoas saibam que você valoriza seu público.

Compartilhando o amor

Um dos meus métodos favoritos para incentivar a lealdade é oferecer programas de referência para o seu público. Os programas de referência recompensam seu público cada vez que um de seus amigos se junta à campanha.

As pessoas que amam sua campanha vão querer naturalmente compartilhá-la com seus amigos por meio do boca a boca. Um programa de referência vai um passo além e *encoraja* esse comportamento com incentivos tanto para quem indica quanto para o amigo indicado.

DICA

Elabore seu programa de incentivos para:

- Oferecer pontos a ambas as partes (indicador e indicado), se compartilharem um código especial.
- Atribuir emblemas para quem atingir certo número de referências.
- Criar imagens atraentes e chamativas que seu público pode compartilhar em suas contas de mídia social.

Incentivando o Compartilhamento entre o Seu Público

Incentivar seus clientes a compartilhar suas experiências é uma forma altamente eficaz e crucial de engajamento. Quando executada corretamente, seu público transmitirá as experiências positivas e promoverá a lealdade com sua campanha e empresa para os seguidores deles nas redes sociais.

O engajamento nas redes sociais também permite que sua campanha se conecte e forme relacionamentos valiosos com seu público. Se você utilizar o maior número de canais possível, aumentará seu engajamento geral, o que resulta em benefícios de longo prazo para sua campanha de gamificação.

Usando uma hashtag única

Hashtags são uma forma de as pessoas discutirem eventos, produtos, serviços e questões específicas nas redes sociais. Elas são usadas diariamente por milhões de usuários nas redes sociais e estão rapidamente se tornando um componente integral de qualquer campanha de marketing.

Uma *hashtag* é uma palavra ou grupo de palavras sem espaços entre elas, com uma cerquilha (# — nosso famoso jogo da velha) no início. Usando hashtags, os usuários podem pesquisar facilmente qualquer tópico e participar da conversa.

Com o conteúdo dos usuários sendo postado em todas as redes sociais mais rápido do que nunca, usar uma hashtag para aumentar a conscientização não significa simplesmente adicionar # ao nome da sua empresa. Sua campanha de marketing de gamificação precisará criar sua própria hashtag única e levar as pessoas a usá-la. Ao criar com sucesso uma hashtag única, sua equipe será capaz de rastrear e controlar o fluxo da discussão gerada nas mídias sociais.

Como as hashtags funcionam nas várias plataformas de mídia social

As hashtags começaram no Twitter, onde eram usadas para "chats de tweet". À medida que esses chats se tornaram mais comuns, os profissionais de marketing começaram a ver a importância e a relevância do uso de hashtags em suas campanhas.

Hoje, a maioria das plataformas de mídia social oferece suporte a hashtags. Saber como criá-las e usá-las em cada plataforma pode ajudar a colocar sua campanha diretamente na frente de seu público-alvo. Nas seções a seguir, examinarei como as hashtags são melhor utilizadas nas principais redes sociais.

TWITTER

Ao usar hashtags relevantes em seus tweets, você pode aumentar o engajamento de sua campanha. Elas podem ser usadas para indicar tópicos relevantes. Se esses tópicos baseados em hashtag se tornarem populares em um determinado momento, eles são chamados de *trend* [Tendência ou Assunto do Momento). Os trending topics aparecem na barra lateral do feed do Twitter e consistem uma ferramenta de marketing muito poderosa porque podem trazer um grande volume de tráfego para sua campanha.

No passado, as hashtags foram objeto de abuso em massa por campanhas de marketing. Como resultado, o Twitter filtra imediatamente as postagens que fazem spam descaradamente de uma hashtag. Todos os tweets que usam uma hashtag relevante, mas não agregam valor à conversa, também são filtrados. Tweetar sobre uma tendência e, em seguida, vinculá-la a algo totalmente não relacionado é uma violação das regras. Um exemplo de spam seria adicionar deliberadamente uma hashtag como #Brasileirão ao seu tweet apenas para receber tráfego para sua mensagem quando seu conteúdo não tiver nada a ver com futebol ou com o Campeonato Brasileiro.

Recomendo usar no máximo três hashtags por tweet.

DICA

INSTAGRAM

Ao contrário do Twitter, em que as hashtags devem ser usadas com moderação, no Instagram, usar mais hashtags geralmente leva a *mais* engajamento. O Instagram estabelece um limite para o número de hashtags que você pode usar em cada postagem (o limite é de 30). Você não precisa usar 30 em um post, mas pode fazer isso sem ser penalizado.

DICA

Tente usar o máximo possível de hashtags para ver qual funciona para sua campanha. O Instagram é a melhor plataforma para usar várias hashtags, então experimente e use-as em posts, fotos e comentários.

Hashtags podem ser usadas para incentivar os usuários a enviar suas imagens e experiências com sua campanha de marketing de gamificação. Por exemplo, algumas hashtags foram criadas especificamente para campanhas de fotos do Instagram como #ThrowbackThursday (mais recentemente, #TBT), que incentiva o público a postar fotos pessoais antigas.

FACEBOOK

O Facebook adotou tardiamente o suporte à hashtag e, por isso, a prática não é usada por seus usuários tanto quanto em outras plataformas. No entanto, o Facebook agrupa as postagens de sua campanha contendo a mesma hashtag. Melhor ainda, os resultados das pesquisas de hashtag não se limitam às pessoas que você conhece.

CUIDADO

No Facebook, tente não usar muitas hashtags. Recomendo usar no máximo duas por post. Se usar mais do que isso, sua campanha corre o risco de parecer pouco profissional e provavelmente irritará o público.

DICA

Se estiver usando uma estratégia de hashtag no Facebook, certifique-se de que todos os posts de sua campanha sejam públicos. Isso permitirá que seu público encontre e compartilhe seus posts e hashtags.

PINTEREST

Usar hashtags únicas e relevantes no Pinterest pode ajudar a expor sua campanha a um público totalmente novo. Nessa plataforma, palavras-chave inespecíficas provavelmente não serão úteis. Portanto, certifique-se de criar hashtags únicas que sejam específicas para sua campanha.

As hashtags do Pinterest são colocadas na descrição do pin. Quando os usuários clicam neles, são direcionados a pins que contêm a hashtag exata, além de pins com a mesma palavra ou frase na descrição.

LINKEDIN

Até alguns anos atrás, o LinkedIn não enfatizava o uso de hashtags. Mas, recentemente, a plataforma fez algumas atualizações importantes em seu algoritmo, o que resultou em um aumento de 50% na atividade viral. Hoje, mais de 2 milhões de posts, vídeos e artigos são filtrados, classificados e exibidos nos feeds de membros do LinkedIn.

Ao publicar no LinkedIn, use no máximo três hashtags no corpo do post.

O uso de hashtags únicas no LinkedIn exibirá sua campanha para pessoas de fora da sua rede, sendo uma ótima maneira de aumentar o reconhecimento.

Criando hashtags únicas para sua campanha de marketing de gamificação

Se a sua hashtag for única, ela se destacará, e sua campanha terá muito mais engajamento nas redes sociais. O objetivo é criar algo único que seja compartilhável e memorável e que se conecte com seu público. Nas seções a seguir, apresento dicas essenciais a serem lembradas ao criar uma palavra-chave.

BREVE, MAS ÚNICA

Em geral, quando se trata de hashtags únicas, quanto mais curtas, melhor. Uma boa razão para isso, além do fato de que frases mais curtas são mais legíveis e notáveis, é que uma hashtag longa pode ser impopular entre os usuários do Twitter porque os tweets são limitados no número de caracteres. Além disso, hashtags longas são mais difíceis de soletrar e têm maior probabilidade de resultar em erros de digitação. Em caso de dúvida, lembre-se de que menos é mais. Tente não ultrapassar três palavras. E tente evitar duas letras iguais seguidas (por exemplo, #marketinggamificacao), porque é mais difícil de ler.

A Starbucks usou uma hashtag única de duas palavras, #StarbucksRewards (veja a Figura 4-3), para promover sua campanha de marketing de gamificação em todas as suas plataformas de mídia social (veja o Capítulo 15).

EVOCANDO UMA EMOÇÃO

Se criar sua hashtag para evocar uma emoção em seu público, você se conectará imediatamente e deixará uma impressão duradoura. Sua hashtag não apenas chamará a atenção, mas os motivará a compartilhar seus posts.

Aqui estão algumas maneiras de evocar emoções com hashtags:

» **Crie um sentimento de pertencimento.** Para fazer isso, você precisa conhecer a fundo seu público. Tente incluir em sua hashtag interesses que sejam específicos e únicos de sua empresa ou setor. Por exemplo, se sua campanha tem como alvo uma cidade ou estado, inclua isso como uma hashtag.

FIGURA 4-3:
A hashtag #StarbucksRewards em uso.

>> **Crie uma sensação de emoção.** Motive seu público a agir em eventos ou questões emocionantes.

>> **Celebre a identidade local.** Faça sua lição de casa e veja se pode conectar-se com locais específicos. Brincar com um time ou evento locais de um público evoca fortes paixões.

>> **Desafie seu público.** Se puder empoderar seu público para enfrentar desafios, você evocará um senso de independência e liberdade.

SENDO ATUAL

Pensar cuidadosamente sua hashtag para incorporar um tópico viral pode impulsionar sua campanha instantaneamente. Um trending topic já vai gerar muita atenção, e você poderá redirecionar todo esse tráfego para sua campanha. Por exemplo, muitas campanhas pegam carona na temporada do Oscar. A Charmin [uma empresa do setor de higiene] aproveitou o tweet e as mensagens públicas sobre quais indicadas ao Oscar usaram o melhor vestido tweetando uma foto de um vestido vermelho com papel higiênico preso atrás com a legenda "Boa sorte aos indicados esta noite. Não se esqueça de olhar para baixo antes do seu discurso".

CUIDADO

Seja cauteloso. A maioria das tendências pode se tornar negativa tão rapidamente quanto se tornou viral. Além disso, elas não duram para sempre, então você não pode contar com elas ao longo de toda a campanha.

SENDO ESPERTO

Se puder criar suas hashtags para serem cativantes, engraçadas e inteligentes, é mais provável que sua campanha pegue rápido e se espalhe. Uma hashtag inteligente será mais fácil para o seu público lembrar.

Um excelente exemplo é #TweetFromTheSeat [#TweetandoDoTrono] da Charmin, mostrada na Figura 4-4, que foi divertida e acionável (pois a Charmin vinculou a um concurso).

FIGURA 4-4: A hashtag da Charmin #TweetFromTheSeat era divertida e encorajou o público a se envolver.

SENDO CONSISTENTE COM SUA MARCA

Enquanto você está gerando sua hashtag cativante e inteligente, certifique-se de que ela ainda se encaixa na marca geral da sua empresa. Leve em consideração o que seu público espera de vocês. Pense no tom adotado em suas contas de mídia social e certifique-se de que a hashtag seja consistente com esse tom.

Você pode criar uma hashtag cativante e inteligente que se adapte à sua marca, independentemente da área de negócios em que sua empresa atue. Por exemplo, a empresa de pizza congelada DiGiorno conseguiu mostrar sua personalidade de uma forma divertida e inteligente com a hashtag #DiGiorNOYOUDIDNT [#DiGiorNÃOFEZISSO].

EVITANDO SIGNIFICADOS OCULTOS

Se usar mais de uma palavra em sua hashtag, certifique-se de não cometer uma falha grave. Verifique se não está escrito algo diferente do que você planejou. Em 2012, uma hashtag única (#susanalbumparty) foi criada para promover o lançamento do álbum da cantora Susan Boyle (veja a Figura 4-5). Infelizmente, isso acabou criando uma grande agitação internacional, e não do tipo que a Srta. Boyle procurava. (Leia algumas vezes e veja se consegue encontrar o duplo sentido.)

FIGURA 4-5: Para promover o álbum de Susan Boyle, os promotores falharam em verificar novamente esta hashtag infeliz.

> **Susan Boyle**
> @SusanBoyleHQ
>
> Susan will be answering your questions at her exclusive album listening party on Saturday. Send in your questions #susanalbumparty Susan HQ

Quando uma hashtag tem um duplo sentido não intencional, ela pode causar estragos à campanha e danos embaraçosos à marca. Reveja e verifique três vezes sua hashtag para garantir que não haja absolutamente nenhum potencial para significados duplos. Reúna o máximo de pessoas possível em sua empresa para tentar encontrar significados ocultos.

Você não pode presumir que os internautas usarão letras maiúsculas em sua hashtag, então observe-a com todas as letras minúsculas, bem como com a primeira letra de cada palavra maiúscula, para ver se algo chama a atenção.

REUTILIZANDO HASHTAGS

Você pode descobrir que uma hashtag existente funciona perfeitamente para sua campanha. Do mesmo modo que faria se estivesse usando o nome de uma empresa existente, faça sua lição de casa e certifique-se de que não haja questões negativas preexistentes associadas à hashtag.

Use uma ferramenta online, como Hashtagify (`http://hashtagify.me`), para verificar as associações existentes com qualquer hashtag.

Oferecendo mais do que apenas um link

As campanhas de sucesso geralmente se tornam populares graças às contribuições ativas do público. Quando o público se conecta e se envolve com seu conteúdo de marketing, ele procura ativamente promover e defender as mensagens da campanha.

Felizmente, existem várias maneiras de garantir que as mensagens de sua campanha criem o nível certo de interesse e engajamento. Nas seções a seguir, examinarei alguns métodos para atingir esse objetivo.

Criando um ótimo conteúdo

A criação de conteúdo é um elemento vital para qualquer estratégia de marketing de gamificação. No entanto, é imperativo que você e sua equipe produzam conteúdo relevante que seu público queira compartilhar e curtir. Sem esse nível de engajamento, seu conteúdo terá falhado em ajudar sua campanha.

Vários gatilhos psicológicos podem inspirar seu público a se envolver com seu conteúdo:

» **Foco na qualidade.** Invista tempo em pesquisa e criação de conteúdo. Se fizer isso, pode esperar que seu público se interesse e se envolva. O desenvolvimento de conteúdo pode levar tempo e esforço e vale a pena terceirizar para redatores profissionais, se tiver orçamento.

» **Divida seu texto.** Seu público ficará impaciente e tenderá a ler muito rapidamente. Isso significa que não vão curtir um bloco de texto. Tente formatar seu conteúdo de maneira inteligente usando listas numeradas, listas com marcadores e cabeçalhos para destacar as principais informações.

» **Gere infográficos.** Os infográficos são informativos e fáceis de entender. Além disso, eles são convenientes para as pessoas compartilharem nas redes sociais. Se você não tem tempo ou recursos para criar os gráficos sozinho, pode usar ferramentas online como o Piktochart (`https://piktochart.com`) para criar infográficos de alta qualidade rapidamente, conforme mostrado na Figura 4-6.

» **Ofereça incentivos.** Seu público vai adorar ofertas gratuitas e especiais. Você pode experimentar em que nível de engajamento deseja que seu público-alvo ganhe (por exemplo, pedindo-lhes que compartilhem, curtam ou sigam a página de sua campanha). Ou pode ir um passo além e solicitar envios do público na forma de texto, imagens ou vídeos. Se executada corretamente, sua campanha criará um efeito cascata viral que fará com que seu público faça todo o trabalho pesado por você.

Programando suas postagens nas redes sociais

Assim que tiver um ótimo conteúdo (consulte a seção anterior), você estará pronto para compartilhá-lo! Mas é difícil compartilhar espontaneamente um conteúdo incrível. A boa notícia é que você pode programar seu conteúdo de mídia social para que seja postado quando seu público tiver maior probabilidade de se envolver com ele.

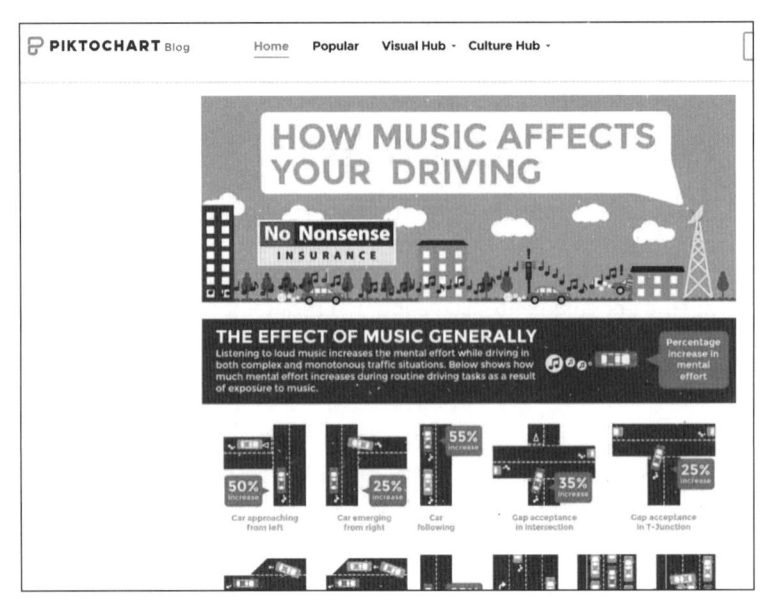

FIGURA 4-6: Ferramentas online como Piktochart ajudam a criar infográficos profissionais para você publicar conteúdo relevante.

Cada canal de mídia social é diferente no que diz respeito aos melhores horários de postagem (veja a Tabela 4-1). Isso se deve a uma série de fatores, como quando os usuários são mais ativos. Tente programar suas mensagens nas redes sociais para serem postadas nos melhores horários. Se estiver cobrindo uma área que abrange mais de um fuso horário, pode repetir suas mensagens para que caiam no horário local para a maioria do seu público. Dessa forma, você tem mais probabilidade de se envolver com seus seguidores.

TABELA 4-1 Melhores Horários para Postar nas Redes Sociais

Rede Social	Campanhas de B2C		Campanhas de B2B	
	Dias	Horário Local	Dias	Horário Local
Facebook	Segunda, Terça e Quarta	11h30 às 12h30	Segunda e Quinta	9h às 14h
Twitter	Segunda, Terça e Quarta	00h às 13h	Terça, Quarta e Quinta	9h às 16h
Instagram	Segunda, Terça e Sexta	9h às 13h	Segunda e Sexta	12h às 15h
LinkedIn	Segunda e Quarta	11h às 13h	Terça e Quarta	7h às 9h e 12h às 17h

DICA

A *frequência* com que você deve postar nas redes sociais depende da plataforma. Aqui estão minhas recomendações:

» **Facebook:** Uma ou duas vezes por dia

» **Instagram:** Uma ou duas vezes por dia

» **LinkedIn:** Uma vez por dia útil

» **Pinterest:** Cinco a 30 vezes por dia (esse número é maior do que em outras plataformas porque, no Pinterest, você está "pinando" imagens originais para outros membros "pinarem", em vez de um bloco de texto ou tweets originais)

» **Twitter:** Cinco a dez vezes por dia

REPOSTANDO SEU PRÓPRIO CONTEÚDO

Em média, você pode obter trinta vezes mais cliques ao compartilhar seu conteúdo nas redes sociais mais de uma vez. Por esse motivo, agende repostagens de seu conteúdo em canais de mídia social mais de uma vez durante sua campanha.

Se está preocupado com a possibilidade de seu público se entediar com o mesmo conteúdo mais de uma vez, lembre-se de que apenas uma pequena parte de seu público verá seu conteúdo. A maioria provavelmente não o viu na primeira vez que você o postou.

Eu recomendo republicar seu conteúdo nas redes sociais pelo menos uma vez a cada duas semanas após a primeira publicação, durante a campanha. Uma boa maneira de fazer isso é mudar a aparência do conteúdo:

- Você pode alterar a imagem associada ao texto.
- Você pode alterar o título.
- Você pode adaptar o conteúdo à plataforma. Algumas plataformas permitem adicione um CTA. Por exemplo, no Twitter, é possível adicionar uma enquete dentro do conteúdo.

Tente identificar as postagens que seu público gosta — essas são as repostagens que obtêm curtidas e comentários de maneira consistente. É mais provável que seu público compartilhe esse conteúdo, então, quando se trata de repostagem dessas mensagens, certifique-se de se envolver com eles, incentivando-os a compartilhar com seus amigos.

Usando fotos e vídeos a seu favor

Mensagens de mídia social com recursos visuais geram mais engajamento. Na verdade, as postagens com imagens obtêm aproximadamente 20% mais cliques do que aquelas com apenas texto. Dependendo de sua campanha, você pode usar capturas de tela de sua campanha, imagens de arquivo, memes engraçados e GIFs animados para aumentar o engajamento geral.

DICA

Postagens com GIFs obtêm 150% mais cliques do que postagens com imagens estáticas. Memes trazem humor para feeds de notícias e resultam em uma porcentagem muito maior de compartilhamentos do que qualquer outro tipo de postagem de imagens.

DICA

Você pode criar vídeos temáticos para dar ao seu público a chance de aprender mais sobre a campanha. Aqui estão algumas ideias de vídeos:

» Vídeos práticos que orientam seu público sobre como participar da campanha

» Vídeos virais — qualquer coisa, desde um anúncio divertido e envolvente até o envio de usuários vencendo no jogo

» Vídeos dos bastidores, mostrando a tecnologia e a equipe por trás da campanha

» Depoimentos de clientes e fãs falando sobre o quanto eles gostaram da campanha

Use seus canais de mídia social para deixar seu público animado para assistir e compartilhar os vídeos.

DICA

A melhor duração de vídeo para canais de mídia social é de cerca de um minuto e meio.

Criando uma comunidade no Facebook

Um grupo no Facebook é uma forma ideal de criar uma comunidade online. Você pode se envolver com sua comunidade fazendo perguntas, recebendo comentários valiosos e pedindo que compartilhem o conteúdo de sua campanha.

Depois de criar uma grande comunidade, pode ser importante tornar seu grupo público, fechado ou secreto, dependendo do tipo de envolvimento da comunidade que você espera alcançar.

Escreva uma introdução da campanha para ajudar seus seguidores a entender o propósito do grupo. Você também pode selecionar administradores adicionais para ajudá-lo a gerenciar seu grupo.

> **NESTE CAPÍTULO**
>
> » Trabalhando no orçamento de desenvolvimento da sua campanha
>
> » Antecipando riscos no orçamento
>
> » Definindo quem faz o que na sua equipe
>
> » Lidando com agências offshore e com freelancers

Capítulo **5**

Montando Seu Orçamento

Para campanhas de marketing tradicionais, a maior parte do orçamento é atribuída aos custos incorridos a partir do momento em que a campanha é lançada — coisas como gastos com anúncios, relações públicas e promoções online. Porém, esse não é o caso das campanhas de marketing de gamificação. Esse tipo de orçamento precisa incluir o planejamento inicial, despesas de desenvolvimento e suporte contínuo de TI para sua campanha. Se levar em consideração essas despesas, criará uma campanha envolvente que permanece dentro do orçamento em cada etapa do processo.

Neste capítulo, examino as principais áreas de custo durante o desenvolvimento — ou seja, seus desenvolvedores e testadores. Mas começo ajudando você a definir seu orçamento.

Definindo Seu Orçamento

Seu orçamento é a quantidade de dinheiro necessária para transformar sua campanha de gamificação em realidade. Essa parte do seu plano de marketing é necessária desde o início.

Estimando os custos

Ao planejar seu orçamento no início da campanha, tente estimar vários custos, incluindo o seguinte:

- » **Pesquisa de mercado:** A pesquisa de mercado inclui esforços como desenvolver um perfil de cliente e examinar as preferências de seu público atual. Inclua a realização de questionários e a contratação de estudos para melhor determinar o modelo de gamificação ideal para sua campanha.
- » **Desenvolvimento:** Este será o grosso dos custos de pré-lançamento. Isso inclui designers, programadores, desenvolvedores de banco de dados e testadores.
- » **Dia de lançamento:** Você precisa estimar os custos para lançar sua campanha com sucesso (veja o Capítulo 9). Isso inclui testar diferentes estratégias que pode ainda não ter tentado, como anúncios no Facebook.
- » **Monitoramento:** Tente estimar os custos de rastrear e monitorar seus esforços de comunicação. Isso inclui a contratação (possivelmente alguém interno) para rastrear a vasta quantidade de dados que você coletará.
- » **Suporte contínuo:** Você precisa levar em consideração o servidor e o suporte do site que sua equipe precisará durante a campanha.

Alinhando o orçamento com os objetivos

Em algum momento, você e sua equipe terão definido metas para sua campanha de gamificação. Agora é a hora de planejar seu orçamento para tornar essas metas realidade. Acho que esse é o melhor método para definir um orçamento realista que o ajudará a executar uma campanha de sucesso.

A maneira de fazer isso é determinar cada um dos custos de aquisição de sua meta de marketing. Isso significa calcular quanto dinheiro você precisará gastar para obter uma conversão de meta.

Analiso os objetivos específicos no Capítulo 7, no qual exploro como incorporar seus objetivos à campanha de marketing de gamificação.

Antecipando os riscos

Quando o orçamento de sua campanha é definido e o plano está em vigor, é útil tentar identificar quaisquer riscos que possam prejudicar o seu orçamento.

Aqui estão alguns exemplos de riscos que costumo ver nas campanhas de marketing de gamificação:

» **Membros-chave:** Um exemplo que considero comum é quando a campanha depende muito de uma pessoa. Se ela ficar doente, pedir demissão ou não estiver disponível por algum motivo, você ficará na mão. A solução é ter um orçamento para mais funcionários. Os membros-chave da equipe devem treinar pelo menos uma ou duas pessoas sobre suas funções *antes* de ganhar na loteria e ir para Fiji.

» **Sucesso viral:** Outro exemplo, especialmente com modelos de gamificação, é o sucesso viral inesperado de uma campanha. Se seus contratos de serviço não suportarem uma explosão de tráfego na casa dos milhões, esse é outro risco. Para combatê-lo, invista em uma rede de distribuição de conteúdo (CDN — Content Delivery Network) que garantirá o redirecionamento de seu tráfego. Veja também as várias opções que seu host atual oferece. Procure atualizar os elementos vitais do seu servidor, como permissão de largura de banda e memória.

» **Tecnologia não testada:** Seus desenvolvedores podem ter usado estruturas ou interfaces de programação de aplicativos (APIs — Application Programming Interfaces) novas e não testadas. Isso representa um risco, porque sua campanha pode não funcionar quando determinados navegadores são atualizados. A solução é ter um orçamento para testes contínuos. Infelizmente, não há horários específicos no ano em que os navegadores farão atualizações, então você só precisa ficar atento a esse problema.

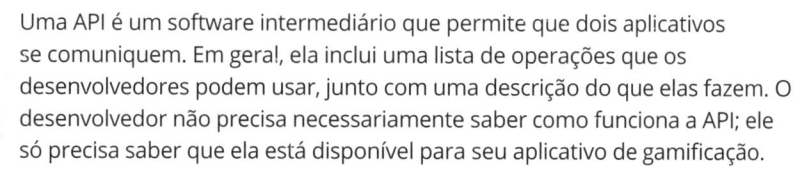

PAPO DE ESPECIALISTA

Uma API é um software intermediário que permite que dois aplicativos se comuniquem. Em geral, ela inclui uma lista de operações que os desenvolvedores podem usar, junto com uma descrição do que elas fazem. O desenvolvedor não precisa necessariamente saber como funciona a API; ele só precisa saber que ela está disponível para seu aplicativo de gamificação.

» **Lixeira:** Comunicar-se com o seu público durante a campanha é essencial. No entanto, e se sua campanha de e-mail estiver sendo filtrada como spam? Isso pode acontecer de repente depois de algumas pessoas, por engano, enviarem seus e-mails para lixeira. Infelizmente, consertar a reputação de seu e-mail levará tempo — possivelmente além da duração de sua campanha. Procure investir em algo como o Amazon Simple Email Service (Amazon SES), um serviço econômico de e-mail criado com base na infraestrutura que a Amazon desenvolveu. Com um serviço de e-mail como o Amazon SES, você pode enviar mensagens de marketing tranquilamente.

» **Criação de conteúdo:** Se planeja criar conteúdo de qualidade internamente, como vídeos, fotos ou até posts de blog, em algum momento você e sua equipe ficarão muito ocupados para continuar. Faça um orçamento de quanto dinheiro irá para a criação do mesmo nível de conteúdo com uma agência externa. Isso garantirá que o conteúdo continue chegando.

» **Os chamados "atos de Deus":** Pandemias, clima, desastres naturais e outros eventos catastróficos representam complicações e riscos imprevistos. Embora eu admita que esse seja um risco de baixo nível, ainda acontece de vez em quando. Portanto, analise as opções de sua equipe principal trabalhar em casa se não for possível ir ao escritório. Isso inclui fornecer notebooks e a garantia de boa conexão com a internet. Além disso, procure realizar reuniões regulares por meio de serviços como o Skype.

Depois de identificar os riscos potenciais, você pode priorizar seus níveis de ameaça e definir um orçamento de contingência apropriado. Ao antecipar e planejar qualquer coisa importante, você aumentará a probabilidade de sua campanha alcançar seus objetivos sem estourar o orçamento.

Montando Sua Equipe

Dependendo da infraestrutura da sua empresa, você pode ou não ter algum talento interno a quem recorrer. Para os fins deste capítulo, presumo que você *não* tenha esses recursos e precise fazer um orçamento para todos eles. Além disso, presumo que planeja executar uma campanha temporária para testar a estratégia de gamificação, então será importante contratar agências e freelancers em vez de trazer uma equipe permanente.

Caso considere contratar funcionários especialistas permanentes, convém fazer um orçamento para computadores de alto desempenho e licenças de software.

Contabilizando o modelo de gamificação

Dependendo do modelo de gamificação selecionado, você pode estimar o número de pessoal-chave que precisa contratar para o desenvolvimento (veja o Capítulo 8). Nas Tabelas 5-1 a 5-4, abordo os quatro modelos principais e resumo as habilidades de desenvolvimento que você precisa considerar.

Terceirizando talentos

A chave para tornar o desenvolvimento de gamificação de sua campanha bem--sucedido está em decidir quais tarefas fazer internamente e quais terceirizar. Na minha experiência, a decisão certa pode ser diferente para cada setor, então não há uma receita universal.

TABELA 5-1 Equipe Necessária para Jogos de Ação

Função	Tempo Médio Necessário em um Projeto	Requisitos Específicos de Função	Custo Médio de um Freelancer ou Agência por Projeto
Gerente de projeto	1 mês	Um jogo de ação normalmente leva um mês para ser desenvolvido.	$2.000–$4.000
Artista	1 semana	Os artistas trabalham antes do início do desenvolvimento e junto com os designers de jogo. Para jogos de ação, não haverá um grande requisito de recursos porque a maioria dos ativos pode ser terceirizada e também será reutilizada entre os níveis.	$750–$2.000
Designer de jogos	3–4 semanas	Os designers de jogos serão trazidos logo no início para criar o conceito, mas, quando o desenvolvimento começar, eles não serão necessários em tempo integral.	$1.500–$3.000
Designer de níveis	1 semana	Normalmente, o designer de nível é necessário até o início dos projetos.	$750–$1.500
Desenvolvedor de jogos	3 semanas	Para jogos de ação, a equipe de desenvolvimento pode usar código reutilizável amplamente disponível.	$2.000–$3.500
Engenheiro de som	1–2 dias	Os engenheiros de som trabalham após o término do desenvolvimento.	$350–$750
Testador	3–4 dias	Como não há muitas permutações complexas em jogos de ação para os testadores experimentarem, em geral eles podem concluir suas tarefas rapidamente.	$450–$950
Designer de UX e desenvolvedor web	1 semana	Os jogos de ação normalmente não têm estruturas de página complexas.	$1.500–$2.500

TABELA 5-2 Equipe Necessária para Jogos de Simulação

Função	Tempo Médio Necessário em um Projeto	Requisitos Específicos de Função	Custo Médio de um Freelancer ou Agência por Projeto
Gerente de projeto	3 meses	Um jogo de simulação normalmente leva três meses para ser desenvolvido, mas pode demorar mais, dependendo de seus objetivos.	$4.000–$8.000

(continua)

(continuação)

Função	Tempo Médio Necessário em um Projeto	Requisitos Específicos de Função	Custo Médio de um Freelancer ou Agência por Projeto
Artista	3-4 semanas	Os artistas trabalham antes do início do desenvolvimento, mas continuam a trabalhar depois para criar gráficos personalizados para níveis e estágios posteriores. Para jogos de simulação, há uma grande necessidade de recursos porque a maioria dos ativos é desenvolvida de forma personalizada.	US$2.500-US$4.500
Designer de jogos	2 meses	Os designers de jogos são contratados logo no início para criar o conceito e são necessários em tempo integral até o término do desenvolvimento.	US$4.500-US$5.500
Designer de níveis	3-4 semanas	Normalmente, o designer de níveis trabalha mesmo após o início do desenvolvimento.	US$1.550-US$3.000
Desenvolvedor de jogos	2-3 meses	Para jogos de simulação, muitos códigos personalizados precisam ser desenvolvidos.	US$4.000-US$6.500
Engenheiro de som	5-7 dias	Engenheiros de som podem ser contratados à medida que cada nível é concluído.	US$750-US$1.250
Testador	2 semanas	Os jogos de simulação envolvem uma grande quantidade de permutações complexas que precisam ser testadas e retestadas em vários dispositivos.	US$2.500-US$3.500
Designer de UX e desenvolvedor web	2 semanas	Os jogos de simulação geralmente têm estruturas de página complexas, que precisam ser integradas ao site.	US$3.000-US$4.500

TABELA 5-3 Equipe Necessária para Jogos de Narrativa

Função	Tempo Médio Necessário em um Projeto	Requisitos Específicos de Função	Custo Médio de um Freelancer ou Agência por Projeto
Gerente de projeto	3 meses	Jogos de narrativa interativos geralmente levam três meses para serem desenvolvidos, mas podem demorar mais, dependendo de seus objetivos.	US$4.000-US$8.000
Artista	2-3 meses	Os artistas trabalham durante o projeto porque cada nível exigirá novos gráficos.	US$4.500-US$6.500

Função	Tempo Médio Necessário em um Projeto	Requisitos Específicos de Função	Custo Médio de um Freelancer ou Agência por Projeto
Designer de jogos	1 mês	Os jogos de narrativa interativa apresentam mais conteúdo gráfico, o que significa que os designers de jogo darão suporte ao trabalho fornecido pelos artistas do jogo.	US$2.500–US$3.000
Designer de níveis	Desnecessário	Os jogos de narrativa interativa não têm níveis porque o usuário segue a história sequencialmente.	US$0
Desenvolvedor de jogos	1–2 semanas	Os jogos de narrativa interativa apresentam mais conteúdo gráfico e menos elementos de jogo. Por esse motivo, a maior parte do trabalho é feita por artistas e designers de jogos. Alguns elementos do jogo precisarão ser codificados de maneira personalizada.	US$1.000–US$2.500
Engenheiro de som	2–4 dias	Os engenheiros de som podem trabalhar na trilha sonora geral e nos efeitos sonoros individuais.	US$350–US$750
Testador	3–5 dias	Os jogos de narrativa interativa não envolvem permutações complexas porque o fluxo é muito sequencial.	US$750–US$1.500
Designer de UX e desenvolvedor web	3–4 semanas	Jogos de narrativa interativa exigem que o fluxo do jogo seja incorporado ao site.	US$3.000–US$4.500

TABELA 5-4 Equipe Necessária para Jogos de Aventura

Função	Tempo Médio Necessário em um Projeto	Requisitos Específicos de Função	Custo Médio de um Freelancer ou Agência por Projeto
Gerente de projeto	2 meses	Jogos de aventura normalmente levam dois meses para serem desenvolvidos, mas podem demorar mais, dependendo de seus objetivos.	US$4.000–US$6.000
Artista	2–3 semanas	Os artistas trabalham nos estágios iniciais do projeto, garantindo que cada nível tenha gráficos personalizados.	US$1.500–US$3.500
Designer de jogos	2 meses	Os jogos de aventura apresentam muito conteúdo gráfico, o que significa que os designers de jogo darão suporte ao trabalho fornecido pelos artistas.	US$4.500–US$5.500

(continua)

(continuação)

Função	Tempo Médio Necessário em um Projeto	Requisitos Específicos de Função	Custo Médio de um Freelancer ou Agência por Projeto
Designer de níveis	3–4 semanas	O designer de nível trabalhará para garantir que os objetivos sejam atendidos para cada nível.	US$1.550–US$3.000
Desenvolvedor de jogos	1–2 meses	Para jogos de aventura, embora haja muitos códigos personalizados necessários, normalmente muitos códigos podem ser reutilizados conforme os níveis progridem.	US$2.000–US$3.500
Engenheiro de som	1 semana	Os engenheiros de som podem trabalhar na trilha sonora geral e nos efeitos sonoros individuais para cada nível.	US$950–US$1.500
Testador	2 semanas	Os jogos de aventura envolvem uma grande quantidade de níveis e todos precisam ser testados e retestados em vários dispositivos.	US$2.500–US$3.500
Designer de UX e desenvolvedor web	3–4 semanas	Os jogos de aventura exigem que o fluxo do jogo seja incorporado ao site.	US$3.000–US$4.500

Se sua empresa for menor, com um orçamento limitado, você precisará fazer o máximo possível do trabalho internamente. No entanto, se o orçamento permitir, geralmente é muito mais econômico terceirizar alguns trabalhos para agências e freelancers.

A agência ou freelancer que você deve escolher depende do seu orçamento (está percebendo a repetição?). A diferença de custo entre selecionar uma agência do Brasil e escolher uma do Sudeste Asiático é enorme. Localizar uma agência ou freelancer offshore é mais fácil do que nunca graças a portais como o Guru (www.guru.com).

Mas será que terceirizar seu desenvolvimento de gamificação é uma boa estratégia? A resposta depende de sua situação comercial específica. Por exemplo, sua empresa é regulamentada e obrigada a manter todos os fornecedores continuamente avaliados? Ou é importante manter o desenvolvimento dessa campanha em segredo?

Reconhecendo os benefícios de terceirizar

Aqui estão alguns dos benefícios mais importantes da terceirização:

» **Economizar dinheiro:** O principal motivo para terceirizar é a eficiência de custos, mesmo se você estiver terceirizando apenas uma parte do desenvolvimento da campanha. Contratar uma empresa offshore para desenvolver parte ou todo o seu modelo de gamificação pode ser significativamente mais barato do que contratar desenvolvedores internos em tempo integral.

Para colocar isso em perspectiva, em um dos projetos em que trabalhei recentemente, meu cliente economizou 40% com a terceirização em comparação com o custo de concluir o mesmo trabalho no Reino Unido, onde estava localizado. Eles descobriram que o processo geral minimizou seus custos, o que lhes permitiu se concentrarem no lançamento da campanha.

» **Equipe interna sobrecarregada:** Se você tem uma equipe de desenvolvedores ou designers internos, é provável que eles trabalhem em outros projetos da empresa. Desenvolver sua campanha provavelmente não é uma prioridade desses profissionais. Eles têm seus próprios prazos diários a cumprir e seu projeto será quase como uma distração. Infelizmente, isso pode fazer com que sua campanha seja ineficiente e repleta de erros.

Terceirizar seu desenvolvimento significa que seu projeto será entregue sem distração, porque as pessoas que você contratou só aceitarão seu trabalho quando tiverem tempo para isso.

» **Acessar tecnologias avançadas:** O design e o desenvolvimento de software, especialmente para gamificação, podem exigir software de ponta. A compra de todas as licenças necessárias para uma equipe interna pode ser proibitivamente cara. Além disso, você pode descobrir que sua equipe nem mesmo usará toda a extensão do software que está comprando.

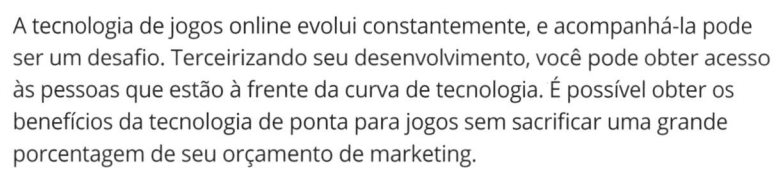

A tecnologia de jogos online evolui constantemente, e acompanhá-la pode ser um desafio. Terceirizando seu desenvolvimento, você pode obter acesso às pessoas que estão à frente da curva de tecnologia. É possível obter os benefícios da tecnologia de ponta para jogos sem sacrificar uma grande porcentagem de seu orçamento de marketing.

» **Diversificar seu pensamento:** Manter todo o seu trabalho de desenvolvimento internamente pode parecer seguro, mas talvez leve ao pensamento circular e à falta de visão criativa.

A terceirização, especialmente de uma equipe offshore, pode lhe dar acesso a novas perspectivas sobre as opções de sua campanha. Você provavelmente verá inovação em sua equipe de terceirização; opiniões divergentes podem encorajar sua equipe interna a ser mais aventureira também.

» **Manter a qualidade:** Uma das maneiras de garantir o sucesso de sua campanha é garantir que você produza uma opção de gamificação de alta qualidade. No entanto, entre os benefícios da equipe, os requisitos de salário-mínimo e o mercado de trabalho atual de desenvolvimento de software, pode ser difícil encontrar desenvolvedores especialistas disponíveis para trabalhar dentro do seu orçamento e dos requisitos de tempo limitado.

Claro, você pode considerar treinar seus funcionários, mas acho que isso só atrasará consideravelmente o lançamento de sua campanha. A terceirização oferece acesso imediato a desenvolvedores de nível superior que não precisam de treinamento adicional.

Identificando as desvantagens da terceirização

Nada é perfeito. A terceirização vem com algumas armadilhas em potencial que você deve evitar. Aqui estão alguns obstáculos comuns que você pode ter que superar, se decidir terceirizar:

» **Dificuldade de comunicação:** Um benefício da terceirização é poder obter acesso a uma gama global de talentos por muito menos dinheiro. No entanto, isso pode resultar em problemas de comunicação.

Não estou falando aqui sobre o domínio do idioma — você provavelmente descobrirá que há pessoas falando bem vários idiomas. O problema a ser superado é a grande diferença de fusos horários e culturas.

Estabelecer canais regulares de comunicação com a equipe terceirizada é essencial. No início, será essencial que eles entendam os objetivos e requisitos da campanha. Mas, à medida que ela evolui, você precisa garantir que pode comunicar claramente qualquer mudança em tempo real.

Uma forma de garantir uma comunicação eficaz é usar ferramentas de colaboração como o Asana (www.asana.com). O envolvimento regular com a equipe remota por meio de comunicação de vídeo ou áudio e reuniões em intervalos regulares são as melhores práticas para estabelecer canais de comunicação com a equipe de desenvolvimento terceirizada.

» **Mal-entendidos:** Acho que, antes de terceirizar o desenvolvimento, é importante documentar com clareza os requisitos e objetivos da sua campanha. Essencialmente, esse documento deve incluir:

- Exatamente o que sua equipe espera
- O cronograma esperado (que inclui os marcos de entrega)
- Uma explicação do escopo geral da campanha

A falha em comunicar esses detalhes pode resultar em seu desenvolvimento ficar desalinhado com os objetivos da campanha. Quando isso acontecer, você encontrará uma lacuna impossível entre suas expectativas e os resultados reais.

Para eliminar esse problema, você deve estabelecer uma *especificação de requisitos de software* (SRS — Software Requirements Specification), que descreve exatamente o que deve ser desenvolvido e implementado. Uma SRS contém a descrição completa e detalhada das finalidades pretendidas, do comportamento do sistema e dos requisitos do usuário e do sistema.

Além disso, a SRS define o desempenho e os recursos esperados do sistema. Uma SRS típica inclui o seguinte:

- O propósito da campanha
- Uma descrição geral do desenvolvimento necessário
- Requisitos específicos

Esse documento pode ser um excelente ponto de partida que fornece à equipe uma visão clara dos requisitos de sua campanha. No entanto, elaborar esse tipo de documento pode ser assustador. Eu recomendo usar um site de modelo de SRS, como o SRSCreator (www.srscreator.com), mostrado na Figura 5-1, que pode ajudar no processo de documentação.

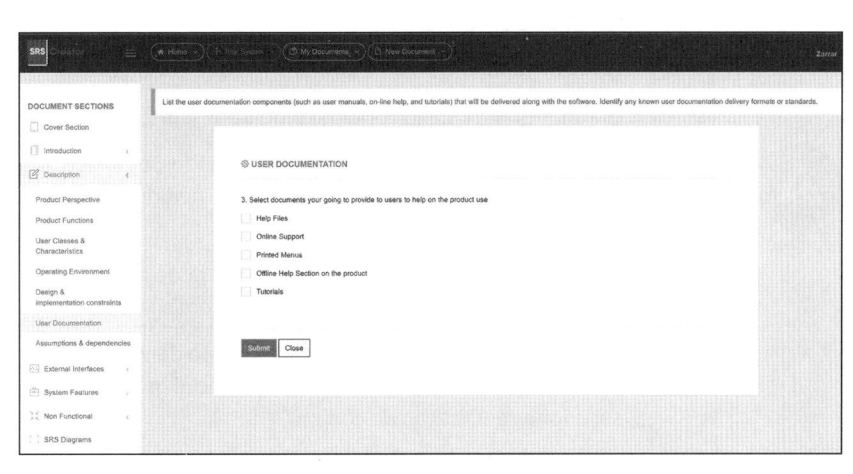

FIGURA 5-1: Usar um modelo de SRS, como o SRSCreator, pode ajudar a documentar os requisitos e resultados da campanha.

> » **Problemas na qualidade de codificação:** Infelizmente, a *qualidade do código* é um termo muito ambíguo porque, sem dúvida, não há definições rígidas para o que se define como código de alta ou baixa qualidade. Definir padrões para a qualidade de sua codificação é um desafio significativo quando você está tentando verificar a experiência de codificação de uma empresa offshore.
>
> Na minha experiência, o código bom precisa ter duas qualidades principais: legibilidade e manutenção. Isso significa que o código precisa ser bem documentado e testado. Ele também precisa ser formatado usando as melhores práticas e convenções de codificação da linguagem de programação na qual o aplicativo está sendo escrito.
>
> Manter a qualidade do código ao terceirizar o desenvolvimento para equipes offshore requer a comunicação das expectativas, estabelecendo os benchmarks de qualidade com antecedência e reuniões regulares com a equipe para ter um controle total dos esforços de desenvolvimento.

Um padrão de codificação garante que todos os desenvolvedores que trabalham no projeto sigam certas diretrizes especificadas. O código pode ser facilmente compreendido e a consistência adequada é mantida. No entanto, a equipe para a qual você está terceirizando deve ter verificações para garantir a consistência na qualidade.

O código deve ser facilmente compreendido por qualquer pessoa, mesmo depois de retornar a ele após vários meses. Para fazer isso, os desenvolvedores devem:

- Tomar medidas para revisar continuamente sua revisão de código.
- Executar testes funcionais e de unidade.
- Certificar-se de que haja consistência na convenção de nomenclatura de variáveis e arquivos.
- Nomear cada função de acordo com o que ela executa.
- Garantir que o código contém comentários descritivos.

Se os padrões de codificação não forem definidos, os desenvolvedores podem usar qualquer um dos seus próprios métodos, o que pode levar a certos efeitos negativos, como:

- **Questões de segurança:** Sua campanha pode ser vulnerável a ataques se tiver sido codificada com bugs e erros em sua lógica.
- **Problemas de desempenho:** A codificação deficiente tem um efeito adverso no desempenho do site, o que inclui problemas de resposta do servidor e reutilização do código.

Quando os padrões de codificação são implementados, esses problemas podem ser facilmente superados, proporcionando uma campanha segura com problemas mínimos ou inexistentes de desempenho.

» **Conflito sobre quem é responsável pelo código:** Muitas vezes, ocorrem disputas sobre quem é o responsável por consertar o código com defeito, e é comum que essa questão se resuma à propriedade final do código. Isso geralmente acontece quando o parceiro de terceirização que você escolhe terceiriza parte do trabalho para outras agências e freelancers. Quando isso acontece, torna-se quase impossível concordar sobre a propriedade real do código.

Se você não sabe quem é o "dono" do seu código, os resultados da sua campanha podem ser inconsistentes com os objetivos definidos porque nenhum líder de projeto ou equipe pode ser responsabilizado pelo trabalho. Ao terceirizar o desenvolvimento de um projeto de software, certifique-se de entender quem trabalhará nele e tente garantir que, pelo menos, alguns dos gerentes de projeto permaneçam consistentes durante todo o processo.

Elaborando um contrato

A expressão "faça por escrito" é vital no desenvolvimento da gamificação. Um contrato elaborado corretamente atua como um roteiro para a agência terceirizada ou freelancer seguir. Ele também protege você de arcar com o peso das perdas, caso a agência ou o freelancer contratado não cumpra os requisitos.

CUIDADO: Sempre procure aconselhamento jurídico ao redigir um novo contrato.

Aqui estão algumas práticas recomendadas quando se trata de assinar um contrato de terceirização:

» **Tente redigir um contrato que garanta que você não perderá nenhum dos objetivos que sua campanha está prometendo.** Evite usar um modelo padrão. Em vez disso, tente ativamente personalizar seu contrato para incluir os recursos e objetivos que você deseja entregar.

» **Descreva os resultados e os prazos.** O contrato deve indicar claramente os resultados esperados na forma de uma lista de objetivos. A partir daqui, você deve estabelecer um cronograma estimado para entregar o trabalho. Uma agência de terceirização que segue o desenvolvimento Ágil (veja o Capítulo 8) pode ajudar a fornecer uma imagem precisa do desenvolvimento.

» **Solicite entregas baseadas em objetivos em vez de entregas baseadas em tempo.** Um contrato baseado em objetivos o ajudará a julgar a qualidade dos resultados. Também pode ajudar a identificar falhas ou erros em seu planejamento desde o início, para que você possa comunicar as mudanças aos desenvolvedores.

» **Concordar com pagamentos baseados em marcos.** Dividir o desenvolvimento da campanha em marcos distintos e definir o cronograma de pagamento de acordo com o cumprimento desses marcos simplifica a estrutura de pagamento. Planeje acompanhamentos regulares para atingir marcos e agende reuniões com a equipe.

» **Insista em garantias de código.** Não assine um contrato sem alguma forma de garantia de código. O contrato deve especificar que o código recebido está livre de erros e problemas de capacidade de resposta relacionados ao dispositivo. Um período de uma a duas semanas é um prazo razoável dentro do qual quaisquer bugs encontrados no aplicativo precisam ser corrigidos às custas do desenvolvedor.

» **Certifique-se de que o contrato cubra o suporte.** Um contrato de suporte de manutenção deve estabelecer claramente a duração pela qual eles fornecerão o suporte à sua equipe para o software que criaram e entregaram. Especificar o suporte no projeto também resulta em um senso aprimorado de propriedade para os desenvolvedores que trabalham no desenvolvimento de seu aplicativo.

» **Preste atenção aos direitos de propriedade intelectual.** Certifique-se de que seu contrato estipule que você possui direitos completos de propriedade intelectual do projeto. Isso evitará que tenha questões legais relacionadas a direitos no futuro. Isso também impedirá que o contratante reutilize o código escrito ao trabalhar para um possível concorrente no futuro.

» **Exija que eles assinem um acordo de confidencialidade.** Você precisa garantir que todas as informações relacionadas à sua empresa permaneçam confidenciais. Os acordos de sigilo e confidencialidade devem ser assinados não apenas com a agência de terceirização, mas também com todos os desenvolvedores individuais que contratarão.

» **Inclua uma cláusula de rescisão.** Você espera que o desenvolvimento corra conforme o planejado, mas esteja preparado para os piores cenários. Certifique-se de incluir uma cláusula de rescisão em seu contrato que estabeleça claramente o curso de ação que você tomará se o desenvolvimento não for concluído.

> **NESTE CAPÍTULO**
> » Decidindo qual plataforma usar para o seu jogo
> » Mantendo a consistência da sua comunicação por e-mail
> » Testando sua campanha

Capítulo **6**

Conhecendo a Tecnologia

As campanhas de marketing de gamificação dependem muito do conhecimento das tecnologias mais recentes. Embora o desenvolvimento real seja feito por desenvolvedores e designers qualificados, saber o que *pode* ser feito é inestimável, independentemente da sua função.

Neste capítulo, apresento-lhes as plataformas e tecnologias comuns usadas nas campanhas de gamificação. Eu o oriento como garantir que suas comunicações por e-mail sejam entregues, e mostro como testar sua campanha para ter certeza de que está funcionando como deveria.

Escolhendo uma Base para a Campanha

A gamificação rapidamente se tornou a plataforma mais popular não apenas para criar jogos impressionantes e de alta qualidade, mas também para gerar fidelidade e cumprir os objetivos de engajamento em campanhas de marketing. Para fazer isso, as equipes tiveram que decidir como desejam que seus modelos de gamificação sejam entregues.

As duas opções atualmente são desenvolver para a web usando HTML5 (para que sua campanha permaneça online e seja acessada usando um navegador como Chrome, Firefox ou Safari) ou desenvolver um app nativo (que é baixado pelo usuário de uma loja de aplicativos para dispositivos móveis, como qualquer outro app, e usado apenas em seus dispositivos móveis).

Desenvolvendo em HTML5

HTML5 é composto dos três componentes a seguir:

- » **Hypertext Markup Language (HTML):** Bloco de construção básico da Web
- » **Cascading Style Sheets (CSS):** Adiciona estilo (por exemplo, fontes e cores) a várias páginas da web de uma só vez, economizando muito tempo
- » **JavaScript:** Linguagem de script que permite criar animação e conteúdo dinâmico

O HTML5 oferece quase tudo o que você precisa para desenvolver em uma plataforma online, sem a necessidade de nenhum software adicional (como plugins de navegador) ou hardware. Você pode usá-lo para criar aplicativos de gamificação incrivelmente complexos que rodarão nos navegadores do público, não importa quais estejam sendo usados.

HTML5 é multiplataforma, o que significa que funciona quer você esteja usando um smartphone, um notebook, um desktop ou mesmo uma Smart TV. Além disso, você não precisa pagar nada para usá-lo — é grátis!

DICA

HTML5 é um padrão em evolução, portanto, há uma lista cada vez maior de recursos que você pode usar para sua campanha de gamificação. Por exemplo, a campanha pode responder de forma diferente dependendo de onde o público está localizado. No entanto, lembre-se de que leva tempo para que esses recursos sejam adotados por todos os navegadores. Sites como Can I Use (`www.caniuse.com`) fornecem tabelas de suporte de navegador atualizadas.

Você deve estar presumindo que seu público precisa estar online para se envolver com sua campanha de gamificação. Felizmente, com os aplicativos da web offline em HTML, seu público pode continuar a se envolver com sua campanha, independentemente de ter uma conexão com a internet.

Uma *aplicação offline* é um grupo compactado de páginas da internet, folhas de estilo e arquivos de scripts da campanha que estão disponíveis para o público, esteja uma conexão da web presente ou não. Em termos técnicos, o novo armazenamento offline HTML5 salva arquivos em um cache e permite que os usuários acessem os materiais quando estão offline. Em outras palavras, o HTML5 permite o envolvimento com a campanha a qualquer momento, sem limitações.

LEMBRE-SE

Seu público nem *sempre* pode estar offline. Sua campanha ainda precisará ser sincronizada com o servidor em nuvem. Procure manter certas informações — por exemplo, a preferência musical do usuário — localmente no dispositivo de seu público. Seus desenvolvedores o informarão sobre várias situações em que o armazenamento local é a melhor alternativa para o armazenamento baseado em servidor. Ao descarregar o armazenamento de dados para o dispositivo de seu público, você evita o incômodo de sincronizar dados em seu servidor o tempo todo. Armazene offline apenas os dados não cruciais.

DICA

Preste atenção à segurança e à privacidade com *hospedagem à prova de host* (na qual os aplicativos são projetados para que não tenham que confiar no servidor da web que armazena os dados). Com a hospedagem à prova de host, os servidores que mantêm os dados criptografados *também* não possuem a chave para descriptografar esses dados. No cenário improvável de alguém obter acesso ao banco de dados, seria inútil, pois eles não podem ser entendidos sem a chave.

Considere se o suporte offline é justificável — há um alto preço e nível de complexidade para aplicativos online e offline. Aqui estão alguns argumentos para desenvolver esse conceito complexo em sua campanha:

» **A campanha poderá ser reproduzida quando o público entrar no modo avião.** Se o público souber que ainda pode jogar offline, você verá um aumento no tempo de jogo.

» **Os servidores caem e ocorrem interrupções na rede.** Ao contrário dos sites, o app deve ser capaz de continuar, apesar de não ter uma conexão com o banco de dados do servidor. Dessa forma, o público poderá continuar se envolvendo com a campanha, mesmo que tenha problemas de rede.

» **Criação de uma experiência mais rápida para o seu público.** As tecnologias offline oferecem suporte ao cache, para que os apps da web possam inicializar rapidamente e mostrar sua campanha no mesmo instante.

Por outro lado, apesar de os dados de rede serem muito rápidos hoje em dia, ainda existem limitações perceptíveis para certos aplicativos, especialmente em termos de taxa de transferência e latência. Por exemplo, se sua campanha envolve vídeos e editores de alta densidade, você provavelmente descobrirá que o vídeo é muito grande para caber na memória de uma só vez. Nesse caso, é muito melhor armazenar o vídeo offline e enviar as alterações para o servidor conforme e quando elas acontecem.

» **Se a campanha se tornar viral, o servidor experimentará uma explosão de tráfego incontrolável.** Quando isso acontece, o aplicativo não poderá registrar mais novos usuários. No entanto, a criação de um recurso offline permite a todos os usuários registrados continuar sem interrupções.

Nas seções a seguir, abordarei os aspectos técnicos do desenvolvimento de recursos offline para sua campanha, começando com as opções disponíveis para você armazenar dados nos dispositivos de seu público.

Cache de aplicativo e armazenamento offline

Ao contrário dos aplicativos móveis, um aplicativo offline é um grupo empacotado de páginas da web, folhas de estilo e arquivos JavaScript que são salvos no dispositivo do público. Na verdade, esses arquivos são armazenados no cache do aplicativo.

Quando uma solicitação de arquivo (por exemplo, um arquivo CSS) é iniciada pela campanha, em vez de solicitar o arquivo de seu servidor web, o arquivo é obtido desse cache de aplicativo.

As páginas carregadas no cache de aplicativo são servidas do cache, independentemente de haver conexão com a internet disponível. Existem basicamente dois recursos offline em HTML5; a diferença é que tipo de dados eles armazenam:

- » **Cache do aplicativo:** Salva a lógica central da campanha e a interface do usuário
- » **Armazenamento offline ou armazenamento do lado do cliente:** Captura dados específicos gerados pelo usuário ou recursos nos quais o usuário manifestou interesse

Em uma campanha de marketing de gamificação, o armazenamento em cache do aplicativo reteria o documento HTML inicial, o JavaScript, o CSS, as imagens e os ícones usados com frequência para personagens e cenas do jogo, e amostras de som. Então, da próxima vez que o usuário visitar sua campanha, o jogo carregaria imediatamente. Além disso, existem interfaces de programação de aplicativos (APIs) que controlam o que pode ser armazenado em cache de sua campanha, o que não é o mesmo que o cache normal do navegador.

PAPO DE ESPECIALISTA

Uma API é um intermediário de software que permite que dois aplicativos se comuniquem. Em geral, uma API inclui uma lista de operações que os desenvolvedores podem usar, junto com uma descrição do que elas fazem. O desenvolvedor não precisa saber necessariamente como funciona a API; ele só precisa saber que ela está disponível para uso em seu aplicativo de gamificação.

Além disso, se você quiser permitir que o usuário continue jogando a partir de uma posição salva antes, o código da sua campanha retornará ao estado anterior do jogo instantaneamente. Esse tipo de dado não é mantido no cache do aplicativo, porque é específico do usuário, então é tratado pelo armazenamento offline.

Os desenvolvedores garantirão que, sempre que o usuário pressionar Salvar, os dados não sejam apenas carregados no servidor em nuvem, mas também armazenados no dispositivo ao mesmo tempo. Um bom exemplo é quando você deseja salvar o emblema do jogador ou o status de fidelidade. É importante que os desenvolvedores mantenham um loop em execução para armazenar os dados do jogo offline para que as alterações mais recentes ainda estejam lá, mesmo se o usuário perder a bateria ou a conectividade repentinamente. Também requer menos largura de banda do que enviar continuamente o estado do usuário para o servidor.

Alternativas de armazenamento de dados

Aqui estão outros métodos de armazenamento local de dados:

- **Cookies:** A maioria dos aplicativos armazena apenas informações de identificação em cookies; eles armazenam o restante dos dados do usuário no servidor. Ainda assim, o fato de que os cookies podem armazenar alguns dados os coloca na categoria de armazenamento offline. Infelizmente, a capacidade deles é extremamente limitada e, às vezes, podem retardar a atividade da rede porque são transferidos de e para o servidor dentro dos cabeçalhos HTTP. Portanto, os desenvolvedores devem usá-los com sabedoria.

- **Armazenamento de plugin:** O armazenamento de plugin tem o suporte de vários plugins, e o armazenamento offline foi um dos principais pontos de venda desde o seu início. No entanto, existem algumas desvantagens do armazenamento de plugins:

  - *Você deve presumir que o plugin está presente e que o usuário possui a versão correta dele.* Não é incomum que os firewalls da empresa bloqueiem plugins, e que seus lançamentos fiquem para trás em certos sistemas operacionais.

  - *Você deve contar com o desenvolvedor do plugin para manter sua qualidade.* Você não tem controle sobre o plugin.

- **Armazenamento na web:** É uma forma conveniente de armazenamento offline, porque é uma estrutura simples de pares chave-valor como qualquer outro objeto JavaScript. O armazenamento na web funciona bem para situações de gamificação, como salvar recompensas ou pontos de fidelidade do usuário. Embora tecnicamente os valores possam ser de qualquer tipo, este não é o caso na prática. Os navegadores de hoje em dia suportam apenas valores de string. Também existe uma variante em que os dados são removidos quando a janela é fechada; isso é conhecido como *dados de sessão*.

  Para muitos cenários de armazenamento offline, o armazenamento na web pode ser tudo o que você precisa para a campanha de gamificação, e é o formato de armazenamento mais compatível disponível. No entanto, os dados não são estruturados, então, se quiser localizar todos os jogos no nível 10 ou superior, por exemplo, terá que iterar cada item do jogo manualmente.

Minha principal preocupação com o armazenamento na web é a falta de confiabilidade quando se trata de várias abas. O problema está na integridade dos seus dados e na precisão de todas as consultas. Por exemplo, um usuário pode ter sua campanha aberta em duas ou mais abas. Uma aba pode estar gravando várias coisas no armazenamento e as outras podem estar lendo os dados parcialmente atualizados.

» **Banco de dados web SQL:** É um banco de dados SQL offline, um mecanismo SQL de código aberto de propósito geral que vem com todos os prós e contras dos bancos de dados tradicionais.

Ele vem com uma estrutura totalmente relacional, permitindo consultar e manipular dados rapidamente. Também tem otimização de banco de dados, o que oferece uma vantagem de desempenho poderosa. Além disso, há suporte para transações, o que significa que nenhum problema de integridade de dados pode surgir com o armazenamento na web.

No entanto, o banco de dados web SQL tem um custo de complexidade. Sua campanha precisa de um banco de dados relacional completo em seu cliente web front-end? Para a maioria das campanhas, isso é um exagero.

O outro problema é a compatibilidade com navegadores. A menos que a campanha precise segmentar um navegador específico, eu evitaria essa opção.

» **IndexedDB:** É um meio-termo entre o armazenamento na web e o banco de dados web SQL. É relativamente simples e capaz de ser muito rápido. O IndexedDB pode fornecer mais capacidade de armazenamento e, como com o banco de dados web SQL, há suporte para transações, o que significa que não há problemas de integridade de dados. O melhor de tudo é que ele é compatível com todos os navegadores modernos.

» **API FileSystem:** Preenche um nicho não suportado por outras técnicas. Ela oferece uma maneira de armazenar conteúdo binário (bem como texto simples), criar hierarquias de pastas e armazenar estruturas de dados potencialmente enormes.

Com a API FileSystem, um aplicativo da web pode criar, ler, navegar e gravar em uma seção em sandbox do sistema de arquivos local do usuário. Uma seção de sandbox é um ambiente de teste isolado que permite testar as configurações da campanha. Se sua campanha precisa de uma estrutura de diretório, use essa API para armazenar grandes blocos de dados (por exemplo, grandes documentos de texto ou até mesmo filmes inteiros).

Infelizmente, no momento em que este livro foi escrito, a API FileSystem era compatível apenas com os navegadores Chrome, Edge e Opera.

O armazenamento offline tem muitas aplicações potenciais, como desejar que sua campanha seja veiculada quando o público estiver usando o modo avião. No entanto, o desafio é decidir qual opção usar, quando e da maneira certa. Seu desenvolvedor deve ser capaz de determinar o caminho certo para sua campanha com base em seus objetivos e metas de marketing.

Reconhecendo as desvantagens de criar um app

O primeiro pensamento de muitos profissionais de marketing é empurrar seu modelo de gamificação para um app de jogo para dispositivos móveis, e não é difícil perceber por quê. Os apps móveis nativos têm aparentado ser a plataforma de desenvolvimento "maneira" dos últimos anos. Os apps de gamificação podem utilizar os recursos mais recentes dos dispositivos, carregar gráficos com rapidez e ter um desempenho igualmente bom offline, além de apresentar a jogabilidade em uma interface suave como a seda.

Por outro lado, a demanda global pela plataforma de desenvolvimento de jogos HTML5 se expandiu tão rápido que hoje em dia é a plataforma preferida para lançar campanhas de marketing de gamificação. Com o apoio incansável dos gigantes da indústria, incluindo Apple e Google, o HTML5 está rapidamente se tornando a tecnologia líder para gamificação.

Há um número igual, senão maior, de motivos para os profissionais de marketing "se tornarem nativos" com aplicativos, e exploro essas opções no Capítulo 9. No entanto, quanto mais trabalho como consultor, mais vejo que o HTML5 é a melhor opção. Se você deseja lançar uma campanha de gamificação eficaz e envolvente, eu o orientaria de coração para o HTML5.

Aqui estão algumas maneiras pelas quais o HTML5 será melhor para sua campanha do que o desenvolvimento de apps nativos:

» **Você só precisa se preocupar com o lançamento em uma única plataforma com HTML5.** Se optar por um app nativo, sua campanha terá que ser desenvolvida para todas as diferentes plataformas móveis. Não apenas você precisa desenvolver seu modelo de gamificação usando diferentes linguagens de programação, mas seus desenvolvedores também precisarão potencialmente de computadores separados. Em contraste, quase todos os dispositivos móveis, tablets e sistemas de computador oferecem suporte total para os jogos mais recentes desenvolvidos em HTML5.

Há alguns anos, fui abordado por um diretor de marketing para uma consultoria sobre uma nova gama de campanhas de narrativas interativas que seriam desenvolvidas nos dois anos seguintes. Ao longo da primeira reunião, ele insistiu que precisariam de aplicativos para os jogos rodarem em seus iPads conectados a monitores. Você pode entender a descrença inicial quando expliquei que, se fossem desenvolvidos em HTML5, os jogos não só estariam disponíveis para serem implantados nas unidades superantigas de exibição, mas também nos sites, nos dispositivos portáteis (Android) distribuídos para visitantes e nos dispositivos USB promocionais — tudo por uma fração do custo de desenvolvimento de um app nativo.

- **É mais fácil atualizar a campanha com HTML5.** Precisa atualizar sua campanha de gamificação com urgência? Com o HTML5, o público verá as novas atualizações na fração do tempo que leva para clicar em Upload no programa de FTP do desenvolvedor. Com apps nativos, você está à mercê das lojas de aplicativos. Embora o processo de aprovação de atualização de apps tenha se acelerado de forma considerável nos últimos anos, ainda há um período de espera, que pode ser problemático, especialmente se as atualizações forem urgentes.

- **Os usuários podem encontrar a campanha com mais facilidade com HTML5.** Pode ser difícil ser notado entre os milhões de apps nas lojas de aplicativos. Em contraste, as campanhas HTML5 são essencialmente sites. E os sites podem ser otimizados a partir do primeiro dia de lançamento de sua campanha. Em outras palavras, a página em que sua campanha se encontra será conhecida pelos mecanismos de pesquisa quando você lançar o jogo.

  Além disso, conforme sua campanha ganha força, outros sites serão capazes de vincular ou incorporar seu jogo a eles. Melhor ainda, você pode publicar seus jogos HTML5 no Facebook de modo fácil (veja o Capítulo 9). Isso significa um número cada vez maior de links de resposta, resultando em uma classificação mais alta do mecanismo de pesquisa.

  Por fim, você não está limitado a divulgar a campanha em lojas de aplicativos. Em vez disso, pode anunciar e promovê-la em qualquer lugar, aproveitando o compartilhamento natural da web para atingir novos clientes.

  Lembre-se: O objetivo final de qualquer campanha de marketing de gamificação é encontrar públicos que não apenas vão jogar, mas também recomendar, compartilhar e até mesmo promover a campanha. As campanhas HTML5 podem fazer tudo isso facilmente.

- **Você não precisa se preocupar em ficar sem memória com HTML5.** Cada vez que há outra atualização importante do iOS, alguns apps param de funcionar. Quais são as chances de sua campanha enfrentar esse problema? Adicione o número elevado de fotos salvas de apps como Instagram, Snapchat e o app de câmera padrão, e a memória disponível se torna valiosa.

  Campanhas HTML5 não requerem memória ou permissões de dispositivos. Elas são executadas perfeitamente no navegador do usuário e, como bônus, podem até ser salvas como um ícone na área de trabalho do usuário ou na tela inicial do dispositivo móvel.

Mantendo as Comunicações

O e-mail é vital para muitas campanhas de marketing de gamificação, mesmo nesta era das mídias sociais. Cada campanha deve se comunicar com seu público por meio de endereços oficiais. O problema é que esse canal também é um empreendimento complexo para empresas que precisam enviar dezenas de milhares de mensagens por semana para sua campanha.

Um dos piores pontos em qualquer campanha de marketing é quando você percebe que seus e-mails estão indo diretamente para a pasta de spam do seu público. As atualizações de campanha urgentes não estão chegando ao destino e não há nada que você possa fazer a respeito.

Nesta seção, vou dizer-lhe como evitar esse cenário em primeiro lugar e, em seguida, ver as maneiras de resolvê-lo, caso se encontre nessa posição infeliz.

Verificando a capacidade de entrega do e-mail

Ser bloqueado por apenas um cliente de e-mail principal (como o Google) pode afetar toda a sua campanha de marketing por e-mail. Ao rastrear a entrega para todos os principais provedores de serviços de internet (ISPs — Internet Service Providers), você pode descobrir onde seu e-mail de marketing termina: caixa de entrada ou spam.

Recomendo os seguintes tipos de ferramentas de entrega de e-mail:

» **Verificadores de spam:** Permitem que você analise o conteúdo de seus e-mails e os compare com filtros de spam. Eles analisam vários elementos dentro de sua mensagem de e-mail (como a quantidade e os tipos de links, imagens e seu tamanho, codificação, o que está dentro dos cabeçalhos e assim por diante). Os resultados são geralmente apresentados em uma escala de 1 a 5, em que 5 significa que suas chances de acertar a lixeira são as maiores. Muitos sites realizam uma verificação de spam de e-mail, mas eu recomendo o Email Copy Checker (https://emailcopychecker.com), Mailgun (www.mailgun.com) e o Mail-Tester (www.mail-tester.com).

» **Teste da lista de seed:** Nesse teste, você envia sua mensagem individualmente para uma lista de exemplos de endereços de e-mail, antes de lançá-la para todo o banco de dados. Esses exemplos de endereços geralmente são configurados para incluir diferentes ISPs (como Outlook ou Google), dispositivos e navegadores da web. Depois de enviar sua campanha para uma lista inicial, você deve saber se sua mensagem é entregue na caixa de entrada de todos os principais clientes de e-mail.

» **Ferramentas de monitoramento de reputação:** Essas ferramentas ajudam a monitorar seu endereço de protocolo da internet (IP) e a reputação do nome de domínio. Seu endereço IP é o endereço único que identifica o servidor de seu cliente de e-mail na internet, e seu nome de domínio é o nome do seu site (como paraleigos.com.br). Você pode ver se o seu endereço IP ou nome de domínio está em uma das muitas listas de bloqueados que os ISPs usam ao avaliar os e-mails recebidos. Um exemplo de tal serviço é o GlockApps (www.glockapps.com), que pode ajudar a verificar se o seu endereço IP ou nome de domínio está configurado corretamente e tem uma boa reputação com os principais ISPs.

A Tabela 6-1 descreve alguns prós e contras dessas ferramentas.

DICA Se possível, inclua todas as três ferramentas em seu fluxo de trabalho de campanha por e-mail. Mas, se não tem tempo ou recursos para fazer isso, aqui estão minhas recomendações:

» Em uma nova campanha, use um verificador e uma lista de seeds.
» Para o relançamento de uma campanha, use uma lista de seeds.
» Se você está enfrentando problemas de entrega (como alta taxa de rejeição e taxa de reclamação), use todas as três ferramentas.

TABELA 6-1 Vantagens e Desvantagens das Ferramentas de Entrega

Ferramentas de Entrega	Vantagens	Desvantagens
Verificadores de spam	Muito rápido, geralmente leva apenas alguns segundos. Fácil de usar. Muito poderoso porque é baseado em centenas de testes.	Âmbito extremamente limitado porque analisa apenas o conteúdo dos seus e-mails, excluindo fatores como o comportamento do destinatário ou os filtros do ISP.
Teste da lista de seeds	Pode ajudá-lo a identificar problemas de exibição de e-mail. Você pode ver a aparência dele em diferentes plataformas de e-mail. Pode ajudar a identificar problemas importantes (por exemplo, problemas de exibição) que não apareceriam nos testes do verificador de spam.	Não é baseado em pessoas reais. Os resultados dos testes da lista de seeds não são perfeitos, o que pode dar a você uma falsa confiança em sua capacidade de entrega.
Ferramentas de monitoramento de reputação	Oferece uma visão do lado mais técnico do marketing por e-mail. Oferece informações sobre possíveis problemas de entrega rapidamente.	Não fornece informações sobre o conteúdo do seu e-mail ou como ele é processado em clientes de e-mail populares. Pode ser confuso, o que resulta em alarmes falsos quando tudo pode estar bem.

Certificando-se de que os e-mails não acabam na pasta de spam

Os filtros de spam possuem uma lista de elementos que consideram ser os principais critérios de spam. Sempre que algum desses elementos estiver presente em seu e-mail, ele ganhará um determinado número de pontos. Ganhe pontos suficientes e sua mensagem será filtrada como spam. O limite de pontos varia entre os ISPs, então não há como saber exatamente quanto você pode ganhar — por esse motivo, preste atenção a todos os itens a seguir:

- **Texto e imagens:** Preste atenção à proporção entre texto e imagem. O envio de um e-mail com imagens muito pesadas é a causa mais comum de campanhas que vão para o spam. Isso pode ser um problema específico se sua campanha for uma imagem grande que quase não contém texto. Procure um bom equilíbrio entre texto e imagens.

- **Palavras-chave:** Certas palavras e frases geralmente acionam filtros de spam. Há algumas muito óbvias, como *livre de risco* ou *100% gratuito,* mas termos como *limitado* ou *clique aqui* podem causar problemas, mesmo quando usados de forma legítima. Você pode ver uma lista de palavras e frases comuns em inglês para evitar que são gatilhos de spam em `www.simplycast.com/blog/100-top-email-spam-trigger-words-and-phrases-to-avoid` [para uma lista em português, confira os sites `https://www.dinamize.com.br/blog/palavras-pontuadas-como-spam/` e `https://webanalitica.com.br/100-palavras-consideradas-como-spam/`].

- **Todas maiúsculas:** Isso pode parecer óbvio, mas vejo que é usado em grandes campanhas o tempo todo. Usar apenas letras maiúsculas em um e-mail é o fim do jogo para todos os principais ISPs.

- **Pontuação:** Como os e-mails em maiúsculas, os com pontos de exclamação vão diretamente para o spam, especialmente quando os pontos estão no campo do assunto. Tente moderar seu entusiasmo. Muitos pontos de exclamação, sem dúvida, resultarão em alguns pontos de spam.

- **Campo de assunto:** Evite usar uma frase longa de assunto — às vezes, você pode ganhar pontos de spam.

- **Fontes e/ou estilos de cores diferentes:** Os filtros de spam procuram variações nas cores e nos estilos das fontes. Tente manter o e-mail simples e não use mais do que três estilos/cores de fonte no total. Menos é mais aqui.

- **Links:** Ter um grande número de hiperlinks em sua campanha pode acionar filtros de spam. Se você tiver mais de três links, decida se todos eles são estritamente necessários e exclua o restante.

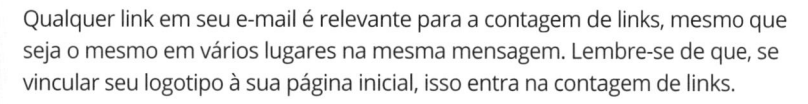

    Qualquer link em seu e-mail é relevante para a contagem de links, mesmo que seja o mesmo em vários lugares na mesma mensagem. Lembre-se de que, se vincular seu logotipo à sua página inicial, isso entra na contagem de links.

» **Qualidade do HTML:** Os filtros de spam procuram códigos inadequados. Isso se deve ao fato de que spammers reais são programadores notoriamente ruins. Certifique-se de que seu código HTML foi formatado e codificado corretamente. Tente usar um editor de e-mail para criar suas mensagens. A maioria dos provedores tem um editor de e-mail para criar campanhas em que nenhum conhecimento de codificação é necessário.

» **Texto simples:** Indo um passo adiante, abandone o HTML e vá para e-mails em texto simples, se puder. Eles terão uma chance melhor de passar.

» **Link de cancelamento de inscrição:** Dê ao seu público uma forma de pular fora. Alguns dos principais ISPs penalizarão seu e-mail se não detectarem um link de cancelamento de inscrição.

DICA: Dê uma olhada em sua própria pasta de spam e procure as violações que listei anteriormente. Você pode se surpreender ao ver algumas empresas importantes em sua pasta de spam, só porque caíram em uma ou duas dessas armadilhas.

Continuando sua campanha

Se o endereço IP ou nome de domínio está na lista de bloqueio, você precisará tomar algumas medidas. Isso é mais comum do que imagina.

Nesta seção, defino o que é uma lista de bloqueio, como saber se está nela e as etapas necessárias para melhorar a capacidade de entrega e sair dessa situação.

Verificando se está na lista de bloqueio

Uma lista de bloqueio é um banco de dados em tempo real que usa critérios para determinar se um endereço IP está enviando e-mails que considera ser spam. Infelizmente, existem várias listas de bloqueio e cada uma tem seus próprios critérios para o que considera spam. No entanto, todas elas podem afetar a capacidade de entrega dos e-mails de sua campanha de gamificação. Se estiver em uma dessas listas, seus e-mails podem acabar como spam ou não ser entregues, sendo rejeitados por completo. Basicamente, suas mensagens não aparecerão nas caixas de entrada do público.

DICA: Aqui estão algumas ferramentas que você pode usar para verificar a reputação:

» **Barracuda Central (www.barracudacentral.org/lookups):** Seu sistema de reputação é simples, com apenas uma classificação boa ou ruim, mas os resultados são tabulados em tempo real, o que pode ajudar se você notou que sua capacidade de entrega falhou recentemente.

» **Cisco Talos Intelligence Group (https://talosintelligence.com):** Essa ferramenta tem um sistema de classificação de três camadas (bom, neutro e ruim), em vez de um sistema numérico.

- **McAfee Trusted Source (www.trustedsource.org):** A ferramenta de reputação da McAfee fornece um pouco mais de informações. Ela disponibiliza informações sobre o e-mail e a reputação da web de seu domínio, bem como afiliações, sistema de nomes de domínio (DNS) e informações do servidor.
- **Sender Score (www.senderscore.com):** Permite que você visualize sua reputação em uma escala de 0 a 100 pontos. Quanto mais alta for sua pontuação, melhor será sua reputação. É compilado com uma média móvel mensal e é provavelmente a ferramenta mais conhecida nesta lista.
- **WatchGuard ReputationAuthority (www.borderware.com):** É minha ferramenta preferida e fornece uma pontuação baseada na análise automática de antispam e antivírus de dados enviados anteriormente do endereço IP.

Saindo da lista de bloqueio

Cada banco de dados de listas de bloqueio tem seus próprios critérios para sinalizar endereços IP. Esses critérios podem ser devido a:

- **Listagens técnicas:** Ocorrem principalmente por problemas de configuração do servidor de e-mail, como registros reversos do sistema de nomes de domínio (DNS) ausentes ou incorretos, banners de mensagens incorretos ou ausentes, e servidores operando em uma faixa suspeita de endereços IP.
- **Listagens de políticas:** Baseiam-se em uma operadora que não deseja receber e-mails de determinados países ou ISPs que têm um histórico de não atender a solicitações de cancelamento de assinatura.
- **Listagens baseadas em evidências:** Baseiam-se em um operador que recebeu evidências diretas de que um endereço IP está envolvido no envio de e-mails não solicitados.

Se caiu na lista de bloqueio e você deseja investigar, será preciso visitar o site responsável e pesquisar seu IP. A maioria dá motivos gerais de listagem, mas não lista os endereços específicos vinculados a IPs da lista de bloqueio. Para obter uma lista de verificação, visite https://whatismyipaddress.com/blacklist-check.

Idealmente, conseguirá descobrir por que foi colocado nessa lista. Você pode, então, tentar reverter seu status. Para começar, garanta que a rede e o servidor estejam configurados corretamente e que todos os detalhes estejam em ordem para resolver os problemas, conforme prescritos pela lista de bloqueio. Por exemplo, eles podem solicitar a correção dos registros DNS de encaminhamento e recebimento, bem como os banners do protocolo SMTP.

É importante ser removido de qualquer lista de bloqueio porque os ISPs geralmente compartilham endereços IP que foram listados. Se você acha que corrigiu os problemas do seu lado, volte para o site da lista de bloqueio e siga as instruções para o processo de remoção do endereço IP.

SAINDO DA LISTA IMEDIATAMENTE

Caso seu endereço IP esteja na lista de bloqueio e você precise enviar e-mails da campanha com urgência, será importante usar um serviço baseado em nuvem, como o Amazon Simple Email Service (SES; https://aws.amazon.com/ses). É um serviço de baixo custo desenvolvido na infraestrutura que a Amazon criou para atender sua própria base de clientes.

O Amazon SES tem a infraestrutura de back-end para manter as comunicações da campanha funcionando sem problemas. Ele usa técnicas de filtragem de conteúdo de ponta, recursos de gerenciamento de reputação para proteção contra problemas de compliance e uma vasta gama de funções analíticas e de relatórios. É um app de console que você pode gerenciar e configurar para as necessidades da campanha. Com ele, você pode enviar e receber e-mails. E a Amazon leva a reputação e a lista de permissões a sério, oferecendo suporte a todos os três mecanismos de autenticação (DKIM, SPF e DMARC). Além disso, é possível rastrear a atividade de envio e gerenciar a reputação.

Para mim, o benefício mais importante é que o Amazon SES usa um modelo pré-pago, de modo que os custos são extremamente econômicos para campanhas que processam milhares de e-mails por semana. No momento em que este livro foi escrito, o custo era de cerca de 10 centavos por mil e-mails.

O Amazon SES não é perfeito. Ele não fornece muita documentação no início, o que torna a configuração complicada para a maioria dos profissionais de marketing. Além disso, há um limite inicial para o que se pode enviar; você precisará obter a aprovação e verificação de sua campanha antes que os limites sejam eliminados. É um serviço de envio simples, não uma plataforma de marketing, então você precisará ter os e-mails preparados com antecedência. Por fim, ele não fornecerá um local para armazenar as listas de e-mail.

Existem várias alternativas ao Amazon SES em termos de funcionalidade. Você também pode verificar o seguinte:

- **ClickSend** (www.clicksend.com): Serviço de envio de e-mail dedicado que você pode integrar via API e SMTP ou pode usar seu painel para e-mails de marketing.
- **Elastic Email** (https://elasticemail.com): É uma plataforma completa de entrega de e-mail. Oferece uma retransmissão SMTP, uma API HTTP robusta e uma interface com um conjunto completo de ferramentas e recursos para gerenciar contatos, modelos, campanhas e relatórios. É especializada na entrega de e-mails transacionais e de marketing para campanhas.
- **Mailgun** (www.mailgun.com): É um serviço de e-mail para desenvolvedores que permite facilmente integrar seus serviços à sua campanha via API ou SMTP. Além do envio de e-mail, o Mailgun oferece gerenciamento e validação de lista de e-mail. Ele é muito mais caro que o Amazon SES.

- **Mandrill (https://mandrill.com):** É um serviço de infraestrutura de e-mail acessível, escalonável e seguro para clientes Mailchimp. É fácil de configurar e integrar com aplicativos existentes. Com servidores em todo o mundo, afirma ser capaz de entregar seus e-mails mais rapidamente do que os outros. Ele fornece relatórios detalhados de entrega e análises em tempo real, o que significa que sua equipe pode monitorar e avaliar facilmente o desempenho de sua campanha de e-mail.

- **Pepipost (https://pepipost.com):** Fornece uma infraestrutura de entrega de e-mail transacional baseada em nuvem que é confiável, escalonável, segura e fácil de usar. Este serviço de envio de e-mail pode ser integrado via API ou retransmissão de SMTP. Também oferece preços competitivos.

- **Salesforce Email Studio (www.salesforce.com/products/marketing-cloud/email-marketing/):** Os profissionais de marketing podem usar o Email Studio, parte do Salesforce Marketing Cloud, para criar e enviar e-mails personalizados rapidamente — desde newsletters básicas a campanhas complexas. O Salesforce entrega mensagens promocionais, transacionais e acionadas com relatórios robustos em tempo real para rastrear e otimizar o desempenho.

- **Sendinblue (www.sendinblue.com):** É um serviço extremamente popular para campanhas business-to-business (B2B). Seu preço é baseado no número de mensagens de e-mail enviadas, e não no número de contatos que você mantém em sua conta. Ele oferece contas gratuitas que permitem o envio de até 300 e-mails por dia (9 mil e-mails por mês) gratuitamente.

> **DICA**
>
> Aqui estão algumas maneiras comuns de reverter seu status na lista de bloqueio:
>
> » **Faça você mesmo.** Algumas listas de bloqueio têm um recurso de remoção "faça você mesmo" (DIY — Do It Yourself) que permite retirar seu endereço IP sem muitos problemas. No entanto, será importante que sua equipe esteja segura de que resolveu tudo antes de fazer isso. Se você não resolver os problemas e o endereço IP entrar na lista de bloqueio novamente, não será fácil removê-lo da próxima vez.
>
> » **Dê um tempo.** A maioria das listas de bloqueio tem um processo automatizado programado que remove as listagens de baixo nível. Portanto, se o seu endereço IP for um infrator leve, você pode esperar uma ou duas semanas, quando então será retirado da lista. Caso seu endereço IP seja um infrator reincidente, o período de tempo será mais longo.
>
> » **Seja legal.** Você irá muito mais longe se seguir as regras e cooperar. Quando tentar sair de uma lista de bloqueio, seja honesto com eles. Se você for realmente inocente ou se sua equipe cometeu um erro honesto, diga a eles. Quanto mais aberto e direto você for com um banco de dados de lista de bloqueio, mais simples pode ser conseguir a remoção de seu endereço IP.

LEMBRE-SE

O spam é um problema sério. Os ISPs querem apenas reduzir o spam em suas plataformas de e-mail. O objetivo deles não é impedir você de enviar mensagens. Eles não colocarão seu endereço IP na lista de bloqueio à toa. Quando você é listado, é a maneira deles de tentar identificar e prevenir problemas reais.

Quando conseguir remover o seu endereço IP de uma lista de bloqueio — seja de um site de listas de bloqueio ou de um servidor ISP —, certifique-se de fazer o seguinte:

» **Não cometa o mesmo erro duas vezes.** Você provavelmente não será perdoado uma segunda vez.

» **Se cair na lista de bloqueio novamente, tente falar com os responsáveis.** Tente descobrir o problema e resolvê-lo em um nível mais pessoal.

» **Comece a investir um pouco de tempo e esforço no gerenciamento de dados no início de suas campanhas de marketing de gamificação.** Melhore suas listas para garantir que tenha dados robustos e confiáveis.

» **Desenvolva um plano de qualidade de dados.** Pergunte a si mesmo que informações você quer reunir. As ferramentas de gerenciamento de dados darão a você uma melhor visão da *higiene de dados* (o processo de garantir que os dados incorretos, duplicados ou não utilizados sejam classificados e removidos de maneira adequada) para que possa colocar esses planos em prática. Tente usar ferramentas de gerenciamento para identificar as áreas onde os erros são mais prováveis de ocorrer. Por exemplo, talvez você tenha coletado informações duplicadas de um formulário online específico.

» **Padronize os dados no ponto de entrada.** Certifique-se de que está coletando suas informações corretamente. Em última análise, isso significa chegar a um procedimento operacional padrão (SOP) com sua equipe sobre o tipo de informação que vai coletar e onde o fará.

» **Identifique e elimine duplicatas.** As duplicatas andam de mãos dadas com a lista de bloqueio. Ninguém quer ouvir duas vezes a mesma mensagem. Quanto mais você coleta as mesmas informações sobre um cliente, mais desperdiça seu tempo e envia seus insights na direção errada.

» **Verifique os sites da lista de bloqueio.** Não se esqueça de verificar se está na lista de bloqueio dos sites que visitou. Adicione-os aos favoritos e visite-os regularmente para ter certeza de que não está mais neles.

» **Valide os cancelamentos.** Se alguém solicitou o cancelamento da inscrição, certifique-se de que haja mecanismos para garantir que ele nunca mais receba um e-mail. O ideal é que você o exclua do banco de dados, mas isso pode não ser viável (por exemplo, você ainda pode precisar manter seus detalhes para que possam continuar com sua campanha).

Cumprindo o Regulamento Geral de Proteção de Dados

O Regulamento Geral de Proteção de Dados (RGPD — General Data Protection Regulation) é um regulamento da União Europeia (UE) que visa melhorar a proteção de dados pessoais para residentes daqueles países. Isso inclui aumentar as obrigações das empresas que coletam, armazenam ou processam dados pessoais; o RGPD tem penalidades mais severas para violações de regulamentos.

Mesmo que não esteja almejando ativamente a UE com sua campanha de marketing de gamificação, os residentes da UE podem visitar seu site, inscrever-se em sua campanha ou estar em sua lista de e-mail de marketing. Se alguma dessas coisas estiver acontecendo, você está processando e armazenando dados pessoais de residentes da UE.

De acordo com o Artigo 3 do RGPD, o escopo territorial do regulamento se aplica ao processamento de dados pessoais para residentes da UE (incluindo cidadãos estrangeiros que vivem na UE) "independentemente de o tratamento ocorrer dentro ou fora da União". Em outras palavras, o RGPD tem implicações para seu marketing, mesmo se você não estiver na UE.

DICA

Verifique a documentação legal do RGPD em `https://gdpr-info.eu`. Pode parecer imenso, mas vale a pena seu tempo e esforço para saber o que está envolvido. Compreender o RGPD dará a você uma visão melhor das mudanças que sua equipe jurídica pode recomendar. Nas seções a seguir, abordarei alguns dos principais problemas relacionados ao RGPD e ao marketing. [Nota da Editora: Não deixe de conferir também a Lei Geral de Proteção de Dados — LGPD —, vigente no Brasil e disponível em `http://www.planalto.gov.br/ccivil_03/_ato2015-2018/2018/lei/L13709.htm`]

Obtendo permissão

A permissão de dados trata sobre como você gerencia os *opt-ins de e-mail* (pessoas que solicitam ser informadas sobre sua campanha de gamificação).

As pessoas precisam expressar consentimento para serem contatadas de uma forma "livre, específica, informada e explícita", que é reforçada por um "ato positivo inequívoco".

Isso significa que o público da campanha precisa confirmar que deseja ser contatado. Não use uma caixa de seleção que inclua automaticamente o público em sua lista de e-mail. Em vez disso, certifique-se de que as pessoas *selecionem* deliberadamente essa caixa de seleção para aceitar sua lista de e-mail.

Acessando dados

O RGPD dá às pessoas o direito de serem esquecidas, o que significa que seu público tem o direito de remover dados pessoais desatualizados ou incorretos.

O regulamento oferece ao seu público um método para obter mais controle sobre como os dados são coletados e usados. Isso inclui a capacidade de acessar e remover os dados.

Em sua campanha de gamificação, você precisa garantir que o público possa acessar facilmente seus dados e remover o consentimento para o uso. Em termos práticos, isso pode ser tão simples quanto incluir um link de cancelamento de assinatura em seu modelo de marketing por e-mail, e um link para o perfil do cliente que permite aos usuários gerenciar suas preferências de e-mail.

Focando os dados

O RGPD exige que você justifique legalmente o processamento dos dados pessoais coletados. Pergunte-se se você realmente precisa saber todos os dados listados no formulário de inscrição antes de conceder acesso à sua campanha.

Isso significa focar os dados necessários e não pedir mais nada supérfluo. Por exemplo, se realmente *precisa* saber a cor favorita do público e pode provar por que precisa, então pode continuar a pedir; caso contrário, esqueça isso.

Sabendo o que acontece se você não cumprir

Infelizmente, o custo do não cumprimento é alto — e o Information Commissioner's Office (ICO) começou a reprimir ainda mais o uso indevido de dados pessoais. Na verdade, o ICO já relatou vários incidentes que envolvem marcas conhecidas que tentaram usar estratégias de ativação de e-mail conhecidas para acessar os bancos de dados.

A Tabela 6-2 apresenta várias campanhas que entraram em conflito com o RGPD. Como pode ver, as multas são altas.

TABELA 6-2 Falhas de Marketing Perante o RGPD

Empresa	Descrição	Multa
Flybe	A Flybe enviou um e-mail para 3,3 milhões de pessoas em seu banco de dados com o assunto "Seus dados estão corretos?" Em teoria, isso parece uma estratégia inteligente, mas, infelizmente, esses 3,3 milhões de pessoas haviam optado antes por não receber e-mails de marketing e não deram consentimento para serem contatadas de novo. A empresa também deu às pessoas a chance de entrar em um sorteio.	US$83.000
Honda	A Honda enviou 289.790 e-mails para esclarecer as escolhas dos clientes para receber mensagens de marketing, mas não obteve seu consentimento. De acordo com o ICO, "A empresa acreditava que os e-mails não eram classificados como marketing, mas sim como e-mails de atendimento ao cliente para ajudar a empresa a cumprir a lei de proteção de dados". Essa mensagem foi enviada a indivíduos que optaram especificamente por não participar.	US$15.500
Google	A Autoridade de Proteção de Dados (DPA) da Suécia multou o Google por "não conformidade" com o RGPD depois que o gigante da internet supostamente não removeu de forma adequada os links de resultados de pesquisa sob solicitações do tipo "direito a ser esquecido". Em uma reviravolta notável, a DPA também exigiu que o Google se abstivesse de informar aos operadores do site que seus URLs seriam desindexados.	US$8 milhões
Associação Real Holandesa de Tênis de Gramado	A associação foi multada por vender dados a patrocinadores sem o consentimento dos titulares dos dados. Em 2018, a associação vendeu dados pessoais de algumas centenas de milhares de seus membros a dois patrocinadores sem base legal.	US$570.000
Morrisons	Morrisons, um supermercado líder no Reino Unido, enviou um e-mail a todos os 230 mil membros de seu banco de dados, pedindo aos assinantes que atualizassem suas preferências de conta. Infelizmente, isso incluiu 131 mil assinantes que haviam anteriormente desistido e cancelado a inscrição.	US$12.500

Considerando Problemas de Testagem

O teste de gamificação é a parte mais importante do processo de desenvolvimento da campanha. Este é o componente final que analisa se seu aplicativo de jogo está pronto para ser iniciado. Infelizmente, o teste não é algo que os desenvolvedores de jogos sejam conhecidos por fazer muito bem. Se seu orçamento permitir, recomendo contratar uma empresa de testes externa.

Métodos de testagem

Você e sua equipe podem implementar alguns testes importantes antes mesmo de você contratar uma empresa externa. Esses métodos garantem que o resultado final foi testado e fornecem um olhar crítico para se concentrar em pesquisas constantes como inconsistências e erros.

Aqui estão algumas técnicas de teste de jogo que você deve elaborar com sua equipe de desenvolvimento:

» **Teste combinatório:** Pode reduzir custos e melhorar a eficácia do teste para muitas campanhas de gamificação. Este método de design experimental é feito para gerar casos de teste. A aplicação de testes combinatórios ao teste de jogos aumenta a eficiência da execução do teste, oferece melhor qualidade, reduz custos e fornece melhor *contenção de fase* (o número de defeitos detectados e evitados em uma determinada fase). Todas as combinações possíveis de cenários de teste são cobertas. Ele identifica atributos distintos que podem ser variados em dados ou configuração. Os parâmetros são selecionados a partir das funções, elementos, eventos, configurações, opções de jogo e objetivos de marketing do jogo.

» **Teste de sala limpa:** Produz jogos com um nível de confiabilidade certificado. O foco do processo de sala limpa é a prevenção de defeitos, em vez de sua remoção. Essa abordagem combina raciocínio matemático, refinamento de design e raciocínio estatístico durante a geração de casos de teste e o teste. O objetivo principal deste método é produzir software com o mínimo de defeitos.

» **Teste de funcionalidade:** Este método identifica bugs ou erros em um jogo que podem afetar a experiência do usuário. Os tipos incluem:

- *Teste de unidade:* Testa componentes individuais de seu jogo.

- *Teste de integração:* Unidades individuais são combinadas e testadas como um grupo. O objetivo deste nível de teste é expor falhas na interação entre unidades integradas.

- *Teste do sistema:* Valida o pacote completo do jogo e verifica se ele atende aos requisitos originais especificados.

- *Teste de integridade:* Garante que as alterações de código feitas estão funcionando conforme o esperado.

- *Teste de fumaça:* É um conjunto não exaustivo de testes que visam garantir que as funções mais importantes funcionem.

- *Teste de interface:* Verifica se a comunicação entre dois sistemas de software diferentes é feita corretamente.

- *Teste de regressão:* É feito quando há mudanças no software, para se certificar de que a mudança não quebrou nenhuma funcionalidade existente.

- *Teste beta/de aceitação:* É realizado por usuários reais em um ambiente real. Geralmente é o teste final antes de lançar sua campanha.

O teste de funcionalidade determina se a campanha está funcionando de acordo com as especificações e objetivos originais. Leva mais tempo para executar porque os testadores procuram problemas de jogo. Ele valida se a campanha funcionará com todas as opções de redes sociais, gateways de pagamento e outros recursos.

» **Teste de compatibilidade:** É usado para descobrir se sua campanha está funcionando corretamente em relação a todos os vários dispositivos de hardware e navegadores que são integrados a eles. Valida se a interface do usuário da campanha funciona com o tamanho da tela de cada dispositivo. Ele garante que o texto seja legível para todos os usuários. Os testes de compatibilidade garantem que o produto atenda a todos os requisitos necessários definidos pelos objetivos originais.

» **Teste de jogo:** É um método de teste no qual os testadores jogam para analisar recursos não funcionais, como fatores de diversão e níveis de dificuldade. Normalmente, um grupo selecionado de usuários joga as versões inacabadas do jogo para verificar o fluxo da experiência. O teste de jogo é parte integrante do design de jogo; é comumente usado em jogos de PC e jogos de personagens. É mais sobre julgar o jogo do que os fatos.

» **Teste *ad hoc*:** É um método de teste não planejado, geralmente usado para quebrar o sistema. Testa-se o aplicativo aleatoriamente sem casos de teste predefinidos ou quaisquer documentos. O teste *ad hoc* é feito aleatoriamente em qualquer parte da campanha. Infelizmente, como os defeitos não são mapeados para casos de teste, é muito difícil reproduzi-los.

Verificando os navegadores

Muitos navegadores estão disponíveis, incluindo Edge, Firefox, Chrome, Safari e Opera. E dezenas de navegadores móveis estão disponíveis, com mais em desenvolvimento conforme novos dispositivos chegam às prateleiras. Nem todos os navegadores e suas versões funcionam da mesma forma. Sua campanha pode não ter aparência ou função idênticas em cada navegador, o que pode diminuir a participação do público.

Por exemplo, recentemente tomei conhecimento do Opera Mini. É um navegador da web projetado principalmente para telefones celulares, que permite que você faça tudo o que quiser online sem desperdiçar sua cota de dados. Infelizmente, ele faz isso compactando o conteúdo e removendo certas APIs.

Isso significa que sua campanha precisará ser refinada para funcionar corretamente nesse navegador.

Felizmente, existem muitas ferramentas de teste de compatibilidade na web. Essas ferramentas podem testar a velocidade e função em sistemas operacionais e localizações geográficas diferentes, em níveis de tráfego altos e baixos:

» **Browsershots (http://browsershots.org):** Esta solução gratuita testa cerca de oitenta versões de navegadores amplamente usados. É uma ferramenta simples que permite ver capturas de tela de uma determinada página da web em diferentes sistemas operacionais, incluindo Linux, Windows, Mac e o Berkeley Software Distribution (BSD), que tem código aberto. Todos os principais navegadores estão disponíveis, com a (principal) exceção do Internet Explorer (IE). O teste pode levar de três minutos a duas horas, dependendo do número de navegadores selecionados. Você pode marcar a página e voltar a qualquer momento para ver como os testes estão progredindo. À medida que cada teste do navegador é concluído, uma captura de tela aparece na sua fila na página da web Browsershots.

» **PowerMapper SortSite (www.powermapper.com/products/sortsite/):** Este teste verifica a acessibilidade, links quebrados, compatibilidade de código do navegador, otimização de mecanismo de pesquisa e outros problemas de usabilidade em dez páginas de um determinado site. Quando o teste é concluído, um relatório é gerado com gráficos dos problemas descobertos durante o teste. A avaliação gratuita dá uma boa ideia dos problemas que um site pode ter; mais dados estão disponíveis se você comprar a versão completa.

» **Perfecto (www.perfecto.io):** É um serviço que permite testar a compatibilidade de um site em centenas de dispositivos móveis reais. Você também pode testar em locais geográficos, incluindo Estados Unidos, Reino Unido, Canadá, França e Israel. Você faz uma reserva para uma sessão de teste em uma data e hora específicas, em uma variedade selecionada de dispositivos móveis. Quando sua sessão de teste começar, é possível controlar os dispositivos que selecionou e testar a aparência e a função de seu site em todas as plataformas de dispositivos. Quando o teste do navegador móvel é concluído, o Perfecto também oferece o teste de aplicativos individuais no mesmo ambiente de teste de nuvem nas mesmas localizações geográficas.

3 Executando Seu Plano de Gamificação

NESTA PARTE...

Decida o jogo certo para desenvolver na sua campanha.

Descubra como planejar a jornada completa de desenvolvimento.

Crie a tempestade perfeita para o lançamento de sua campanha de marketing de gamificação.

> **NESTE CAPÍTULO**
> » Selecionando o tipo certo de jogo
> » Descobrindo quem você quer como seu jogador
> » Criando metas para sua campanha
> » Recompensando a lealdade

Capítulo **7**

Transformando Seu Jogo em Realidade

Você precisa criar um conceito sólido para sua campanha logo no início; caso contrário, pode acabar criando um jogo que não cumpre seus objetivos de marketing. As chances de sucesso de sua campanha são amplamente determinadas pelo planejamento que você faz no início. Gosto de encorajar meus clientes a gastar mais tempo nessa parte da campanha de marketing de gamificação do que no desenvolvimento do jogo em si.

As opções que abordo neste capítulo podem parecer infinitas, então aponto os prós e contras de cada uma. Essas informações o ajudarão a determinar quais são adequadas para sua campanha. Comparo isso a cozinhar, em que você pode ter a opção de usar diferentes temperos que estão em seu armário de cozinha. Alguns podem ser excelentes, enquanto outros podem não ser adequados para o prato que está preparando. Selecionar os ingredientes certos ajudará você a desenvolver a campanha perfeita para seu público.

Escolhendo o Modelo de Gamificação Perfeito para Você

O sucesso de sua campanha de marketing de gamificação dependerá do quanto o modelo de gamificação selecionado agradará seu público principal. Nem todo modelo será adequado ao seu público. Na verdade, você pode descobrir que apenas um ou dois realmente ressoam com eles. Antes de decidir qual modelo é o ideal, é preciso entender como eles funcionam com vários públicos.

Abordei os fundamentos dos modelos de gamificação no Capítulo 2. Nesta seção, mostro como combinar o modelo certo com o público-alvo. Se mais de um o atrai para sua campanha, você pode considerar anotar as alternativas para campanhas futuras.

Aqui está um resumo dos vários modelos.

» **Ação:** O principal fator nos jogos de ação é que tudo precisa ser rápido. Essas campanhas também podem ser desenvolvidas com rapidez, especialmente se você pegar um jogo em parceria já desenvolvido e testado. Isso significa menos tempo de desenvolvimento e menos custo geral.

O jogo em si deve permitir que seu público aprenda os controles com facilidade, entre rapidamente na tela de jogo e comece a coletar recompensas. No entanto, se você não fornecer essas coisas com rapidez suficiente, seu público também sairá do jogo logo.

DICA

Para neutralizar essa alta taxa de rejeição, considere adicionar um placar para que você possa criar um ambiente competitivo. Além disso, ao projetar o jogo, certifique-se de que a mecânica dele não seja muito complicada, mas que, em vez disso, seja intuitiva para o seu público.

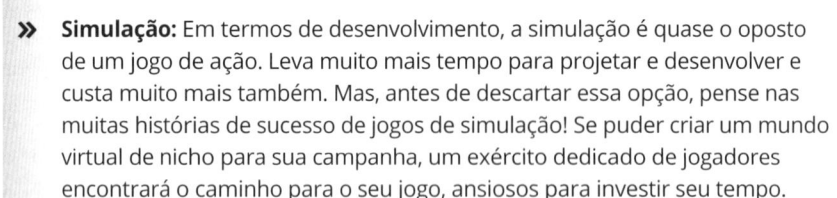

» **Simulação:** Em termos de desenvolvimento, a simulação é quase o oposto de um jogo de ação. Leva muito mais tempo para projetar e desenvolver e custa muito mais também. Mas, antes de descartar essa opção, pense nas muitas histórias de sucesso de jogos de simulação! Se puder criar um mundo virtual de nicho para sua campanha, um exército dedicado de jogadores encontrará o caminho para o seu jogo, ansiosos para investir seu tempo.

O público investirá seu tempo em um bom jogo de simulação. Você só precisa ter certeza de que ele foi projetado com muitas recompensas e objetivos para que seus usuários continuem jogando. Os jogos de simulação requerem muito tempo durante a fase de storyboard, para garantir a retenção do interesse do público.

» **Narrativa interativa:** É uma opção excepcional porque oferece a todos uma experiência única de história, centrada em torno de sua marca. O público torna-se extremamente investido à medida que personaliza sua experiência. Normalmente, uma campanha de narrativa interativa deixará uma impressão mais duradoura do que os jogos de ação. Claro, tudo isso tem um peso enorme em termos de equipe, tempo de desenvolvimento e, em última análise, custo.

Campanhas de narrativa interativa podem ser extremamente caras e levar muitos meses para serem desenvolvidas. Os principais custos virão dos projetos personalizados e multiníveis, com a consultoria especializada necessária durante a fase de desenvolvimento de construção da história. No entanto, sua campanha de marketing de gamificação pode durar um trimestre inteiro.

» **Aventura:** Creio que os jogos de aventura são um excelente híbrido de ação, simulação e narrativa interativa. Eles exigem que seu público esteja disposto a investir muito de seu tempo. Mas, se você executar o jogo corretamente, a experiência pode ser muito gratificante tanto para o público quanto para sua campanha.

Além dos custos, o jogo geralmente exige que seu público invista tempo para avançar e, ao mesmo tempo, expor sua marca. Isso pode ser feito com metas e objetivos consistentes para o público atingir e almejar.

» **Quebra-cabeça:** Esse tipo de jogo é usado em campanhas de marketing de gamificação que desejam associar a resolução de quebra-cabeças à campanha. Eles envolvem alguma forma de habilidade de resolução de problemas para seu público, na qual a mensagem de sua campanha pode ser incorporada à lógica, ao reconhecimento de padrões ou à resolução de sequência. Acho que, em geral, é mais fácil obter uma solução em parceria devido ao grande número de jogos de quebra-cabeça disponíveis para comprar de bons desenvolvedores.

DICA

Para dar ao público um motivo para voltar, é melhor oferecer uma quantidade de tempo ou tentativas reduzidas para resolver o quebra-cabeça. A campanha não será tão eficaz se o público conseguir terminar o jogo de uma vez.

» **Baseado em habilidade:** Este é o meu tipo favorito para usar em uma campanha de marketing de gamificação. Com jogos baseados em habilidades, o resultado é determinado pelas reações do público, habilidades mentais, pelo pensamento estratégico ou conhecimento de trivialidades. Este tipo de jogo é fácil de encaixar em quase todas as campanhas porque não existe uma fórmula padrão. Isso significa que você pode desenvolver um desses tipos de jogos que se adeque à maioria dos orçamentos. Spot the Ball (mostrado na Figura 7-1), desenvolvido por `www.spotheball.software`, é um bom exemplo de um jogo baseado em habilidade; os jogadores têm que usar sua habilidade de olhar para onde todos os outros estão olhando para determinar a localização da bola.

FIGURA 7-1:
Um jogo baseado em habilidade chamado Spot the Ball.

Um aspecto favorável dos jogos baseados em habilidade é que não necessariamente precisa haver uma resposta certa ou errada (ao contrário dos quebra-cabeças). Embora esse tipo de mecânica se enquadre na categoria "jogo de azar", os jogadores não o verão como uma "aposta", desde que sua campanha não exija que eles paguem para jogar. Nos jogos tipo apostas ou loteria, os usuários geralmente não têm controle sobre o jogo. Um exemplo é o blackjack. Por outro lado, um jogo baseado em habilidade dá ao usuário controle, permitindo que ele use sua habilidade para aumentar suas chances de ganhar.

» **Multijogador:** Como o nome sugere, um jogo multijogador permite que mais de uma pessoa jogue no mesmo ambiente ao mesmo tempo. O jogo deve permitir que seu público enfrente um ou mais competidores humanos e também o computador.

Acho importante desenvolver um jogo multijogador para permitir que o público faça parceria com outros indivíduos, em vez de apenas competir um contra o outro. Isso fornece o elemento de comunicação social que está faltando nos jogos individuais.

Curiosamente, usando a tecnologia HTML5 mais recente, esse tipo de jogo pode ser desenvolvido para ser jogado localmente (em uma rede local, como um escritório). Isso permite que seu público crie ambientes competitivos sem ter que abrir constantemente suas conexões com a internet (uma preocupação de segurança para ambientes profissionais).

> **Educacional:** Geralmente considerado como exclusivo para estabelecimentos de ensino, esse tipo de jogo é uma ferramenta extremamente eficaz para qualquer campanha de marketing de gamificação. Um jogo educacional fornece uma forma útil para seu público aprender algo valioso sobre seu produto ou negócio, tudo em uma plataforma divertida. O jogo deve educar seu público enquanto ele joga. No final, o usuário deverá sair mais informado sobre seu negócio ou produto.

DICA

Esse tipo de jogo é especialmente bem-sucedido se houver algum aspecto de seu produto ou serviço que está sendo usado incorretamente ou sendo questionado pelos clientes. Além disso, os jogos educacionais podem ajudar a educar o público nos casos em que há algum serviço ou valor que sua empresa oferece que não é amplamente conhecido.

> **RPG:** Um jogo de vivência de papéis (RPG), é o tipo menos comum de jogo selecionado para campanhas de gamificação. O público controla as ações de um personagem imerso em um mundo da marca. Esse mundo deve estar cheio de elementos centrados nos objetivos de sua campanha.

Muitos RPGs vêm de jogos de mesa, como Dungeons & Dragons. Tente emular e usar muito da mesma mecânica para criar um jogo envolvente. Dependendo do seu orçamento, você pode desenvolver desde um jogo tão simples quanto um de console baseado em texto, até uma versão 3D que pode ser praticada em um dispositivo de realidade virtual (VR).

A Tabela 7-1 lista os pontos fortes e fracos de vários modelos de jogos quando usados em campanhas de marketing de gamificação.

DICA

Muitas empresas descobrem que seu orçamento de marketing não cobre o tipo de jogo que desejam usar. Se essa é sua situação, não reduza o jogo para caber no seu orçamento. Em vez disso, escolha uma opção mais barata e *melhore* esse jogo com o orçamento restante que tem. Se um jogo for reduzido, o público perceberá imediatamente. Por outro lado, um mais barato que foi atualizado em termos de design e desenvolvimento tem maior probabilidade de ser defendido pelo público em canais de mídia social.

TABELA 7-1 Determine o Melhor Modelo de Jogo para Seu Público

Tipo de Jogo	Custo	Tempo de Desenvolvimento	Exposição da Marca	Retenção de Público
Ação	Baixo	1 a 2 semanas	**	1 semana
Simulação	Alto	3 meses	***	1 a 2 meses
Narrativa interativa	Muito alto	4 a 6 meses	****	3 meses
Aventura	Médio	2 a 3 meses	*****	1 mês

(continua)

(continuação)

Tipo de Jogo	Custo	Tempo de Desenvolvimento	Exposição da Marca	Retenção de Público
Quebra-cabeças	Baixo	2 a 3 semanas	***	1 semana
Baseado em habilidade	Médio	1 mês	***	2 semanas
Multijogador	Alto	2 a 3 meses	***	2 a 3 semanas
Educacional	Alto	2 a 3 meses	***	2 a 3 meses
RPG	Alto	2 a 3 meses	****	2 a 3 meses

Determinando Seu Público-alvo

Determinar o público-alvo pretendido ajudará a moldar a opção de jogo para sua campanha de marketing de gamificação. O *público-alvo* é o grupo específico de pessoas que você pretende alcançar com sua campanha — as pessoas que pretende que joguem e compartilhem seu jogo. Essas pessoas têm características comuns, como dados demográficos e comportamentos, que o ajudarão a determinar qual opção de jogo desenvolver.

Quanto mais claramente você definir seu público-alvo, mais bem equipado estará para decidir qual opção de jogo selecionar. Não tenha medo de ser específico nesta fase. Você precisa ser específico para direcionar seus esforços de marketing de gamificação de forma eficaz. Qualquer pessoa que não esteja incluída em seu público-alvo ainda pode desfrutar do jogo; ela apenas não é o foco quando se trata de elaborar sua estratégia de marketing.

Conduzindo sua pesquisa de público

Você não pode segmentar o mundo todo com sua campanha. Não conseguiria, mesmo se quisesse — seria impossível encontrar um jogo que atendesse a todos. Ao focar um público específico, você pode escolher com conforto e confiança qual jogo usar para sua campanha de marketing de gamificação. Como em qualquer campanha de marketing tradicional, você deve conduzir pesquisas de público para determinar seu público-alvo.

Para fazer isso, é necessário examinar seus clientes atuais — pessoas que compraram ou usaram sua empresa no passado. Com todos os dados que tem sobre eles, é possível descobrir suas características que os definem melhor, possibilitando a criação de um modelo de personagem exclusivo para usar em sua campanha.

Aqui estão alguns dados que deve considerar:

- » **Idade:** Você não precisa de uma data específica de nascimento. Não fará diferença se o seu cliente médio tem 34 ou 37 anos, por exemplo. Mas, ao identificar se eles estão na casa dos 20, 30 ou 40 anos, você pode determinar os tipos de jogos que eles provavelmente vão querer jogar.

- » **Localização e idioma:** Onde no mundo seus clientes atuais moram? Entender quais áreas geográficas segmentar ajudará a eliminar certas opções de jogo. Por exemplo, se você tem como alvo vários países e idiomas, talvez não faça sentido desenvolver um jogo interativo de narrativa.

- » **Status socioeconômico:** Este é um dos dados mais eficazes que pode usar para identificar seu público. Eles são ricos? Trabalham das 9h às 17h? Estão criando uma família jovem? Se o seu público for composto de funcionários de escritório, um jogo que pode ser jogado rapidamente durante o intervalo do almoço é perfeito. Se eles têm mais tempo livre durante o dia, desfrutarão de um jogo de simulação ou aventura.

- » **Interesses:** O que seus clientes gostam de fazer, além de usar seus produtos ou serviços? Eles expressam seus interesses nas redes sociais? Neste caso, um jogo baseado em habilidades seria perfeito, porque eles podem estar inclinados a pedir ajuda a seus seguidores em um nível particularmente difícil. Por outro lado, se gostam de ler e aprender, um jogo de narrativa interativa pode lhes ser atraente.

- » **Estágio da vida:** Seus clientes são pais jovens? Pais de adolescentes? Aposentados? Alunos? Essas informações podem ser difíceis de determinar, mas podem ser muito eficazes para as opções finais do jogo. Os alunos têm maior probabilidade de investir mais tempo no jogo do que os pais jovens. Além disso, se seu público-alvo são os aposentados, provavelmente você precisará fornecer mais orientações sobre como o usuário avança no jogo.

DICA Caso venda produtos ou serviços business-to-business (B2B), seus dados serão um pouco diferentes. Pode ser importante identificar o tamanho das empresas e coletar informações sobre os cargos das pessoas que estão comprando com você. São CEOs? Trabalham no administrativo? São gerentes de marketing social? Entender quem dentro da empresa jogará é um primeiro passo crucial para a elaboração do público-alvo ideal para o jogo.

Considerando o que a pesquisa diz

Nesta fase, é uma boa ideia combinar os vários critérios da seção anterior com os diferentes modelos de jogo. A Tabela 7-2 lista quais opções de jogo funcionam melhor com os dados do exemplo.

TABELA 7-2 Exemplos das Melhores Opções de Jogo com Base na Pesquisa de Público

Tipo de Jogo	Idade	Localização/Idioma	Status	Estágio da Vida
Ação	Menos de 45 anos	Qualquer local, vários idiomas	Não requer muito tempo	Todos
Simulação	Mais de 30 anos	Qualquer local, qualquer idioma	Requer muito tempo livre	Ampla variedade, incluindo alunos, pais que ficam em casa e funcionários de escritório
Narrativa interativa	Mais de 30 anos	Localizado para um idioma	Requer muito tempo livre	Aposentados ou pais que ficam em casa
Aventura	Mais de 20 anos	Localizado para um idioma	Requer um certo tempo livre	Aposentados ou estudantes
Quebra-cabeças	Mais de 10 anos	Qualquer local, qualquer idioma	Não requer muito tempo	Todos
Baseado em habilidade	Mais de 20 anos	Localizado para um idioma	Não requer muito tempo	Todos
Multijogador	Menos de 45 anos	Qualquer local, qualquer idioma	Requer um certo tempo livre	Estudantes ou funcionários de escritório
Educacional	Mais de 20 anos	Localizado para um idioma	Requer um certo tempo livre	Todos
RPG	Menos de 45 anos	Qualquer local, qualquer idioma	Requer um certo tempo livre	Estudantes ou funcionários de escritório

Incorporando Metas ao Jogo

O motivo central da criação de uma campanha de marketing de gamificação é para que você possa inserir seus objetivos de marketing no jogo. No entanto, primeiro precisa estabelecer seus objetivos. Quando souber quais são suas metas para a campanha, poderá definir seus objetivos para o jogo.

Criando objetivos SMART

Uma boa maneira de criar metas para um plano de marketing eficaz é usar a estrutura SMART: **e**specífica, **m**ensurável, **a**lcançável, **r**ealista e com limite de tempo. Se desenvolver as metas de sua campanha de marketing de gamificação para atender a esses requisitos, seu plano de marketing terá uma boa chance de sucesso.

Definindo um resultado específico

Seu objetivo deve ser específico o suficiente para se concentrar em uma métrica claramente definida e também deve definir um resultado específico. A meta deve conter detalhes suficientes para que os resultados esperados sejam claramente compreendidos. Generalidades só criam confusão dentro da campanha, o que leva a resultados ruins.

Então, por exemplo, apenas dizer que seu objetivo é "aumentar a conscientização" não ajuda. No entanto, digamos que sua empresa venda um produto que traz benefícios para a saúde, e a administração da empresa deseja garantir que os clientes estejam cientes desses benefícios. Você pode dizer que sua meta é garantir que aumentará a conscientização sobre os benefícios de saúde do seu produto. E pode fazer isso garantindo que os benefícios específicos sejam destacados em toda a campanha de marketing de gamificação, com metas incorporadas que destacam especificamente tais benefícios.

Definindo resultados mensuráveis

Para que seu objetivo funcione, você precisa ter um modo de mensurar os resultados. Imagine se jogasse uma partida de futebol, mas sem anotar o placar. Manter a pontuação é importante! É essencial para acompanhar seu progresso, o que o ajudará a definir o resultado esperado. Você não pode determinar se atingiu uma meta, a menos que possa mensurar o progresso.

Se você pegar o exemplo anterior de aumentar a conscientização dos benefícios de saúde de um produto para pelo menos 5 mil clientes todos os meses, poderá determinar se seus objetivos estão sendo alcançados visualizando as estatísticas de interação do jogo no final de cada mês.

Alcançando metas possíveis

O objetivo é mesmo possível? Como? Certifique-se de que possa dar pequenos passos bem definidos e mensuráveis no caminho para a meta.

Uma forma de saber se sua meta é alcançável é perguntar a si mesmo se possui as ferramentas e as habilidades necessárias para alcançá-la. No exemplo, você deve ter certeza de que é possível atingir 5 mil clientes por mês nos próximos seis meses. Para fazer isso com confiança, será necessário construir uma estratégia de lançamento de jogo (veja o Capítulo 9).

Criando metas realistas

Não adianta definir uma meta se ela não for realista. Seus objetivos devem ser formados no contexto das realidades de sua situação e conjuntura. Embora a meta possa ser definida em sua estratégia de lançamento de jogo, agora você deve mensurar se as metas estão dentro de suas possibilidades. Isso significa que precisa ter certeza de que possui os recursos necessários para atingir o objetivo:

» Você tem os desenvolvedores certos?
» Existe orçamento suficiente para atender aos objetivos de sua campanha?
» Seus servidores podem lidar com o volume de tráfego necessário para atingir seus objetivos?

No exemplo, seria irreal definir a meta de aumentar a conscientização sobre os benefícios para a saúde se sua campanha de gamificação fosse lançada durante o período de feriados no fim do ano. Seria melhor atrasar e lançar depois do primeiro dia do ano, quando todos querem ficar em forma e saudáveis.

Cumprindo prazos oportunos

Você precisa especificar prazos claros para seus objetivos, a fim de alcançá-los. Acho que, em geral, todos os esforços feitos por sua equipe vagarão sem rumo se um prazo não existir.

No exemplo, especifiquei um período de seis meses, de modo que atenda ao requisito de estabelecer um prazo para cumprir a meta.

Elaborando seus objetivos de gamificação

Nem todos os objetivos de marketing tradicional podem ser aplicados à gamificação. No entanto, com um pouco de criatividade, você geralmente descobre que a maioria dos objetivos é alcançável. A Tabela 7-3 lista alguns objetivos potenciais de marketing para cada modelo de jogo.

TABELA 7-3 Combinando Objetivos com os Modelos de Jogos

Tipo de Jogo	Objetivo Potencial de Marketing	Observações
Ação	Aumentar o tráfego do site	Voltado para o mercado de massa e apreciado por todos. Provavelmente se tornará viral por meio do compartilhamento, o que significa que todos os jogadores estão acessando seu site.

Tipo de Jogo	Objetivo Potencial de Marketing	Observações
Simulação	Obter mais engajamento com o site	Os visitantes têm maior probabilidade de voltar ao site para continuar o jogo. Todo esse tempo gasto em seu site criará curiosidade para descobrir o que mais está sendo oferecido lá.
Narrativa interativa	Tornar a marca conhecida	Com este tipo de jogo, sua marca ficará no centro de toda a plataforma. Isso significa que, mesmo que o jogo seja incorporado em outros sites, o público estará continuamente exposto à sua marca.
Aventura	Melhorar as taxas de conversão	Este tipo de jogo pode estar repleto de códigos de desconto, benefícios do produto e vídeos, que podem aumentar as taxas de conversão do site.
Quebra-cabeças	Ganhar mais seguidores nas redes sociais	Ao tornar seus quebra-cabeças especialmente complicados, você forçará seu público a pedir ajuda aos amigos nas redes sociais.
Baseado em habilidade	Aumentar as vendas	Nestes jogos não é necessário haver uma resposta certa ou errada. Em essência, isso significa que todos são vencedores, o que permite que o jogador sinta que merece sua recompensa. Nesse caso, a recompensa pode ser um desconto no seu site, o que ajuda a aumentar as vendas.
Multijogador	Ganhar mais seguidores nas redes sociais	Os jogos multijogador podem ser vinculados à maioria das plataformas de mídia social, como Facebook e Twitter. Isso força seu público atual a encorajar seus próprios seguidores e amigos a participarem e se envolverem com sua empresa.
Educacional	Melhorar a comunicação interna	O treinamento da equipe pode ser automatizado e mais divertido quando colocado em um jogo educacional.
RPG	Lançar novos produtos ou serviços	Se estiver lançando algo novo, um ambiente 3D imersivo será uma forma ideal de apresentá-lo em uma plataforma divertida e moderna.

DICA Certifique-se de equilibrar os objetivos da campanha com a jogabilidade real. Se colocar muita pressão na mensagem da campanha, corre o risco de criar um jogo entediante e cheio de publicidade. Por outro lado, se colocar muita ênfase na jogabilidade, o público poderá se divertir com o jogo, mas sair sem se lembrar da mensagem central da campanha. Quando conseguir equilibrar inteligentemente a mensagem com a jogabilidade, o jogo se tornará um verdadeiro trunfo para o seu negócio.

Criando Recompensas de Fidelidade

Depois de criar o jogo perfeito para seu público, será importante começar a pensar em como fazer com que voltem e joguem mais. Sem dúvida, você deseja que eles joguem mais de uma vez, e não que apenas abandonem a campanha no início da jornada.

Ao projetar recompensas de fidelidade desejáveis em seu jogo, você descobrirá que esses jogadores serão aqueles que se tornarão os melhores defensores de sua campanha, que alimentarão seu marketing boca a boca e que, por fim, atrairão outros usuários leais para seu jogo.

Escolhendo suas opções

As recompensas são o alicerce de todas as campanhas de marketing de gamificação. Seu público participará de seu jogo para ganhar alguma coisa, competindo entre si ou contra os outros. Seus instintos de jogo naturalmente competitivos serão invocados, para que você possa motivá-los ainda mais em sua campanha usando opções de recompensa inteligentes, como as seguintes:

» **Pontos:** Seu público ganha pontos resgatáveis no jogo. Você pode atribuir pontos por ações e experiências positivas dentro do jogo, bem como por coisas como fornecer feedback e compartilhar a campanha nas redes sociais. A Starbucks usa várias opções, incluindo pontos, para motivar e premiar seu público (veja a Figura 7-2).

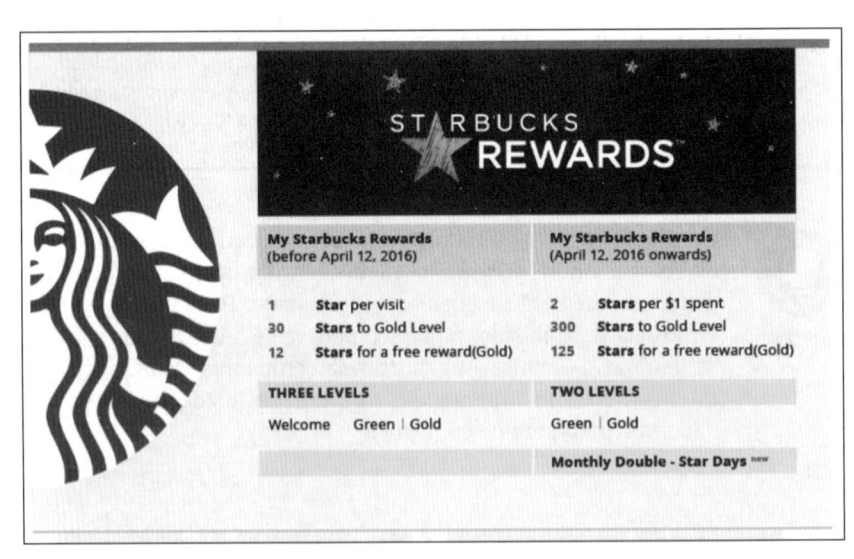

FIGURA 7-2: Usar pontos pode manter seu público motivado.

» **Emblemas:** São representações visuais que confirmam as conquistas do público no jogo. Pense nos emblemas como símbolos visuais de status. Curiosamente, os emblemas podem levar o público a participar de certos desafios apenas para que possam ganhar os emblemas associados. Esteja certo de que os desafios sejam projetados para atender aos seus objetivos de marketing.

» **Placares:** Permite que seu público veja como seu próprio sucesso no jogo se classifica em comparação com todos os outros por meio de tabelas de classificação. Os placares podem inspirar mais competição e mostrar às pessoas quais jogadores desbloquearam mais conquistas. O desejo de aparecer no topo, ou mesmo apenas ser apresentado entre os dez primeiros, levará seu público a ganhar mais pontos, o que, por sua vez, os levará a um envolvimento mais profundo.

» **Gráficos de desempenho:** É uma visão gráfica da representação histórica do público no jogo. Isso motivará um período de jogo muito mais longo para cada usuário, porque verão seu desempenho ao longo do tempo. Seu público ficará motivado para continuar jogando novos níveis enquanto procura melhorar seu gráfico.

» **Avatares:** Os avatares podem ser poderosos para engajamento. Em plataformas mais tradicionais, os usuários são encorajados a fazer upload de fotos de si mesmos, mas, na gamificação, seu público provavelmente preferirá usar um alter ego. Em geral, avatares são modelos personalizáveis que representam um participante no jogo. Os avatares podem desempenhar um papel muito importante no envolvimento geral do público porque eles se tornam parte de uma comunidade, o que pode despertar mais interesse.

Usando recompensas no seu jogo

Pense em maneiras interativas de usar recompensas para a opção de jogo que você selecionou, para que seu público tenha uma experiência positiva enquanto joga. Aqui estão algumas recompensas que deve considerar:

» **Diversão:** É importante introduzir um elemento divertido em sua campanha de marketing de gamificação. Isso é especialmente verdadeiro se sua empresa ou setor não costuma estar associado a campanhas divertidas e envolventes. Quando feita da maneira adequada, sua campanha pode criar uma experiência disruptiva, divertida e envolvente para seu público.

» **Competitividade:** Você pode fazer isso facilmente adicionando um elemento competitivo, como um placar. Outra forma é conceder emblemas que classificam as habilidades de seu público. Esta é uma ótima maneira de envolver seu público e proporcionar diversão em sua campanha.

- » **Exclusividade:** Quem não ama ganhar uma vaga em um clube de elite? Oferecer uma experiência VIP como recompensa faz com que seu público sinta que tem um relacionamento especial com sua campanha e marca em geral. Isso ajuda muito a construir a fidelidade à marca. Uma boa maneira de atingir o objetivo de exclusividade é encorajar seu público a atingir metas específicas (como no programa Starbucks de estrelas verdes ou douradas; consulte a Figura 7-2).

- » **Experiência gratificante:** Encorajar seu público a ganhar mais recompensas por uma chance de resgatar produtos ou serviços reais pode ser um motivo muito poderoso para que ele volte ao seu jogo. É compreensível que muitas empresas dificultem a pontuação, mas isso vai desanimar o público a jogar. No entanto, você pode combater esse problema tornando o processo de *resgate* de recompensas fácil e atraente.

- » **Valor agregado:** Um dos pontos negativos de um programa de fidelidade é a dificuldade de obter pontos de recompensa. Você pode descobrir que muitos de seus jogadores abandonarão o jogo só porque demora muito para ganhar recompensas. Com isso em mente, é preciso ser mais criativo e recompensar quase tudo em seu jogo. Isso deve ser feito em uma escala móvel, combinando o valor dos pontos com o valor das ações do público. Além disso, tenha em mente que, com a gamificação, é possível ter diferentes tipos de recompensas para cada ação, garantindo que todos ganhem.

- » **Dar recompensas aleatórias:** Ao adicionar recompensas aleatórias ao seu jogo, você encantará seu público e o manterá envolvido na expectativa de mais. Como todo mundo gosta de ganhar algo, o fato de seu usuário estar presente e participando de sua campanha de marketing de gamificação é valioso o suficiente para ser recompensado.

NESTE CAPÍTULO

» Compreendendo o ciclo de vida de desenvolvimento do jogo

» Recrutando as pessoas necessárias

» Determinando a tecnologia certa a ser utilizada

Capítulo **8**

Selecionando os Componentes Certos

Quando você sabe o tipo de jogo certo para utilizar em sua campanha de gamificação, a próxima etapa é desenvolvê-lo. Para fazer isso corretamente, você precisa planejar cada detalhe antes que uma linha de código seja escrita ou um personagem seja desenhado. Como acontece com qualquer desenvolvimento, ter um plano mestre que todos na sua equipe seguirão é essencial.

Existem várias maneiras de planejar e desenvolver um jogo para sua campanha. Recomendo que estruture seu projeto de modo que não apenas se ajuste aos objetivos atuais, mas também se integre facilmente a todos os objetivos futuros da campanha. Para fazer isso, você precisa buscar alcance e versatilidade em seus acordos com os membros da equipe e a tecnologia na qual desenvolve o jogo.

Neste capítulo, descrevo o que você deve incluir em seu plano mestre e o advirto sobre as áreas que precisa observar. Em última análise, é importante garantir que seu jogo seja desenvolvido no prazo, cumpra o briefing de marketing e engaje seu público.

Entendendo o Processo de Desenvolvimento de Jogos

Seu plano mestre requer uma metodologia experimentada e testada para ajudá-lo a definir o que acontece e quando. Depois de decidir sobre sua metodologia de ciclo de vida de desenvolvimento de jogo, você pode começar a colocar seu plano mestre em ação.

Nesta seção, explico a estrutura e os requisitos de um típico ciclo de vida de desenvolvimento de jogo. Eu o guio pelas etapas necessárias para desenvolver seu jogo e minimizar os riscos. Em seguida, apresento-lhe as diferentes metodologias que pode utilizar em seu plano.

Compreendendo as etapas do ciclo de vida de desenvolvimento dos jogos

O processo de desenvolvimento de jogos pode ser altamente complexo, mas, com uma abordagem detalhada e estruturada desde o início, será possível passar por ele sem dificuldades. Seu plano deve ter as seguintes etapas:

1. O conceito
2. Formação de equipe
3. Planejamento técnico
4. Produção
5. Testagem
6. Implementação

LEMBRE-SE: Não interrompa o processo de campanha em seu plano mestre só porque seu jogo atingiu a etapa de implementação. Esse é o momento de começar a planejar atualizações, corrigir erros, expandir o jogo, retrabalhar questões pontuais devido ao feedback do público e realizar a manutenção geral. Por isso, fique conectado com sua equipe. Se sua campanha for bem-sucedida, será uma boa ideia começar a planejar seu próximo projeto de gamificação!

Etapa 1: O conceito

Esta é a etapa em que decide que tipo de opção de jogo é a certa para você. Os objetivos de sua campanha o ajudarão a selecionar a opção de jogo certa para você (veja o Capítulo 7).

Nesta etapa, você precisa começar a fazer as perguntas certas:

- » Quais são os objetivos e metas da campanha?
- » Como mediremos nossos objetivos?
- » Quem é o nosso potencial jogador/usuário? São homens ou mulheres? Quantos anos eles têm?
- » Qual opção de jogo é a certa para nosso público?
- » Que recompensas empregaremos?
- » Haverá um herói ou protagonista?
- » Quais são os temas e as diretrizes gerais da marca?

Etapa 2: Formação de equipe

Independentemente de estar terceirizando as funções para freelancers ou outras empresas, ou de usar talentos internos, você precisa planejar o que cada membro da equipe fará — e por quanto tempo fará — antes de começar a contratar. Quando tiver todos os membros da equipe no lugar, precisa garantir que toda a equipe compartilhe a visão que você definiu em seu plano mestre.

Além de contratar sua equipe, é preciso pensar sobre a programação geral dela, em que cada membro tem funções delegadas nos vários pontos do projeto. Dessa forma, eles podem adicionar seu projeto em seus calendários.

Por fim, certifique-se de designar um gerente de projeto (pode ser você!). O gerente de projeto é responsável pelo seguinte:

- » Contratação de pessoal
- » Criar a programação da equipe
- » Delegar tarefas e garantir que sejam concluídas
- » Sincronizar continuamente as metas de sua campanha com a equipe

Mais adiante neste capítulo, na seção "Montando Sua Equipe", abordarei esse assunto com mais detalhes.

Etapa 3: Planejamento técnico

Em muitas campanhas, as equipes tendem a querer mesclar a etapa de planejamento técnico com a etapa de produção (veja a próxima seção), mas isso causa confusão, atrasos e, em alguns casos, uma campanha fracassada. Para evitar isso, certifique-se de que sua estratégia técnica geral seja planejada e projetada antes de qualquer código ser escrito.

Cubra as seguintes áreas em seu planejamento técnico:

- Design de jogabilidade
- Definição de arte, estilo e recursos
- Seleção do mecanismo de jogo ou das linguagens de codificação
- Construção de um storyboard completo de todo o jogo
- Registro de todas essas informações para distribuição para a equipe

Abordo esse assunto com mais detalhes na seção "Preparando a Estratégia Técnica", mais adiante neste capítulo.

Etapa 4: Produção

Esta etapa é a mais longa de todo o ciclo de vida de desenvolvimento do jogo. Ela trata do design e do desenvolvimento de seu jogo. O tempo e o sequenciamento são partes centrais desta etapa. As coisas devem acontecer na ordem e na hora corretas.

Dependendo do modelo de ciclo de vida que selecionar para a produção, você pode descobrir que sua equipe revisitará essa etapa diversas vezes para garantir que o jogo evolua com todos os objetivos essenciais planejados na campanha. Independentemente do modelo de ciclo de vida que selecionar, esteja preparado para agendar tempo suficiente para esta etapa de seus planos.

Abordo os modelos de ciclo de vida mais adiante neste capítulo (veja "Decidindo qual modelo de ciclo de vida é o ideal para você").

DICA

Fique de olho no desempenho do seu jogo durante esta fase. Você pode fazer isso durante cada versão/protótipo que seus desenvolvedores lhe entregam. Usar técnicas de codificação inadequadas e não controlar o desempenho geral da memória em dispositivos diferentes pode significar a diferença entre um jogo bem avaliado e um que não pode ser jogado e leva a avaliações negativas.

Etapa 5: Testagem

Testar é muito mais do que apenas jogar. É um processo repetitivo de passar pela mesma entrada e registrar a saída de cada cenário em todos os ambientes possíveis. As anomalias de fluxo e os bugs devem ser rastreados em um relatório de bugs. Cada entrada neste relatório deve ser corrigida e testada novamente.

Existem dois estágios de teste:

- **Alfa:** Quando seu jogo atinge o estágio alfa de desenvolvimento, ele deve estar jogável, mas incompleto. A maior parte da jogabilidade básica deve ser concluída, no entanto. Por exemplo, quando um jogo tem um ou mais níveis jogáveis, ele atingiu sua versão alfa. Porém, o conceito de jogabilidade não deve mudar depois que o jogo entrar em seu estágio alfa.
- **Beta:** É a fase em que seu jogo foi totalmente desenvolvido e está pronto para ser testado por um terceiro. Nesta fase, é importante prestar atenção a todos os feedbacks dos usuários que estão sendo coletados. Normalmente, o teste beta é dividido em duas fases:
  - *Open beta*, em que qualquer pessoa pode participar gratuitamente
  - *Closed beta*, em que você envia convites para um número seleto de testadores terceirizados

Etapa 6: Implementação

Nesta etapa, você está pronto para lançar a campanha para seu público! É necessário pensar nas datas de lançamento, gerar interesse no pré-lançamento e finalizar a estratégia de marketing de lançamento do jogo.

Abordo esta etapa com mais detalhes no Capítulo 9.

Decidindo qual modelo de ciclo de vida é o ideal para você

Ao conhecer as várias etapas envolvidas no ciclo de vida, é possível escolher o modelo de ciclo de vida ideal para você. Esses modelos às vezes são chamados de *modelos de processo e de desenvolvimento.* Não importa o modelo que escolher, ele seguirá uma cadeia de etapas em uma formação circular, projetada para garantir que seu desenvolvimento seja um sucesso.

Nas seções a seguir, examino alguns modelos tradicionais. Então, me aprofundo em um modelo mais adaptável, que pode ser útil se você quiser lançar uma campanha de marketing de gamificação maior ou muitas delas.

Modelos tradicionais de ciclo de vida

Aqui estão alguns dos modelos tradicionais de ciclo de vida mais comuns:

- **Cascata (veja a Figura 8-1):** Popular desde os anos 1990, este modelo é ideal quando os requisitos permanecem os mesmos durante o desenvolvimento. O modelo de cascata segue uma metodologia simples e direta, em que cada etapa do modelo depende das informações repassadas da etapa anterior. É fácil entender e gerenciar de forma eficaz.

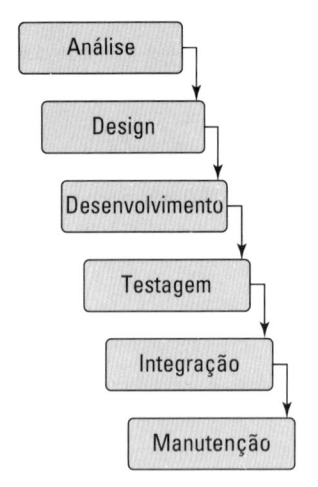

FIGURA 8-1:
O modelo cascata.

[Diagrama do modelo cascata: Análise → Design → Desenvolvimento → Testagem → Integração → Manutenção]

Prefiro usar o modelo cascata em meus próprios projetos com clientes, mas às vezes uso modelos diferentes, dependendo do escopo da campanha.

» **Espiral (veja a Figura 8-2):** Ao contrário do modelo em cascata, no qual cada etapa é seguida rigidamente pela próxima, o modelo em espiral é mais flexível. Este envolve uma abordagem repetitiva, avançando de forma circular, em que o projeto passa por quatro fases repetidas em forma de espiral até chegar à conclusão. Em última análise, esse modelo permite que seu jogo passe por várias rodadas de refinamento.

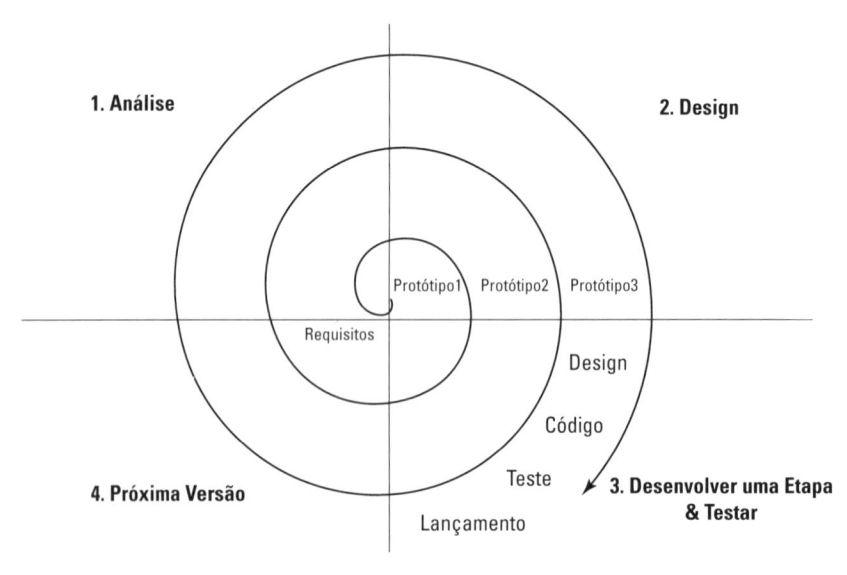

FIGURA 8-2:
O modelo espiral.

[Diagrama do modelo espiral com quatro quadrantes: 1. Análise, 2. Design, 3. Desenvolver uma Etapa & Testar, 4. Próxima Versão. Elementos internos: Requisitos, Protótipo1, Protótipo2, Protótipo3, Design, Código, Teste, Lançamento]

128 PARTE 3 **Executando Seu Plano de Gamificação**

» **Iterativo (veja a Figura 8-3):** Como o nome sugere, no modelo iterativo um novo jogo é produzido durante cada ciclo ou iteração. Em vez de começar com um conjunto rígido de planos e programações, você pode implementar novos requisitos após cada iteração. Essencialmente, você está fazendo um "enxágue e repita" de design, desenvolvimento e testagem até que o jogo esteja pronto.

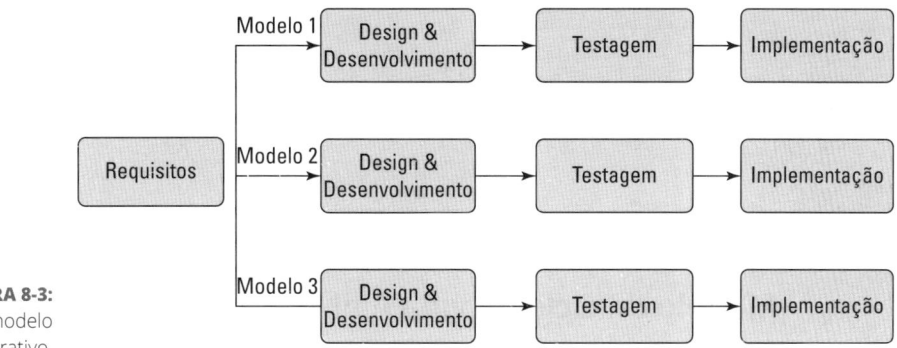

FIGURA 8-3: O modelo iterativo.

» **Verificação e validação (veja a Figura 8-4):** O modelo de verificação e validação é em forma de V. É semelhante ao modelo em cascata, no qual você executa testes paralelos durante cada um dos estágios de desenvolvimento. Cada estágio do modelo em forma de V depende do anterior. Aqui está a diferença entre verificação e validação:

- *Verificação:* Requer que uma revisão de análise estática seja feita sem executar o código. É o processo de avaliação da fase de desenvolvimento do produto para descobrir se os requisitos especificados foram atendidos.

- *Validação:* Envolve técnicas de análise dinâmica, com testes feitos por meio da execução do código. Validação é o processo de avaliação do software após a conclusão da fase de desenvolvimento, para determinar se o software atendeu às expectativas e aos requisitos.

CUIDADO

Esteja ciente de que todos os seus requisitos e cronogramas precisarão ser muito claros no início, porque é muito difícil retroceder neste modelo para fazer alterações. No entanto, se feito corretamente, ele pode funcionar muito bem para pequenos projetos de gamificação com um prazo apertado devido aos testes constantes.

FIGURA 8-4: O modelo de verificação e validação.

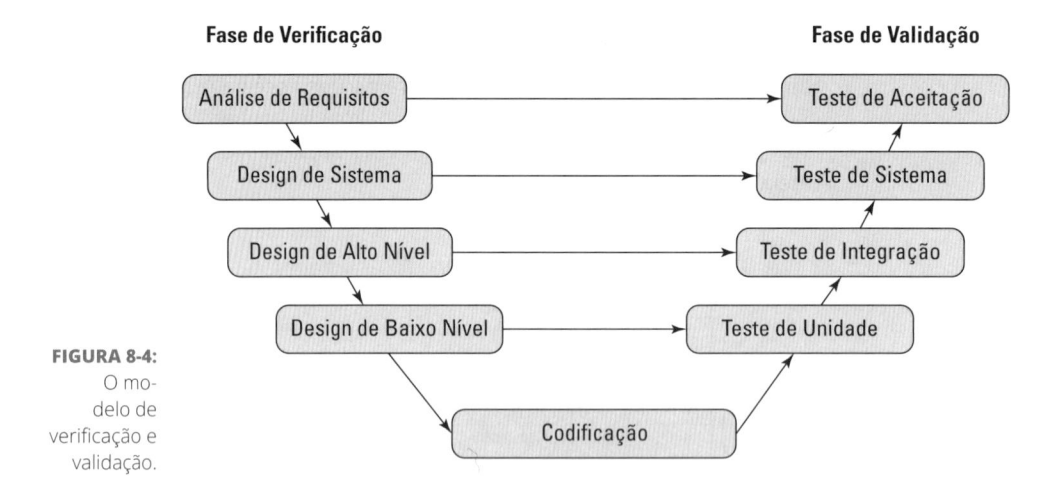

```
Fase de Verificação                                    Fase de Validação

Análise de Requisitos ──────────────────────────→ Teste de Aceitação
        ↓                                                    ↑
   Design de Sistema ──────────────────────────→ Teste de Sistema
        ↓                                                    ↑
   Design de Alto Nível ───────────────────────→ Teste de Integração
        ↓                                                    ↑
   Design de Baixo Nível ──────────────────────→ Teste de Unidade
        ↓                                                    ↑
              Codificação
```

Modelo de ciclo de vida Ágil

Os modelos tradicionais de ciclo de vida (veja a seção anterior) são baseados em uma abordagem preditiva. Isso significa um modelo desenvolvido com planejamento detalhado e uma previsão completa das tarefas e recursos exatos a serem entregues durante o ciclo de vida de desenvolvimento do jogo.

Em contraste, o Ágil é baseado em uma metodologia de desenvolvimento adaptativa. Com ele, não há planejamento detalhado envolvido, e a única visão futura são os objetivos da campanha que precisam ser desenvolvidos. Enquanto nos modelos preditivos qualquer mudança passa por um sistema de gerenciamento de controle de mudanças estrito, com o Ágil, sua equipe se adapta aos requisitos de mudança de forma dinâmica. Isso significa que seu jogo será testado com muita frequência, por meio de iterações de lançamento, o que minimizará o risco de erros graves no lançamento.

No modelo Ágil, seu jogo é dividido em conjuntos gerenciáveis, o que significa que será entregue rapidamente em estágios, cada um com pequenas mudanças incrementais atualizadas da versão anterior lançada. A cada ciclo, o projeto é testado e liberado.

A Tabela 8-1 compara e contrasta os modelos tradicionais de ciclo de vida com o modelo Ágil.

DICA Para mais informações sobre o Ágil, confira o livro *Gerenciamento Ágil de Projetos Para Leigos*, 2ª Edição, de Mark C. Layton e Steven J. Ostermiller (Alta Books).

TABELA 8-1 Determinando Qual Modelo É o Ideal para Você

Atributo de Campanha/ Desenvolvimento	Modelo Mais Adequado	Observações
Pessoal interno	Ágil	O Ágil promove o trabalho em equipe e o treinamento cruzado entre as várias equipes.
Adicionar novos recursos	Tradicional	Os modelos tradicionais são mais adequados para a sustentabilidade e manutenção em longo prazo, bem como para a extensão de recursos além do cronograma de desenvolvimento.
Gerenciamento de entrega rígido	Tradicional	Se o gerenciamento dita a funcionalidade, o escopo e a data de entrega, um modelo tradicional é melhor.
Lançamentos iniciais	Ágil	O Ágil oferece versões parciais iniciais do seu jogo. Com os modelos tradicionais, você deve esperar até que o ciclo chegue à etapa de teste.
Sem experiência no desenvolvimento/sem gerente de projeto	Ágil	Na realidade, você precisa de alguma forma de gerenciamento de projeto, mas se tiver apenas a si mesmo, o Ágil requer pouco ou nenhum planejamento. Com lançamentos constantes, você pode detectar anomalias em seu jogo e corrigi-las para o próximo lançamento.
Sequência de jogos	Tradicional	Com o Ágil, a transferência de tecnologia para uma nova equipe (se quiser trocar de equipe para uma sequência) é um desafio devido à falta de planejamento e documentação.

Montando Sua Equipe

Seu jogo será desenvolvido no prazo e dentro do orçamento se você entender por que os diferentes conjuntos de habilidades necessários para o desenvolvimento do seu jogo são usados por estúdios e agências profissionais. Quando descobrir quais habilidades sua campanha de marketing de gamificação precisará, será necessário organizá-las de maneira eficiente. Nesta seção, analiso opções alternativas, especificamente a terceirização do desenvolvimento com agências ou freelancers individuais, para que possa pesar os prós e os contras e ver qual funcionará melhor para sua campanha.

Descobrindo quem faz o quê

Aqui estão algumas funções definidas especificamente no processo de desenvolvimento de gamificação:

» **Gerente de projeto:** Atua como o ponto central de contato e informações para todos os outros membros da equipe de desenvolvimento de jogos. Ele coordena e monitora o progresso do desenvolvimento do jogo desde o início. Seu trabalho diário é atribuir tarefas, gerenciar recursos e definir prioridades. Ele também garante que os objetivos e metas de sua campanha sejam alcançados.

» **Artista:** Cria a arte do jogo, incluindo todos os elementos contidos nela. Ele também trabalha com o designer de experiência do usuário (UX) para garantir que a arte do jogo possa ser transportada para o site no qual ele será incorporado. O artista trabalha diretamente com o desenvolvedor do jogo para garantir que as animações e os gráficos sejam exibidos em uma taxa ideal.

» **Designer de jogo:** Cria a jogabilidade, as regras e a estrutura do jogo. Para garantir que entenda totalmente os objetivos principais da campanha, o designer de jogo trabalha em estreita colaboração com o gerente de projeto. Ele também é responsável pela documentação, narração, conteúdo e localização final do jogo. Conforme o processo de desenvolvimento toma forma, ele trabalha com quase todos os membros da equipe.

» **Designer de níveis:** Cria níveis diversos e os projeta dentro do contexto geral do jogo. Ele cria desafios e fases no jogo. O designer de níveis trabalha inicialmente com o designer de jogo para garantir a manutenção do conceito e da estrutura geral do designer de jogo. Posteriormente, o designer de níveis trabalha em estreita colaboração com o desenvolvedor do jogo para garantir que o conceito e a exclusividade de cada nível tenham sido feitos de acordo com o conceito original.

» **Desenvolvedores de jogos:** Normalmente, há uma equipe de desenvolvedores trabalhando em seu jogo. Eles são responsáveis por codificar a lógica e o fluxo do jogo. Em particular, algumas das áreas nas quais o desenvolvedor de jogos trabalha são:

- Física do jogo
- Inteligência artificial
- Gráficos
- Jogabilidade
- Interface do Usuário (UI — User Interface)
- Processamento de entrada
- Comunicações de rede

>> **Engenheiro de som:** Em geral, o engenheiro de som é a pessoa responsável pelos efeitos e pela programação sonoros. Isso inclui músicas, efeitos sonoros para ações, edição de voz e fusão de áudio no jogo.

> **DICA** Efeitos sonoros e música agora podem ser pesquisados e comprados em sites livres de direitos autorais, como o Shutterstock (`www.shutterstock.com`). Se o seu orçamento estiver apertado, essa pode ser uma boa opção.

>> **Testador:** Os testadores são responsáveis por testar não apenas a jogabilidade, mas também uma variedade de outras áreas, para garantir que seu jogo seja apreciado pelo público. Um testador é a pessoa final a identificar quaisquer erros ou problemas com o fluxo do jogo antes de ir para o usuário final. É necessário um testador muito experiente não apenas para encontrar problemas, mas também para possuir um conhecimento sólido do jogo e de seus objetivos.

>> **Designer de UX:** É responsável pela localização final do seu jogo (o design e a aparência da página da web). Ele precisa garantir que a página forneça um espaço significativo e relevante para o seu jogo. Antes que seu público jogue, a página web será a primeira impressão que eles terão de sua campanha de gamificação. Portanto, é importante que o jogo não seja simplesmente incorporado ao primeiro espaço em branco disponível em seu site.

Equilibrando o papel de todos

Descobrir como cada função se encaixa no cronograma de desenvolvimento do jogo é essencial para minimizar atrasos e utilizar seus recursos de forma eficiente. A Tabela 8-2 mostra como cada membro da equipe se encaixa no modelo de ciclo de vida em cascata (apenas como exemplo).

TABELA 8-2 Determinando Onde Cada Função se Encaixa no Ciclo de Vida do Projeto

Nome da Etapa	Membros Principais Envolvidos	Membros Secundários Envolvidos
Análise	Gerente de projeto	Possivelmente, os chefes de cada um dos outros papéis até o final desta etapa.
Design	Designer de jogo	Quando a jogabilidade e a estrutura estiverem com luz verde, o designer de níveis será trazido. O artista também pode ser trazido, embora na maioria dos casos o briefing do artista esteja pronto no final desta fase.
Desenvolvimento	Desenvolvedor de jogo	O artista estará fortemente envolvido nesta fase, trabalhando ao lado do desenvolvedor do jogo. Da mesma forma, o engenheiro de som será contratado para criar os efeitos sonoros e a música.

(continua)

(continuação)

Nome da Etapa	Membros Principais Envolvidos	Membros Secundários Envolvidos
Testagem	Testadores	O desenvolvedor do jogo será chamado para corrigir quaisquer bugs e problemas encontrados para que possam ser testados novamente.
Integração	Designer de UX	O web designer da sua empresa pode ser necessário para integrar a visão do designer de UX. Às vezes, o designer de UX é capaz de fazer o trabalho sozinho.
Manutenção	Desenvolvedor de jogo	Todo o trabalho feito pelo desenvolvedor depois que o jogo foi ao ar exigirá que ele seja testado em um site beta pelos testadores.

Escolhendo freelancers, agências ou funcionários internos

Você pode desenvolver uma campanha de marketing de gamificação bem-sucedida com um banco de talentos espalhado por todo o mundo. Com a facilidade de acesso ao número crescente de freelancers e agências, o desenvolvimento de jogos pode ser terceirizado em todo o mundo para locais e talentos até então insondáveis.

Neste ponto, você provavelmente está se perguntando se é melhor investir na criação de uma equipe interna, contratar uma agência ou contratar um banco de talentos autônomos. A verdade é que existem prós e contras para cada grupo de pessoas; em última análise, a decisão dependerá de alguns fatores que você precisa considerar (veja a Tabela 8-3).

TABELA 8-3 Comparando Freelancers, Agências e Internos

Questão	Freelancers	Agências	Funcionários Internos
Custo	Melhor	Bom	Excelente
Disponibilidade	Bom	Melhor	Excelente
Experiência e conhecimento das tendências atuais	Excelente	Melhor	Bom
Qualidade do trabalho	Excelente	Melhor	Bom
Confiabilidade	Bom	Melhor	Excelente
Segurança de propriedade intelectual	Bom	Melhor	Excelente
Facilidade de comunicação	Bom	Melhor	Excelente
Assistência pós-lançamento	Bom	Melhor	Excelente

Nas seções a seguir, considerarei cada um desses grupos com mais detalhes.

Freelancers

A vantagem de trabalhar com freelancers é que eles são conhecidos por sua flexibilidade e vontade de se manter a par das tecnologias e técnicas de jogo mais recentes. No entanto, podem ser caros e não confiáveis.

Antes de contratar um freelancer, peça para ver seu trabalho mais recente. Os jogos que ele apresenta a você falam muito sobre suas habilidades. Se o jogo não foi bem recebido (por meio de avaliações) ou está desatualizado, o freelancer provavelmente não tem uma mentalidade progressiva e inovadora.

LEMBRE-SE Ao contratar um freelancer, certifique-se de que a visão e os objetivos de sua campanha de gamificação sejam traduzidos por completo para o candidato. Como trabalha remotamente, ele não fica a par dos lembretes constantes sobre as metas da campanha, que você pode facilmente dar à equipe interna.

Freelancers são seus próprios chefes. Eles administram seus próprios negócios, gerenciam seus próprios clientes e, em geral, se esforçam para dar o melhor de si todas as vezes. O fato de que seu trabalho depende diretamente da satisfação do cliente e das referências significa que eles tentarão ir além do esperado para mantê-lo satisfeito com resultados excelentes.

Sempre incentivo os gerentes de projeto a terceirizar tarefas pequenas para freelancers. Normalmente, um freelancer trabalha à noite e nos fins de semana, o que significa que, se o tempo for gerenciado de forma adequada, você pode ter um ciclo de desenvolvimento de quase 24h.

DICA Alguns sites, como o Guru (`www.guru.com`), são voltados especificamente para combinar freelancers com empregos. Alguns desses sites têm serviços de custódia para garantir que o freelancer seja pago somente quando seu trabalho for concluído de forma satisfatória. Também prestam serviços de mediação em caso de litígio entre a sua empresa e o freelancer.

Agências

Trabalhar com agências de design pode ser uma experiência muito positiva, porque são conhecidas pelas ideias novas e emocionantes. A equipe — uma mistura de desenvolvedores e designers — trará ideias e tendências interessantes e inovadoras para o projeto. Normalmente, com uma agência, você se beneficia de uma equipe de desenvolvedores, designers e gerentes de contas.

No lado negativo, dependendo da carga de trabalho da agência, o processo de desenvolvimento pode ser longo, trabalhoso e muito caro. Desde o briefing inicial, quando você entrega o plano mestre da campanha de gamificação, até o jogo final, pode levar várias reuniões. Também descobri que a equipe com a qual você se encontra no início não será necessariamente a mesma que trabalhará em seu jogo mais adiante. Portanto, os objetivos principais da sua campanha podem se perder, o que não é o ideal.

Uma agência espera que a maior parte do trabalho, se não todo, seja concedida a eles. Elas, então, vão gerenciar, planejar, definir metas, definir padrões e cuidar das operações do dia a dia. O trabalho delas é fornecer a você uma solução rápida, se por algum motivo seu projeto for prejudicado pela equipe deles.

Outra vantagem é que elas são responsáveis por qualquer manutenção em seu jogo (a um custo, é claro). São também responsáveis por futuras correções de bugs e atualizações necessárias na tecnologia de desenvolvimento.

Funcionários internos

Devido a preocupações de sua gestão com exposição ou segurança, você pode achar praticamente impossível explicar a uma agência ou a um freelancer os objetivos de sua campanha. Trabalhar com membros externos também consome tempo, especialmente se for seu primeiro jogo, no qual talvez esteja ajustando constantemente seus objetivos. Por outro lado, trabalhar com funcionários internos aliviará todas as preocupações de segurança. Além disso, será fácil lembrá-los e atualizá-los constantemente sobre os objetivos da campanha.

Se estiver trabalhando com funcionários internos no projeto, talvez precise pagar por um novo espaço de escritório, novos equipamentos e treinamento. Além disso, as licenças de software de design de jogos tendem a ser muito caras. Você precisará gerenciar a equipe ou contratar alguém para isso.

Recrutar talentos de marketing de primeiro escalão em tempo integral pode ser difícil, não apenas porque não são fáceis de encontrar, mas também porque você precisa oferecer salários muito competitivos e segurança no emprego. Quando você está contratando internamente, também deve levar em consideração o custo da rotatividade quando um funcionário sai depois de você ter gasto tempo e dinheiro treinando-o e pagando seu salário e benefícios.

Por fim, a menos que esteja procurando constantemente criar jogos para sua campanha de gamificação, esta será a opção mais cara. Gerenciar uma equipe inteira não é fácil e definitivamente não é econômico, a menos que esteja obtendo resultados virais de todas as suas campanhas. Também exigirá seu envolvimento constante para manter as campanhas em andamento, para garantir que tenha trabalho futuro para oferecer a elas.

Preparando a Estratégia Técnica

Você pode evitar muita confusão no ciclo de vida de desenvolvimento se, desde o início, tentar entender o que está por trás de sua campanha de gamificação. Ao fazer isso, poderá identificar claramente os prós e os contras de cada opção de tecnologia que será sugerida por seus desenvolvedores.

Nesta seção, examinarei as várias plataformas disponíveis para desenvolver seu jogo e, a seguir, examinarei as razões para escolher cada uma.

Compreendendo as opções disponíveis

Você precisa decidir em quais plataformas seu jogo pode ser desenvolvido antes de contratar os desenvolvedores de jogos. Eles geralmente se especializam em apenas uma das plataformas, portanto, você precisa escolhê-la antes de começar a formar sua equipe.

Nesta seção, examinarei três plataformas para o desenvolvimento de jogos, cada uma delas é única e oferece uma experiência diferente para o seu público.

HTML5

O HTML5, inicialmente defendido pelo Google e pela Apple, foi desenvolvido para fornecer uma solução leve para o Adobe Flash Player (veja o box na sequência para obter mais informações sobre a história do Flash). A ideia era fornecer uma plataforma de desenvolvimento muito mais compatível, tanto para navegadores móveis quanto para o desktop. Desde seu início, o HTML5 rapidamente se tornou uma das plataformas de desenvolvimento mais populares.

Essa plataforma oferece muitas vantagens que permitem que os desenvolvedores criem jogos surpreendentes para um mercado interativo:

» Atende a muitos recursos de ponta, como gráficos 3D, áudio de qualidade e armazenamento de dados offline.

» Permite que os jogos sejam facilmente adaptados a diferentes resoluções, tamanhos de tela, proporções e dispositivos.

» Em comparação com outras tecnologias, como Objective C (linguagem de desenvolvimento da Apple) ou C# (uma linguagem para Windows), o HTML5 é muito mais fácil e eficiente para o desenvolvimento de jogos.

» Os jogos desenvolvidos com HTML5 funcionam em smartphones, tablets, PCs e smart TVs.

» Pode melhorar seu alcance, pois você não está limitado a promover sua campanha de gamificação em uma loja de apps de terceiros. Em vez disso, pode promover sua campanha em toda a internet, aproveitando a

> capacidade de vinculação e compartilhamento inerente da web para alcançar novos clientes.

> Seu público pode participar da campanha em qualquer lugar, a qualquer hora. Eles também podem verificar o progresso em seus telefones, tablets, notebooks domésticos e desktops de trabalho.

INFELIZMENTE, POBRE FLASH!

Nos anos 1990, quando a internet estava crescendo e se tornando mais acessível para as massas, havia um grande obstáculo para todos os sites: o conteúdo de mídia. O download de uma única música podia demorar de 20 a 30 minutos. Além disso, devido aos modens dial-up muito lentos, os web designers eram fortemente limitados quando tinham a tarefa de criar sites com conteúdo chamativo.

Para resolver esse problema, o FutureSplash Animator (posteriormente abreviado para Flash) nasceu. O Flash permitiu que os designers criassem animações usando gráficos vetoriais e que fossem visualizadas rapidamente em um player dedicado. No final dos anos 1990, quase todos os computadores online rodavam Flash. Em pouco tempo, tornou-se a espinha dorsal de quase todos os principais reprodutores de vídeo e sites, incluindo o YouTube.

Foi nessa época que os programadores pegaram esse software, que foi inicialmente desenvolvido para designers gráficos, e começaram a desenvolver jogos online com ele. Os jogos em Flash se tornaram um negócio de bilhões de dólares. Não demorou muito para que o Flash se tornasse uma das linguagens de programação mais importantes e desencadeasse a revolução dos jogos indie.

Infelizmente, em 2010, o Flash começou a desaparecer. Steve Jobs, fundador e CEO da Apple, achava que o uso do Flash Player limitaria a experiência do iOS, então ele pressionou pelo uso do HTML5, que é uma combinação de HTML, CSS, e JavaScript. Ele também disse que o Flash Player causava travamentos em máquinas da Apple e proibiu aplicativos desenvolvidos em Flash na App Store.

Em abril de 2010, Steve Jobs escreveu uma carta aberta (`www.apple.com/hotnews/thoughts-on-flash`) na qual explicou os motivos pelos quais achava que o Flash não deveria continuar. Esses motivos incluem falta de abertura, confiabilidade e segurança, bem como redução da vida útil da bateria. O mais contundente era a explicação do toque, o que significava que o Flash não tinha propósito na era pós-mouse, em que os dispositivos eram operados por telas sensíveis ao toque.

Em julho de 2017, a Adobe anunciou que encerraria o suporte para Flash no final de 2020. Em contrapartida, continuaria a incentivar o uso de padrões abertos de HTML5 no lugar do Flash. Tal anúncio foi coordenado com a Apple, Facebook, Google, Microsoft e Mozilla. Por fim, em setembro de 2019, a Microsoft anunciou que, em 31 de dezembro de 2020, o Flash seria totalmente removido de todos os navegadores por meio do sistema Windows Update.

Unity

Unity é uma plataforma de mecanismo de jogo com um ambiente de desenvolvimento integrado (IDE) embutido para desenvolvedores. Isso significa que ele pode ser usado para desenvolver videogames para a web e dispositivos móveis. O Unity é um pacote completo, permitindo que você jogue, edite e teste ao mesmo tempo.

A plataforma permite que seus desenvolvedores criem ambientes, adicionem física e iluminação, gerenciem áudio e vídeo, lidem com animação e desenvolvam para multijogadores. Embora a maioria desses recursos tenha sido inerentemente projetada para plataformas de console e jogos móveis, muitos desenvolvedores de jogos para web em ascensão têm aproveitado os recursos do Unity para criar jogos virais e emocionantes. Esses recursos incluem o seguinte:

- » É um mecanismo de jogo projetado especificamente para desenvolvedores que desejam fazer jogos.
- » Contém uma loja robusta na qual recursos de jogos, extensões funcionais e soluções prontas podem ser facilmente baixados e integrados ao seu jogo. A loja é uma coleção de pacotes de recursos, incluindo modelos 3D, texturas, materiais, músicas e efeitos sonoros, extensões de editor e serviços online.
- » Embora você esteja desenvolvendo seu jogo para a web, com o Unity, o mesmo jogo pode ser rápido e facilmente transferido para lojas Android e iOS.
- » O Unity é totalmente gratuito e isento de direitos autorais como ferramenta de desenvolvimento. No entanto, existe uma versão Pro, que oferece mais recursos e não é gratuita.

Móvel

Se deseja manter sua campanha de gamificação acessível e online, sua equipe pedirá que selecione HTML5 ou uma plataforma como o Unity, na qual farão o desenvolvimento. No entanto, algumas campanhas são projetadas para dispositivos móveis e, como tal, exigem os recursos e capacidades nativos que vêm com o desenvolvimento de um aplicativo. Aqui estão algumas coisas para manter em mente:

- » Os apps nativos são específicos da plataforma móvel (Android ou iOS).
- » Cada uma das plataformas móveis tem seu próprio ambiente de desenvolvimento específico (XCode para iOS e Android Studio para Android). Existem algumas opções alternativas, como Xamarin.

- Os apps nativos fornecem um ambiente simplificado para funções de desenvolvimento, como depuração e gerenciamento de projetos.
- Apps nativos podem ser facilmente integrados aos recursos do dispositivo móvel, como câmera, localização e lista de endereços.
- Você pode fazer a integração com outros aplicativos para se beneficiar dos recursos.
- Como cada uma das plataformas de aplicativos requer desenvolvedores especializados, geralmente custa mais projetar, desenvolver e manter sua campanha de marketing de gamificação como um app.

Comparando as plataformas

Na Tabela 8-4, comparo a popular plataforma HTML5 com a plataforma centrada em desenvolvimento de jogos Unity.

TABELA 8-4   HTML5 versus Unity no Desenvolvimento de Jogos

Recursos de Desenvolvimento	HTML5	Unity
Contratação de desenvolvedores	Alta disponibilidade de desenvolvedores para escolher. Isso se deve ao fato de a plataforma ser baseada em JavaScript, o que é muito fácil para qualquer desenvolvedor aprender.	Você precisará procurar desenvolvedores especialistas em C#. A plataforma foi projetada para o desenvolvimento de jogos, por isso atrai apenas desenvolvedores que queiram se especializar neste nicho.
Ideias de desenvolvimento de jogos personalizadas ou complexas	Não é bom. Os desenvolvedores precisam procurar e, em alguns casos, instalar determinados compiladores e ferramentas de desenvolvedores terceirizados não regulamentados.	A plataforma possui recursos de desenvolvimento de jogos integrados, incluindo física, motores e renderizadores.
Publicação do jogo	Esta plataforma é baseada na web, então é muito fácil publicar seu jogo.	Não é tão fácil quanto HTML5. Requer plug-ins e há um custo para publicar em certas plataformas.
Biblioteca de ativos centralizada	Não há biblioteca de recursos centralizada; em vez disso, os recursos estão disponíveis em fornecedores terceirizados, geralmente de graça. No entanto, sem regulamentação, tais recursos não são testados, otimizados ou licenciados.	O Unity apresenta uma vasta biblioteca de recursos para o desenvolvimento de jogos, que inclui texturas, materiais, música e efeitos sonoros.

A Tabela 8-5 compara o HTML5 com apps móveis para desenvolvimento de jogos. Ambos têm prós e contras e também trazem experiências muito diferentes para seu público.

TABELA 8-5 **HTML5 versus Apps Móveis no Desenvolvimento de Jogos**

Recursos de Desenvolvimento	HTML5	Apps Móveis
Implantação e lançamento	Instantâneo. Você controla onde é importante, porque pode atualizar o jogo sempre que quiser.	Você está à mercê da equipe de aprovação da loja de aplicativos. Normalmente, pode esperar dias para ver se seu jogo foi aprovado.
Estatísticas e análises	Você está no controle total e pode coletar seus próprios dados; há até soluções de terceiros que coletam informações sobre sua campanha.	Você precisa contar com a loja de aplicativos para tomar todas as decisões sobre quais análises precisa e pode baixar para sua campanha.
Feedback do usuário	Você pode se engajar diretamente com seu público, sem medo de violar as políticas das lojas de aplicativos. Também consegue gerenciar o relacionamento com o cliente mais de perto, do seu jeito.	Quase todos os comentários do seu público serão filtrados pelos mecanismos limitados da loja de aplicativos.
Recursos do dispositivo móvel	O HTML5 tem acesso limitado a alguns recursos populares centrados no dispositivo, como GPS e acelerômetro. Além disso, como o jogo será basicamente executado no navegador do dispositivo móvel, existem limitações de armazenamento de dados e problemas de desempenho de velocidade do jogo.	Você tem acesso a todos os recursos nativos do dispositivo móvel. Isso pode resultar em uma experiência mais gratificante para o seu público.

> **NESTE CAPÍTULO**
>
> » Escolhendo uma data de lançamento
>
> » Configurando a página de destino perfeita
>
> » Criando uma estratégia de pré-lançamento para gerar interesse
>
> » Divulgando o jogo

Capítulo **9**

Lançamento e Promoção do Seu Jogo

Seu público não pode jogar seu jogo incrível se não souber que ele existe! Não dá para esperar que sua campanha de marketing seja bem-sucedida se você lançá-la às pressas ou se não planejar adequadamente o tempo necessário para alcançar seu público. Usando a combinação de um lançamento bem planejado, uma campanha de e-mail direcionada, divulgação nas mídias sociais e uma pesquisa sobre o alcance de mídia, você pode garantir que seu jogo atinja todas as pessoas que adorariam jogá-lo.

Neste capítulo, exploro técnicas simples, mas poderosas, para impulsionar sua jornada de marketing de gamificação.

Definindo a Janela de Lançamento

Muitas campanhas de marketing falham não porque as campanhas não foram criativas ou atraentes, mas porque seus lançamentos foram mal planejados. Um lançamento bem planejado e executado corretamente pode ser essencial para o sucesso geral de marketing do seu jogo. E uma parte importante do planejamento de seu lançamento é decidir o momento certo para fazê-lo!

A data de lançamento do seu jogo pode determinar se a sua campanha terá sucesso. Por esse motivo, você precisa aplicar um processo de pensamento quase científico para determinar a data de lançamento certa para o seu jogo. Infelizmente, ao longo dos anos, encontrei dados estatísticos contraditórios, que em um exame mais minucioso se deve a fatores como diferenças geográficas, culturais e específicas do setor. Compilei minhas próprias estatísticas com base nas campanhas de gamificação nas quais estive envolvido.

DICA Acho que o lançamento em uma terça-feira ou quarta-feira leva a uma campanha mais bem-sucedida porque as pessoas estão muito mais engajadas com seus e-mails no início da semana. Além disso, o lançamento no início da semana ajuda a sua campanha inicial a ganhar impulso nos dias seguintes.

A Tabela 9-1 mostra como o lançamento em cada dia da semana pode impactar seu lançamento.

TABELA 9-1 Determinando o Melhor Dia de Lançamento

Dia	Qualidade	Motivo
Segunda-feira	Bom	Após um fim de semana de repouso, seu público estará revigorado e ansioso pela semana que terá pela frente. No entanto, a atenção pode estar mais focada nos seus afazeres do que em jogar seu jogo.
Terça-feira	Muito bom	Após ter passado um dia inteiro no escritório trabalhando nas listas de tarefas pendentes, seu público ficará mais receptivo ao seu lançamento.
Quarta-feira	Ótimo	As mensagens no meio da semana recebem mais atenção devido à falta de urgência nas listas de tarefas das pessoas. Além disso, ainda há dois dias da semana inteiros pela frente nos quais pode potencialmente manter o ímpeto de sua campanha.
Quinta-feira	Bom	Seu público será receptivo porque deve estar disponível para ver sua mensagem, mas isso só deixa um dia inteiro para criar um impulso para sua campanha antes do fim de semana.
Sexta-feira	Não tão bom	O final de uma semana difícil não é um bom momento para uma mensagem de lançamento ao seu público. Mesmo que a mensagem *seja* recebida, não há dias restantes para criar e manter sua campanha.
Sábado ou Domingo	Ruim	Seu público estará em um estado constante de despreocupação, o que significa que sua mensagem será perdida entre todas as outras mensagens não lidas.

DICA: Evite lançar em feriados importantes também. Se seu público for internacional, verifique as datas de qualquer feriado importante nos países que espera atingir. Se o seu público-alvo for a China e você lançar sua campanha no Ano Novo Chinês, é provável que sua mensagem não seja lida. Em geral, o seu público tem muito mais probabilidade de participar quando está em seu computador durante uma semana de trabalho normal.

Aperfeiçoando Sua Página de Destino

As primeiras impressões são importantes, especialmente porque uma alta porcentagem de visitantes de primeira viagem sairá sem jogar se não encontrarem o que foi prometido. Seus visitantes virão para jogar o que você desenvolveu, então eles devem chegar a uma página autônoma centrada em torno de toda a sua campanha de gamificação. Essa *página de destino — landing page —* deve ser claramente distinta da sua página inicial ou de qualquer outra página do seu site, porque serve a um propósito único e focado: servir o tráfego que seu marketing de gamificação gerará.

Uma página de destino bem projetada e focada tem uma chance melhor de captar a atenção do seu público por um longo período de tempo. Boas páginas de destino devem fazer várias coisas ao mesmo tempo:

» **Deve focar seu jogo, não sua empresa.** Seu público futuro está clicando por um motivo e oferecer conteúdo diferente do que você prometeu (ou seja, o jogo) resultará em uma rejeição imediata.

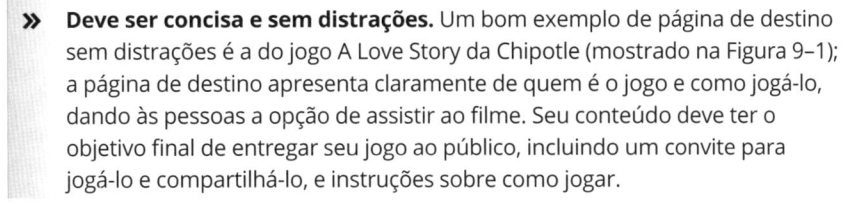

LEMBRE-SE: A página de destino ainda deve estar vinculada à marca de sua empresa. Na verdade, sua campanha de marketing de gamificação deve ser uma *extensão* de sua marca.

» **Deve ser concisa e sem distrações.** Um bom exemplo de página de destino sem distrações é a do jogo A Love Story da Chipotle (mostrado na Figura 9-1); a página de destino apresenta claramente de quem é o jogo e como jogá-lo, dando às pessoas a opção de assistir ao filme. Seu conteúdo deve ter o objetivo final de entregar seu jogo ao público, incluindo um convite para jogá-lo e compartilhá-lo, e instruções sobre como jogar.

FIGURA 9-1:
Página de destino da Chipotle para o jogo A Love Story.

» **Deve apresentar ao seu público seus outros canais de marketing.** Você precisa fornecer links para outras ofertas, seus perfis de mídia social ou uma lista de e-mail para inscrição, caso as pessoas que estão jogando desejem se conectar com sua marca.

» **Deve ter um call to action (CTA).** O CTA deve ser o principal recurso ao qual seus usuários são atraídos quando chegam. O mais óbvio será convidar o usuário a começar a jogar. No entanto, se o jogo for complexo, convém convidar o usuário para assistir a um vídeo ou tutorial sobre como jogar. Certifique-se de dizer aos visitantes o que você deseja que eles façam e o que eles ganharão com isso se o fizerem.

USO DE REDES DE DISTRIBUIÇÃO DE CONTEÚDO PARA A PÁGINA DE DESTINO

Se você usar as técnicas neste capítulo, poderá acabar com um tsunami de usuários na sua página de uma só vez. Embora esta situação pareça um sonho, um aumento repentino no tráfego pode causar sérios problemas com a largura de banda do seu servidor, o que fará com que o site da sua empresa fique extremamente lento e pode acabar causando uma falha. Se isso acontecer, sua campanha de gamificação terá causado danos à sua empresa — e ninguém quer isso.

É aí que ter uma rede de distribuição de conteúdo (CDN — Content Delivery Network) ajuda. Uma CDN fornece nós de servidores alternativos para os usuários acessarem seu site. Esses nós estão espalhados por todo o mundo, portanto, um usuário que solicitar sua página de destino receberá o nó mais próximo a ele. Esse nó então entrega uma versão em cache de sua página de destino, garantindo uma resposta e o tempo de download mais rápidos devido à latência reduzida e maior estabilidade.

Muitas empresas presumem erroneamente que uma CDN é apenas para aqueles que esperam um volume enorme e constante de tráfego em seus sites. Mas uma CDN é essencial para qualquer site que esteja sujeito a picos intermitentes de tráfego causados por campanhas de marketing.

Existem muitos provedores de CDN, então pesquise as opções e encontre aquele que é mais adequado para sua campanha e para os pontos de presença necessários em todo o mundo. Aqui estão os cinco principais fornecedores globais de CDN para dar a você um ponto de partida:

- **Amazon Web Services (AWS; https://aws.amazon.com):** AWS é o maior provedor de serviços de computação em nuvem do mundo. Ele oferece uma grande escala de serviços em nuvem, como proteção de negação de serviço distribuída (DDoS), CDN, armazenamento, análise e serviços de banco de dados online.
- **Google Cloud CDN (https://cloud.google.com/cdn):** O Google Cloud CDN usa a infraestrutura global do Google (a mesma infraestrutura que o Google usa para fornecer seus produtos ao usuário final, como a Pesquisa Google e o YouTube) para armazenar em cache e fornecer conteúdo para seus clientes. Você precisa ser um usuário do Google Cloud Platform (https://cloud.google.com) para se inscrever no Google Cloud CDN.
- **Microsoft Azure CDN (https://azure.microsoft.com/en-us/services/cdn/):** Este CDN é um dos seiscentos serviços que fazem parte do Microsoft Azure, um provedor de computação em nuvem estabelecido em 2010 pela Microsoft. O Microsoft Azure tem um alcance muito mais amplo nos mercados em desenvolvimento do que a AWS e o Google Cloud.
- **Cloudflare (www.cloudflare.com):** Cloudflare é uma das empresas de crescimento mais rápido no espaço de segurança e desempenho, abrangendo Domain Name System (DNS), CDN, firewall de aplicativo da web (WAF) e mitigação de DDoS. A Cloudflare tem escritórios em São Francisco, Londres e Cingapura e é apoiada pelo Google, Baidu, Microsoft e Qualcomm. Oferece planos de autoatendimento e empresariais para atender clientes de pequeno, médio e grande porte.
- **Rackspace (www.rackspace.com):** A Rackspace é uma empresa de computação em nuvem fundada em 1998. Seu foco principal desde o início era oferecer suporte a seus clientes com serviços como hospedagem na web, mas passou a fornecer CDN, entre outros serviços.

> **DICA**
> Seu objetivo deve ser ter *várias* páginas de destino, não apenas uma. Cada página de destino deve falar a um segmento específico de seu público-alvo. Segmentar seu público ajuda você a atingir consumidores específicos por meio de links personalizados em suas campanhas. Uma regra é criar uma página para os clientes atuais e outra para os novos usuários. Os novos usuários devem ser apresentados a uma página de destino mais minimalista, enquanto

os clientes atuais, que já estão familiarizados com seu site, podem ser apresentados a uma página de destino que tem algum produto ou conteúdo da empresa apresentado em torno do conteúdo do jogo.

Decolando em 3... 2... 1...

Não importa quem seja seu público, você pode apostar que ele está inundado com todas as formas de mensagens digitais hoje em dia, e pode ser difícil se destacar de todo esse ruído. Isso coloca muita pressão para alcançar seu público no dia do lançamento.

É aí que uma estratégia de marketing de pré-lançamento entra em ação. O objetivo de uma estratégia de pré-lançamento é gerar e construir algum entusiasmo em torno do seu lançamento, de modo que, quando você finalmente lançar o jogo, seu público fará o que for preciso para clicar em Jogar Agora.

Seu marketing de pré-lançamento vai preparar seu público para manter os olhos e ouvidos abertos para o grande lançamento. Conforme faz isso, você aumenta a curiosidade em torno de seu novo jogo, aumentando assim a probabilidade de atingir seu público ao lançar.

Gerando interesse no pré-lançamento

Para ter um lançamento de jogo bem-sucedido, você precisa criar interesse pelo jogo por meio de uma campanha de marketing de pré-lançamento. Construir interesse no pré-lançamento leva tempo — deve começar pelo menos um mês antes do seu lançamento. As etapas que você executa antes dele determinarão se será um sucesso ou um fracasso.

Aqui estão duas das estratégias mais importantes para incluir em seu plano de pré-lançamento:

» **Colete endereços de e-mail por meio de uma página "Em breve".** As pessoas que se inscreverem serão as mais envolvidas e entusiasmadas com o seu jogo. Afinal, elas querem que você as informe quando podem começar a jogar. Além disso, uma página de inscrição permite que você avalie a quantidade de interesse que sua campanha de pré-marketing está gerando.

» **Crie conteúdo para chamar atenção.** Outra maneira de aumentar sua lista de e-mails de pré-lançamento é criando notícias e conteúdos empolgantes sobre o jogo, que chamem atenção. Compartilhe suas experiências e entusiasmo por meio da mídia social para que outras pessoas em seu setor possam acompanhar sua jornada.

DICA

A otimização de mecanismos de pesquisa (SEO — search engine optimization) será um esforço inútil, a menos que comece cerca de um ano antes do lançamento da iniciativa. No entanto, isso não significa que você não possa criar artigos virais de SEO e conteúdo épico para postar em sites de mídia. Sua opinião será compartilhada por pessoas interessadas em desenvolvimento de jogos e marketing viral.

LEMBRE-SE

Decida a data exata que deseja lançar, para que possa começar a contagem regressiva (consulte a seção "Definindo a Janela de Lançamento", anteriormente neste capítulo). Lembre-se de consultar seus colegas antes de decidir a data oficial. Por exemplo, é importante ter certeza de que sua equipe de desenvolvimento está confortável em entregar o jogo para o teste de aceitação do usuário (UAT — user acceptance testing), que é a última fase do processo de teste. Durante o UAT, os usuários reais do software testam a campanha para se certificar de que ela pode lidar com as tarefas necessárias em cenários do mundo real, de acordo com suas especificações e objetivos originais. A última coisa que você quer é adiar o lançamento depois de passar semanas gerando expectativa em torno do jogo.

DICA

Uma semana antes do dia do lançamento, risque estes objetivos de sua lista:

» **Comece a otimizar sua página de destino para aumentar a velocidade.** Seu público não terá paciência para esperar o site carregar se demorar muito. Use o PageSpeed Insights do Google (`https://developers.google.com/speed/pagespeed/insights/`), que pode ajudar sua equipe da web a otimizar sua página de destino, especialmente para dispositivos móveis.

» **Configure um Google Analytics separado para sua página de destino.** Monitore essas análises independentemente das estatísticas principais do seu site.

» **Configure pixels de rastreamento em sua página de destino para começar a coletar informações sobre seu tráfego.** Certifique-se também de configurar o Facebook Pixel (`www.facebook.com/business/help/742478679120153?id=1205376682832142`). O Facebook pixel é um código que você coloca em sua página de destino para coletar dados que ajudam a rastrear conversões de anúncios do Facebook e fazer remarketing para pessoas que já realizaram algum tipo de ação em seu site.

» **Teste seu jogo repetidamente.** Faça isso o máximo que puder. Seu público não dará uma segunda chance ao jogo, então verifique se ele está funcionando perfeitamente antes de lançar.

» **Prepare uma postagem para o seu lançamento.** Fale sobre por que você está criando o jogo, quais metas de marketing você definiu e como foi criá-lo. As pessoas adoram ver os bastidores do desenvolvimento de jogos.

» **Provoque seus seguidores com postagens que lhes dão uma prévia do jogo de uma forma divertida nas redes sociais.** Veja a próxima seção para mais informações sobre este assunto.

» **Crie uma competição nas redes sociais onde é possível ganhar um pequeno prêmio e jogar o jogo um dia antes do lançamento.** Tudo o que a pessoa precisa fazer é curtir e compartilhar seu post.

» **Escreva pessoalmente para blogueiros (dê exclusividades para os grandes) e conte-lhes uma história atraente sobre o jogo.** Os blogueiros gostam de escrever conteúdo interessante, portanto, torne sua história coerente e poderosa. Peça que eles não vazem a história até o dia do lançamento. Consulte "Oferecendo uma prévia para influenciadores e blogueiros", posteriormente neste capítulo, para obter mais informações.

» **Comece a classificar sua lista de e-mail de público-alvo existente.** Veja "Alcançando seu público atual", mais adiante, para obter mais informações.

» **Prepare uma demo em vídeo do seu jogo e grave entrevistas com você e seus colegas se divertindo jogando.** Publique os vídeos em seu canal do YouTube. Seja direto e divertido!

Elaborando uma estratégia de lançamento por meio das redes sociais

Se está pensando que apenas tornará o jogo "disponível para jogar" em uma determinada data e pronto, você não estará criando empolgação. Por que seu público deveria acreditar que seu produto é um grande negócio? Um método excelente que considero muito eficaz é mantê-los instigados.

Se executar esse método com cuidado, poderá obter um efeito de bola de neve em que o público ficará animado com o jogo porque deseja saber mais. Use as redes sociais para deixar pistas sobre o seu jogo com capturas de tela de alta resolução e detalhes intrigantes. No entanto, certifique-se de não divulgar spoilers completos do jogo. Dê a eles apenas informações suficientes para que queiram mais.

Empregue os canais de mídia social existentes em sua empresa, incluindo o seguinte:

» **Facebook:** Você não pode esperar gerar grandes empolgações de pré-lançamento sobre o seu jogo online sem o Facebook, que possui uma audiência de mais de 1 bilhão de pessoas. Veja como usar o Facebook a seu favor:

- *Facebook ads:* Esses anúncios aparecem nos feeds de notícias dos usuários como se fossem conteúdo postado por amigos. Haverá a indicação "Patrocinado" no anúncio, mas não será muito óbvio. Seu anúncio deve incluir uma imagem do seu jogo que chame a atenção, junto com um conteúdo provocante sobre o seu próximo lançamento.

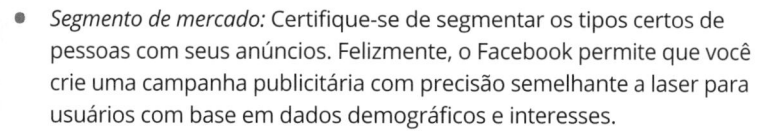

- *Conteúdo de apelo à ação:* O objetivo principal é fazer com que o público "curta" a página da sua campanha no Facebook assim que ler o seu título. Uma das melhores abordagens é pedir às pessoas que cliquem em Curtir se quiserem ser alertadas sobre a data de lançamento do jogo.

- *Segmento de mercado:* Certifique-se de segmentar os tipos certos de pessoas com seus anúncios. Felizmente, o Facebook permite que você crie uma campanha publicitária com precisão semelhante a laser para usuários com base em dados demográficos e interesses.

DICA Se você deseja saber mais sobre como usar o Facebook em suas campanhas de marketing, recomendo fortemente o *Facebook Marketing For Dummies*, 6ª Edição, de Stephanie Diamond e John Haydon.

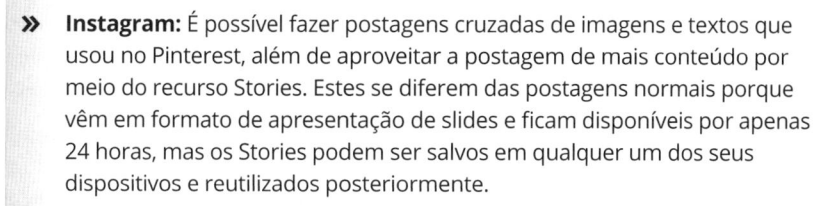

» **Instagram:** É possível fazer postagens cruzadas de imagens e textos que usou no Pinterest, além de aproveitar a postagem de mais conteúdo por meio do recurso Stories. Estes se diferem das postagens normais porque vêm em formato de apresentação de slides e ficam disponíveis por apenas 24 horas, mas os Stories podem ser salvos em qualquer um dos seus dispositivos e reutilizados posteriormente.

Eu recomendo o uso de Stories para postar cenas de bastidores que não precisam ser de alta qualidade como postagens regulares.

» **LinkedIn:** Oferece algumas maneiras excelentes de criar empolgação sobre o jogo, especialmente se o jogo se enquadrar no espaço B2B:

- *Atualizações patrocinadas pelo LinkedIn:* Use a página do LinkedIn da sua empresa para criar algum conteúdo intrigante; em seguida, promova esse conteúdo para que as pessoas em seu mercado-alvo o vejam, mesmo que não estejam conectadas a você no LinkedIn. Certifique-se de criar um texto atraente com uma imagem fascinante.

- *Grupos existentes do LinkedIn:* Uma ótima forma de explorar uma comunidade existente criada em torno de um interesse comum. Você pode encontrar facilmente grupos de interesses relacionados à sua marca e jogo usando a barra de pesquisa na parte superior da página. No menu suspenso à esquerda da caixa de pesquisa, selecione Grupos e digite a palavra-chave para a qual deseja encontrar grupos.

- *Seu próprio grupo no LinkedIn:* Essa técnica funciona especialmente bem para promover campanhas de marketing. Criar um grupo no LinkedIn para o seu lançamento pode ajudar a conectar o público antes e depois do evento, fornecendo um local central para fazer perguntas e criar uma verdadeira empolgação em torno do jogo.

Como administrador de seu próprio grupo no LinkedIn, você poderá compartilhar atualizações da empresa sobre o jogo e outras informações sobre o lançamento. Um benefício geralmente esquecido é poder pedir feedback ao vivo enquanto você planeja sua estratégia de marketing de lançamento de jogo usando enquetes e tópicos de discussão.

> **Pinterest:** Aplicativos de mídia social baseados em imagens, como o Pinterest, garantirão que suas capturas de tela realmente valham mais que mil palavras. Crie uma imagem inteligente que reflita aspectos do seu jogo, inclua uma descrição de texto intrigante e fixe-a no Pinterest.

DICA

O Pinterest permite que você promova seus pins para que apareçam a usuários que não seguem a marca da empresa. Agende pelo menos alguns pins promovidos nas semanas anteriores ao lançamento. Se suas imagens estiverem ótimas, você terá pessoas curtindo e fixando seus pins novamente.

> **Twitter:** O Twitter é muito eficaz para gamificação. Você pode tweetar uma breve mensagem, uma imagem ou um vídeo. Então pode promover o tweet para que mesmo as pessoas que não seguem você o vejam.

Os anúncios do Twitter permitem que você direcione seu tweet para pessoas com base em interesses e dados demográficos, então certifique-se de promover o tweet para pessoas que estão em seu mercado-alvo.

LEMBRE-SE

Os anúncios do Twitter não aparecem apenas nas linhas de tempo individuais. Seu tweet promovido também pode aparecer no topo das páginas de resultados de pesquisa relevantes no Twitter, bem como nos resultados de pesquisa de uma tendência promovida. Isso significa que seu tweet promovido aparece nos resultados da pesquisa quando as pessoas clicam em uma tendência promovida.

Dia de Lançamento: Focando Seu Jogo

Todo o seu público pode ser inicialmente dividido em dois grupos:

> Pessoas que já conhecem sua marca, produtos ou serviços
>
> O resto do mundo

É importante dividir o público nesses dois grupos no início da jornada de marketing. A mensagem que você envia e o método de entrega que funciona melhor para cada grupo serão diferentes. Se não segmentá-los, você estará em perigo de alienar os embaixadores leais e perder a promoção ativa de seu jogo.

LEMBRE-SE

A campanha do seu jogo produzirá um grande retorno em valor, pois gera um buzz para sua empresa. Quanto mais pessoas falam sobre, mais você cria consciência entre as que podem não ter ouvido sobre sua marca antes.

Alcançando seu público atual

No marketing, vi apenas uma estratégia que não pode faltar: fazer marketing primeiro para seus melhores clientes.

— JOHN ROMERO

Sempre gosto de dizer aos meus clientes que a primeira forma de divulgar seu jogo é pensar em como você se comporta quando um momento positivo acontece em sua vida. Por exemplo, você pode pensar naquele momento em que tirou 10 em um teste realmente difícil ou no momento em que conseguiu seu primeiro emprego. Em ambos os cenários, provavelmente estava explodindo de orgulho e animado para contar a alguém! É provável que tenha procurado sua família e amigos, e não um completo estranho.

Para sua empresa, sua "família e amigos" são seus atuais clientes e assinantes — pessoas que o conhecem, alguns possivelmente muito bem, e que já compraram ou simplesmente se envolveram com sua empresa no passado. O jogo oferece um lado novo, divertido e emocionante para sua empresa. Você deve estar muito animado para enviar um e-mail e contar as novidades!

Mirando objetivos específicos

Criar e executar metas específicas é uma técnica poderosa para o marketing inteligente, e geralmente pode retornar um nível maior de sucesso. No entanto, primeiro você precisa aplicar a segmentação ao público atual. A *segmentação* é simplesmente o processo de dividir seu público atual em grupos ou segmentos significativos e gerenciáveis. Dessa forma, é possível personalizar os e-mails para garantir que objetivos específicos sejam atendidos em cada grupo. A Tabela 9-2 mostra os segmentos de público correspondentes às metas.

TABELA 9-2   Metas de Segmentação do Público Atual

Segmentação de Público	Metas Específicas
Aqueles que compraram seus produtos várias vezes e os avaliaram positivamente	Compartilhe e promova o jogo para este grupo. Eles já confiam e gostam de você.
Aqueles que compraram seus produtos pelo menos uma vez	Leve-os de volta ao site, onde poderão ver outro motivo para comprar novamente.
Aqueles que perguntaram sobre seus produtos, mas ainda não os compraram	Leve-os a fazer uma compra com uma oferta atraente dentro ou fora do jogo.
Aqueles que apenas se inscreveram na sua lista de contato	Leve-os a fazer uma consulta ou apenas a interagir com sua empresa.

> **DICA**
>
> Se você ainda não tem um método para armazenar e segmentar o público atual, pode valer a pena começar agora. Utilize um dos seguintes métodos:
>
> » **Software de gerenciamento de relacionamento com o cliente (CRM), como Salesforce (www.salesforce.com):** Embora esses sistemas apresentem recursos extremamente úteis e poderosos, eles podem ser muito caros.
>
> » **Sistemas de e-mail como Mailchimp (www.mailchimp.com):** Os sistemas de e-mail não são tão caros quanto os sistemas de CRM e você pode usá-los para segmentar facilmente seu público. Apenas tenha em mente que a mecânica desses sistemas é voltada para o e-mail e nada mais.
>
> » **Planilhas como Microsoft Excel ou Planilhas Google:** Têm custo extremamente baixo (grátis, no caso das Planilhas Google), mas você precisa inserir, segmentar, arquivar e atualizar tudo manualmente.

Personalizando e-mails

Seus clientes e assinantes atuais podem não associar sua empresa com a produção de jogos, então seu e-mail deve promover toda a campanha como um evento. Em qualquer evento, deve haver um e-mail de pré-lançamento, que deve avisar o seu público de que um grande anúncio acontecerá em breve.

> **DICA**
>
> Antes de me aprofundar nas técnicas de escrita de e-mail, vale a pena explorar a frequência de sua campanha de e-mail. Cada mensagem em sua campanha deve ser capaz de responder à pergunta "Por que eles deveriam se importar?" O motivo de um e-mail de pré-lançamento seria "para alertar nosso público de que um grande e emocionante evento está chegando". Por esse motivo, enviar um *segundo* e-mail de pré-lançamento pode não responder de forma satisfatória à pergunta "Por que eles deveriam se importar?", pois você não está dando nenhuma informação nova ao remetente.

Embora a mensagem de pré-lançamento possa ser genérica para todos em seu público, os e-mails subsequentes devem ser personalizados para seus grupos segmentados. As duas áreas principais em que você deve se concentrar na personalização de cada e-mail são o assunto e os botões de call to action (CTA).

CRIANDO LINHAS PERSUASIVAS DE ASSUNTO

Embora possa parecer uma pequena parte da sua mensagem, a linha de assunto é uma das primeiras impressões que você causa sobre os destinatários do seu e-mail. É importante que seu e-mail seja aberto, lido e clicado, e tudo isso começa com a linha de assunto. A Tabela 9-3 oferece uma estratégia de linha de assunto para cada um de seus segmentos de público.

TABELA 9-3   **Linhas de Assunto para Seu Público Segmentado**

Público Segmentado	Objetivo da Linha de Assunto	Exemplo
Aqueles que compraram seus produtos várias vezes e os avaliaram positivamente	Urgência. Comunicar urgência funciona bem em uma linha de assunto de e-mail e pode ajudar a obrigar os leitores a agir imediatamente.	"Precisamos da sua ajuda hoje, [Nome]."
Aqueles que compraram seus produtos pelo menos uma vez	Curiosidade. Você está procurando despertar a curiosidade natural e o interesse do público. Como eles desejam obter mais informações, essa estratégia resultará em uma taxa de abertura mais alta.	"Olá [Nome], você está livre para se juntar a nós em um jogo?"
Aqueles que perguntaram sobre seus produtos, mas ainda não os compraram	Ofertas. Todo mundo adora ofertas — sejam gratuitas ou com desconto. Comece com isso incluindo a oferta na linha de assunto.	"[Nome], não perca nosso lançamento gratuito hoje (além de ofertas especiais de apenas um dia)."
Aqueles que apenas se inscreveram na sua lista de contato	Reconhecimento. Este público deseja ser informado sobre as novidades da sua empresa. Semelhantemente a despertar a curiosidade do seu público, será importante vincular sua marca ou produto ao assunto para obrigá-los a clicar e ler.	"[Nome da sua empresa] convida você para o nosso novo evento."

CUIDADO

Certifique-se de evitar técnicas que podem fazer com que o seu público não abra o e-mail ou, pior, condene sua empresa à pasta de spam:

- » **Não use letras maiúsculas e pontos de exclamação.** Usar todas as letras maiúsculas e muitos pontos de exclamação elimina as taxas de abertura.
- » **Evite palavras de spam, como *grátis*.** O jogo pode ser gratuito, mas não há necessidade de anunciar isso no assunto (ou em qualquer parte do e-mail).
- » **Seja objetivo.** Você tem poucos segundos para captar a atenção deles. Longas linhas de assunto se perdem na caixa de entrada, especialmente em dispositivos móveis.
- » **Certifique-se de não ter erros ortográficos ou gramaticais.** Isso pode parecer óbvio, mas verifique se há erros de digitação. Eles podem não levar seu e-mail diretamente à caixa de spam, mas soam pouco profissionais.

ADICIONANDO BOTÕES INTELIGENTES

Depois de aperfeiçoar seu assunto e a maior parte do conteúdo de seu e-mail, você está pronto para considerar o botão CTA (veja a Figura 9-2). Sua mensagem deve incluir pelo menos um CTA para estimular algum tipo de interatividade. Se tiver muitos CTAs, seu público poderá ficar confuso. Procure usar no máximo quatro botões de CTA em seu e-mail.

FIGURA 9-2: Este e-mail de lançamento tem três botões de CTA, para que os usuários possam ver claramente suas opções de ação.

DICA

Certifique-se de que seus botões de CTA se destaquem. Use palavras que induzam à ação, como "Jogue agora". Os leitores não devem ter que procurar o link que os permita jogar.

DICA

Recomendo que você use um ou dois dos seguintes botões eficazes de CTA para suas campanhas de e-mail:

» **Jogue Agora:** Este botão é o mais importante para o seu lançamento e e-mails subsequentes. Clicar nele deve levar o leitor à página de destino predeterminada (veja "Aperfeiçoando Sua Página de Destino", anteriormente neste capítulo).

» **Reserve Sua Vaga no Pré-lançamento:** Este botão pode ser usado em uma campanha de e-mail de pré-lançamento. Clicar no botão deve adicionar a pessoa a uma lista de pré-lançamento. Esta é uma ótima maneira de gerar interação antecipada, oferecendo ao seu público a chance de jogar antes do lançamento oficial.

- » **Assista <Ícone>:** Clicar neste botão deve levar a um vídeo do YouTube. O vídeo pode ser sobre "como jogar", um trailer do jogo ou mesmo apenas um blogueiro jogando e comentando.
- » **Compartilhe Nosso Jogo:** Este botão é um modo fácil e eficaz de seu público compartilhar seu jogo. Uma forma simples de fazer isso é levá-los a uma postagem específica do Facebook em que você compartilha o link do jogo, ou a uma página dedicada ao jogo no Facebook.
- » **Preencha Nossa Pesquisa de 5 Minutos:** Este botão é um CTA muito útil para um de seus e-mails pós-lançamento. Obter feedback honesto pode ajudá-lo a avaliar o sucesso real do jogo e também os erros a corrigir no próximo.
- » **Torne-se um VIP:** Ofereça-se para dar ao seu público um tratamento de tapete vermelho para jogos futuros. Este nível de interação é realmente o santo graal do marketing, em que seu público está ativamente buscando aprender mais sobre os jogos de sua empresa. Ofereça a eles acesso exclusivo e notícias sobre jogos futuros. Divirta-se com isso e até mande um ticket VIP para eles!

Chamando a atenção da mídia

Conseguir que o nome da sua empresa esteja na mídia é uma forma poderosa de aumentar sua presença online e alcançar clientes em potencial que normalmente nunca teriam ouvido falar de você. A desvantagem usual para as empresas é encontrar uma história interessante para compartilhar. No entanto, com a notícia de que sua empresa está prestes a lançar um jogo, agora você pode chamar a atenção deles com um ângulo incomum para relatar e compartilhar.

Publicando um comunicado à imprensa no site

Em muitos aspectos, as relações públicas (RP) são muito mais fáceis hoje do que há 20 anos. As pequenas empresas podem entrar em contato com jornalistas no Twitter, em vez de pagar uma empresa de relações públicas.

Antes de abordar alguém na mídia, reserve um tempo para postar um comunicado à imprensa em seu site detalhando os principais pontos do jogo e de sua empresa. O comunicado à imprensa deve conter o seguinte:

- » **A data do lançamento:** Isso é especialmente útil caso possam publicar a história antes do lançamento.
- » **Um título cativante que anuncia o novo jogo**
- » **Fatos principais:** Responda a tudo sobre o jogo (quem, o que, quando, onde, por que e como). Por que sua empresa escolheu o caminho do marketing de

gamificação? Lembre-se de que isso é menos sobre o jogo real e mais sobre sua empresa e sua decisão de desenvolver e comercializar um jogo.

» **Informações de contato para consultas futuras:** Certifique-se de incluir seu endereço de e-mail e número de telefone.

» **Um breve resumo do histórico de sua empresa**

» **Estatísticas:** As estatísticas são úteis especialmente após o lançamento. No mínimo, é importante incluir dados coletados de, pelo menos, um mês após o lançamento do jogo. As métricas positivas de indicadores-chave de desempenho (KPI) fornecem estatísticas significativas e em tempo real para a mídia.

ETAPAS PARA MINIMIZAR A IDENTIFICAÇÃO COMO SPAMMER

Em termos mais simples, o *spam* é um e-mail não solicitado enviado a uma grande lista de pessoas. Infelizmente, não existe um órgão principal para determinar quem é o spammer; a decisão é dos provedores de serviços de internet individuais (ISPs). Se você entrar em conflito com um ou dois ISPs, precisará convencê-los de que não é um spammer, o que pode levar tempo (e muita paciência).

No entanto, existem algumas etapas que você pode seguir para garantir que permaneça seguro:

- **Certifique-se de que a capacidade de entrega do seu e-mail esteja definida corretamente.** Sites gratuitos como o Mail-Tester (www.mail-tester.com) permitem que você envie um e-mail, e eles verificarão sua mensagem em tempo real.

- **Certifique-se de fornecer ao destinatário um modo fácil e identificável de cancelar a assinatura.** Se eles cancelarem a inscrição, certifique-se de tomar medidas para garantir que foram removidos de todas as listas.

- **Use o nome da sua empresa como identificação em vez do nome de um funcionário.**

- **Use um endereço real para respostas.** Recomendo a criação de um e-mail como ola@nomedasuacompanhia.com, que você pode monitorar depois de terminar sua campanha. Ao verificar a caixa de entrada dessa conta, certifique-se de remover todos os e-mails devolvidos de um ISP da sua lista de correspondência.

- **Verifique se sua empresa é um remetente na lista de bloqueio.** Sites gratuitos, como MultiRBL.Valli (http://multirbl.valli.org) ou MxToolbox (https://mxtoolbox.com) permitem verificar se você é um remetente na lista de bloqueio.

Certifique-se de que o comunicado à imprensa possa ser impresso com facilidade (ele deve ter o tamanho de uma página padrão de 210mm x 297mm). Use frases e parágrafos curtos (não mais do que 20 a 25 palavras), com espaçamento adequado entre linhas. Procure fazer com que seu documento não tenha mais do que duas páginas de tamanho A4.

> **CUIDADO**
>
> Não vincule o comunicado à imprensa a partir da página de destino do seu jogo — ele só deve ser acessado pelos jornalistas para os quais você entregou o link, e não pode ser descoberto por mecanismos de pesquisa ou pessoas que só vêm para jogar seu jogo.

Apresentando seu comunicado à imprensa

Quando tiver seu comunicado à imprensa pronto, poderá compartilhá-lo com os jornalistas. Estes recebem bem as histórias de empresas porque precisam satisfazer o apetite ininterrupto de seus consumidores por notícias interessantes. Por isso, são muito competitivos. Entrar em contato com um único repórter em vez de ir direto para a redação pode funcionar bem, porque os repórteres gostam de poder relatar algo antes que a história se torne pública (em outras palavras, antes do lançamento do jogo).

Quando estiver se preparando para abordar jornalistas, siga estas etapas:

1. **Faça uma lista de todos os sites de mídia que deseja atingir.**

    A lista deve conter não apenas os sites óbvios (como o HuffPost) que são conhecidos por postar histórias sobre jogos virais, mas também sites de mídia das seguintes categorias:

    - *Sites de notícias locais:* Inclui meios de comunicação online e offline.
    - *Notícias ou sites que cobrem o seu setor:* A história de que uma empresa relevante está oferecendo um jogo exclusivo, diferente de uma oferta especial, seria bem-vinda.
    - *Sites de notícias digitais:* Os exemplos incluem The Next Web e Buzzfeed.
    - *Sites de resenhas de jogos:* Embora cubram principalmente jogos do tipo Xbox AAA, a maioria cobre também jogos online.

2. **Entenda como jornalistas gostam de ser contatados individualmente.**

    Muitos jornalistas ficam felizes por serem abordados no Twitter. Caso não encontre seus perfis no Twitter com uma busca básica, provavelmente os encontrará nos sites das publicações para as quais trabalham. O Twitter é uma ótima plataforma para se conectar diretamente com jornalistas e deve fazer parte de sua estratégia geral de RP.

3. **Invista tempo no desenvolvimento de relacionamentos com os jornalistas antes de começar a bombardeá-los com seus boletins de imprensa.**

LEMBRE-SE

Por exemplo, você pode iniciar uma conversa respondendo a um de seus tweets. Esse processo leva tempo, por isso recomendo começar a desenvolver esse relacionamento nos estágios iniciais do desenvolvimento do seu jogo.

4. **Comece a apresentar seu jogo e envie um link com o comunicado de imprensa para eles.**

   Resuma a essência de seu link de comunicado à imprensa no tweet e inclua um link apenas quando lhe solicitarem mais informações.

   Evite enviar o mesmo tweet para todos os jornalistas; em vez disso, personalize o tweet para cada um. Você também pode considerar o uso de mensagens diretas. Essa estratégia ajudará a fazer sua história parecer um pouco mais exclusiva.

5. **Se um jornalista usar sua história, agradeça publicamente e envie um link para a história no Twitter.**

DICA

Considere os jornalistas de mídia mais tradicionais — eles podem produzir resultados surpreendentes para modelos de gamificação. Minha consultoria foi procurada por uma estação de rádio local para discutir um dos jogos que havíamos desenvolvido. No início, fiquei um pouco relutante — isso significava tirar uma manhã inteira do meu dia para viajar até o estúdio e esperar pelo meu horário, tudo por apenas 15 minutos de transmissão. Meus colegas também estavam relutantes — eles não conseguiam imaginar que alguém se lembraria do endereço do site ou do nome da nossa empresa depois de ouvi-los no rádio. Acontece que fomos ao ar mais tarde durante o horário do meio-dia, o que acabou produzindo um debate muito saudável e animado no ar com as pessoas em seu horário de almoço.

Oferecendo uma prévia para influenciadores e blogueiros

Os tempos mudaram e as campanhas de marketing não podem depender apenas de comunicados à imprensa e relacionamentos tradicionais com a mídia. Nesta era obcecada por mídia social, as empresas também precisam construir laços fortes com blogueiros e influenciadores digitais.

Incorporar influenciadores e blogueiros pode ter uma curva de aprendizado muito íngreme em comparação com algumas outras atividades de marketing, mas você deve tentar incorporá-la em sua estratégia de marketing. Isso é especialmente verdadeiro se sua empresa tiver alcance limitado — por exemplo, se você opera em um nicho de indústria/setor ou se opera uma empresa local com foco na construção de uma base de clientes locais.

Ao usar as técnicas desta seção para o seu jogo, você começará a expor sua empresa a um público com o qual normalmente nunca conseguiria falar.

Considere que pessoas que nunca saberiam da existência de sua empresa agora vão compartilhar e discutir ativamente por meio de seu jogo.

Encontrando influenciadores de mídia social

Incentivar os influenciadores as jogar o seu jogo é uma técnica extremamente eficaz — as recomendações deles serão consideradas mais confiáveis para seus seguidores. Com a crescente popularidade dos influenciadores sociais, não há como negar que o marketing do influenciador é uma ótima forma de aprimorar os esforços de marketing do seu jogo.

Os influenciadores geralmente têm um grande alcance e seguidores leais. Eles alcançaram esse status detalhando seus estilos de vida por meio da narrativa digital. Seus seguidores observam as tendências que eles promovem e frequentemente experimentam os produtos que sugerem. Motivar os influenciadores a jogar o seu jogo nas redes sociais pode ser uma forma divertida e eficaz de alcançar o público deles.

Veja como fazer:

1. **Encontre influenciadores relevantes que tenham um público que se alinha ao seu mercado-alvo.**

    O influenciador certo pode atingir seu público-alvo, criar confiança e gerar engajamento com seu jogo. Portanto, é fundamental trabalhar apenas com influenciadores de mídia social cuja visão se alinha com a sua.

2. **Contate um influenciador inicialmente por meio de uma mensagem direta em seu canal de mídia social.**

    Se conseguir encontrar um endereço de e-mail, tente também. No entanto, não envie um e-mail em massa ou uma mensagem genérica. Pode demorar um pouco mais para escrever uma mensagem pessoal para cada influenciador, mas mostrará que você leva a sério o trabalho com eles. Isso, por sua vez, aumentará suas chances de fechar um acordo.

3. **Forneça o máximo possível de informações sobre seu jogo e sua empresa para ajudar os influenciadores a confiarem em você.**

    Diga a eles o que espera alcançar com sua campanha de mídia social. Deixe claro como se beneficiarão, além do pagamento.

4. **Estabeleça uma hashtag única e relevante que os influenciadores possam usar para promover seu jogo.**

    Com o uso de uma hashtag, sua campanha de marketing será facilmente identificada pelo público e por todos aqueles que procuram seu jogo. Se optar por uma hashtag genérica, como #jogo, suas postagens e as do seu influenciador provavelmente serão perdidas entre milhares de outras postagens genéricas que usam a mesma hashtag.

5. **Inclua taxas de influenciador em seu orçamento.**

Influenciadores com amplo alcance esperam ser pagos (e com razão) por seu trabalho. Um produto gratuito de seu inventário pode funcionar com influenciadores novos e futuros, mas uma campanha de influenciador maior requer um orçamento. Pense sobre que tipo de estrutura de pagamento faz mais sentido para sua campanha, ao mesmo tempo em que considera as necessidades dos influenciadores também.

Alcançando a blogosfera

Os blogueiros, que são vozes de confiança em suas comunidades, podem expor seu jogo e ajudar a criar uma verdadeira empolgação. O alcance deles é um dos meus modos preferidos de alcance de influenciadores para o marketing de gamificação, porque eles se mantêm ativos em muitos canais sociais para permanecerem relevantes e se promoverem. Em última análise, sua influência pode ser usada como um trampolim para a abordagem individualizada que alcança muitas pessoas.

Infelizmente, entrar em contato com blogueiros em potencial é um processo muito mais difícil hoje em dia do que há alguns anos. Os melhores blogueiros estão sempre sendo contatados por profissionais de marketing, o que torna ainda mais importante você se destacar da multidão se quiser que eles prestem atenção.

Apesar desse desafio, ainda acho que vale a pena investir na criação de conexões com blogueiros de alta qualidade que podem se tornar grandes defensores do seu jogo e, mais importante, estarão dispostos a ajudá-lo continuamente em jogos subsequentes que você desenvolve para sua empresa.

Procure blogueiros que estão em seu setor ou em um setor que de alguma forma se relaciona com seu produto/serviço. O público deles deve ser semelhante ao que você espera. Incentive o blogueiro a jogar o jogo; dessa forma, você descobrirá que os leitores dele confiarão mais na mensagem que passam sobre seu jogo enquanto o jogam.

Algumas ferramentas online podem ajudá-lo a encontrar os blogueiros perfeitos. Meu favorito é o site GroupHigh (www.grouphigh.com), que possui um banco de dados dedicado a encontrar blogueiros. No entanto, pode ser muito caro, especialmente em sua primeira campanha. Como alternativa, você pode pesquisar em *blogrolls* (listas de blogs) em seu setor. Por fim, uma ferramenta online muito útil que gosto de usar é o Tweepi (www.tweepi.com), que permite que você entre em contato com blogueiros no Twitter.

DICA Quanto maior for o público do blogueiro, melhores serão as postagens para o conhecimento da sua marca. Provavelmente, você não conseguirá ver o tráfego ou o número de seguidores deles diretamente nas páginas do blog, então fique de olho nos seguidores e nos comentários das postagens. Ao fazer isso, poderá distinguir quantos fãs eles têm e quão engajado seu público está com seu conteúdo.

Aqui estão algumas dicas para contatar blogueiros de forma eficaz:

- » **Envie um e-mail ou uma mensagem sincera nas redes sociais.** A mensagem deve explicar que gostaria de dar a eles uma prévia de um grande evento da sua empresa.
- » **A mensagem deve ser originada do endereço de e-mail de sua empresa** (`seunome@nomedasuaempresa.com`). Os blogueiros devem poder conseguir pesquisar sobre você no Google e acessar sua biografia facilmente a partir do LinkedIn ou do site da sua empresa.
- » **Não desanime se no início eles não responderem.** Bons blogueiros recebem centenas de propostas por dia. Envie uma sequência, mas não exagere. Também pode valer a pena tentar encontrar outro meio de contatá-los (por exemplo, por meio de uma conexão compartilhada no LinkedIn ou no Twitter).
- » **Aprenda sobre os blogueiros e seu conteúdo.** Na verdade, leia algumas das postagens do blog para ter uma ideia de seu estilo, atitude e voz em geral. Inclua isso em sua mensagem como a razão pela qual você os escolheu. Essa é uma forma muito mais eficaz de atrair um blogueiro do que simplesmente dizer: "Sou seu fã."
- » **Não espere que eles façam isso de graça.** Talvez sim, mas a maioria precisa ganhar a vida nesse meio competitivo. Ofereça um valor simbólico com a indicação clara de que está aberto a negociações. Você também pode melhorar a proposta, oferecendo um de seus produtos ou serviços.
- » **Selecione por estilo, não por seguidores.** Pode parecer natural simplesmente ir para os blogueiros que têm o maior número de seguidores. Essa estratégia faz sentido em teoria, mas, se você não trabalhar com o estilo certo, seu jogo provavelmente passará despercebido.

Usando seus canais de mídia social existentes (ou não)

As contas atuais de mídia social da sua empresa podem não ser adequadas para essa campanha de marketing de gamificação. Isso é especialmente verdadeiro quando sua empresa não tem nada a ver com jogos e/ou tecnologia. Esses canais serão adequados para sua empresa, mas você precisa garantir que sua mensagem de gamificação não seja perdida e confundida com as contas principais de sua empresa.

LEMBRE-SE Suas principais contas de mídia social devem continuar a fazer seus trabalhos. Por esse motivo, a mensagem geral transmitida por essas contas pode ficar confusa ao misturar mensagens comerciais normais com mensagens de marketing de gamificação. Recomendo que você faça postagens cruzadas, mas não com muita frequência.

DICA Abra uma conta secundária dedicada à sua campanha de gamificação, garantindo que ambas as contas sejam facilmente distinguíveis para seus respectivos públicos. Essa estratégia permitirá que você maximize seu alcance nas mídias sociais, que se envolva com as pessoas certas e que atinja seus objetivos específicos de mídia social para sua campanha.

Conhecendo os principais sites de mídia social para marketing de gamificação

Hoje, existem mais de trinta sites de mídia social que eu classificaria como os mais importantes. No entanto, nem todos os trinta são adequados para uma campanha de gamificação. Para facilitar as coisas, aqui estão os sete principais sites de mídia social essenciais para o marketing de gamificação. Alguns lhe serão familiares, enquanto pode nunca ter ouvido falar de outros.

- » **Facebook:** É o maior site de mídia social do mercado, com bilhões de pessoas usando-o todos os meses.
- » **Instagram:** É um aplicativo de mídia social de compartilhamento de fotos e vídeos muito popular. Permite que você compartilhe fotos e vídeos do seu jogo rapidamente. Contanto que use as hashtags certas, suas postagens podem atingir um número significativo de seu público-alvo em segundos.
- » **Twitter:** É um site de mídia social para notícias, entretenimento, esportes, política e muito mais. Quaisquer que sejam seus objetivos para o jogo, não há dúvidas de que o Twitter pode ser uma ferramenta poderosa para ajudá-lo a alcançá-los.
- » **Reddit:** Conhecido como "a página inicial da internet", o Reddit é uma plataforma em que os usuários podem enviar quase tudo (vídeo, imagens e assim por diante) para que outras pessoas possam discutir e votar. Mais importante, você pode pesquisar um subreddit (fóruns dedicados) que seja mais relevante para sua campanha.
- » **LinkedIn:** O LinkedIn tornou-se um site profissional de mídia social em que especialistas do setor compartilham conteúdo, relacionam-se e desenvolvem suas marcas pessoais.
- » **Snapchat:** No Snapchat, os usuários criam bilhões de vídeos por dia, gastando em média trinta minutos diários na plataforma. Isso, com seus amplos recursos de segmentação de público, significa grandes oportunidades para a campanha do seu jogo.

> **TikTok:** É uma rede social chinesa que coloca o vídeo em primeiro lugar. Ele permite gravar, editar e compartilhar vídeos curtos em loop de quinze ou sessenta segundos com sobreposições musicais, efeitos sonoros e visuais. Alguns dos gêneros mais populares incluem sátiras curtas, paródias, vídeos constrangedores e tutoriais de culinária.

Evitando este erro nas mídias sociais

Faça o que fizer, não poste a mesma mensagem em todas as contas de mídia social. Você pode ficar tentado a fazer isso, porque mantém suas contas ativas, economiza tempo e facilita o compartilhamento amplo de seu conteúdo. Mas sua mensagem e campanha geral se perderão na multidão.

Cada plataforma de mídia social tem sua própria maneira de ajudá-lo a se expressar. Ao usar uma linguagem universal, você parecerá estranho e pouco profissional — a última coisa que deseja fazer.

Um bom exemplo é postar no Instagram e depois copiar essa postagem no Facebook. O Instagram permite (e incentiva) o uso de uma infinidade de hashtags. Elas facilitam a localização de imagens relevantes e a conexão com pessoas com interesses semelhantes. No entanto, as hashtags não são algo que as pessoas esperam ver no Facebook, então, se você incluí-las, sua postagem parecerá genuinamente estranha para os usuários do Facebook.

Reserve um tempo para aprender a linguagem de cada site e se tornar fluente nela. Conforme faz suas publicações regulares em todas as suas contas de mídia social, em vez de repeti-las palavra por palavra, você deve escrever uma nova postagem a cada vez. Elaborar uma nova mensagem pode parecer muito trabalhoso, então considere otimizar cada uma de suas postagens para que se encaixem na plataforma.

Escrever postagens exclusivas para cada plataforma requer mais tempo e esforço inicial, mas os resultados que coletei ao longo dos anos mostram que definitivamente vale a pena. Suas postagens em mídias sociais mostrarão que você se preocupa com a mensagem e seu público notará isso.

Em cada postagem, certifique-se de ter um CTA claro. Cada uma de suas postagens não deve apenas compartilhar informações, mas também iniciar alguma forma de interação. Veja em que estágio você está em sua campanha de marketing e crie CTAs apropriados que levarão o público à próxima etapa. Por exemplo, em seu estágio de pré-lançamento, seu CTA deve ser o de obter o máximo de inscrições possível para o lançamento. Sua postagem deve deixar claro que o lançamento é iminente e dizer às pessoas por que elas precisam se inscrever.

Levando seu jogo para outros sites

Embora seja ideal que todos estejam em seu site durante o jogo, você pode perder uma parcela potencial do público se não permitir que possam jogá-lo em outros sites também. Os endereços de mídia e os blogueiros preferem que seus visitantes permaneçam nos sites *deles* e joguem seu jogo lá (em vez de enviá-los para o seu site). Isso também significa que, quando os visitantes quiserem compartilhar o jogo, eles usarão o endereço do site deles em vez do seu, resultando em mais tráfego e receita para eles, o que significa que seu jogo será mais atraente para eles postarem.

Concedendo permissão para incorporar

Você provavelmente já viu vídeos incorporados em páginas da web antes. A incorporação de um jogo funciona da mesma forma. O jogo ainda está sendo hospedado em seus servidores, portanto, ninguém pode alterar ou controlar a mecânica e o design de seu jogo. Além disso, quando estiver pronto para encerrar a campanha, seu jogo também desaparecerá de todos os outros sites.

DICA Prepare os Termos de Serviço para os proprietários de sites lerem e concordarem. Dessa forma, você protegerá sua marca e seu jogo se descobrir que um site não segue seus termos. Aqui estão alguns termos que devem ser incluídos:

» Não mude a aparência ou o conteúdo dentro dos limites dos jogos incorporados.

» Não use nenhuma outra tecnologia ou meio para modificar, ampliar ou prejudicar qualquer funcionalidade incorporada.

» Não reivindique a propriedade do jogo.

» Não cobre nenhuma taxa para jogar. Da mesma forma, não force os usuários a ver um anúncio antes de jogar.

» Não coloque este jogo em um site com conteúdo illegal, pornográfico ou de jogos de azar.

Colocando seu jogo no Facebook

O Facebook oferece um modo de enviar o código do cliente do seu jogo diretamente para seus servidores. É uma forma fácil e gratuita de alcançar milhões de pessoas usando a plataforma do Facebook. Melhor ainda, seu jogo estará na mesma infraestrutura rápida e confiável que alimenta as fotos e vídeos dessa plataforma.

Atualmente, existem dois métodos para compartilhar seu jogo HTML5 no Facebook. A primeira é usar a hospedagem de páginas, em que seu jogo aparece em um iframe dentro de uma página do Facebook (veja a Figura 9-3). Um *iframe* é um documento HTML incorporado em outro documento HTML em um site. A hospedagem de jogos em HTML5 foi introduzida em 2015 e continua sendo o método mais popular para compartilhar jogos nas redes sociais.

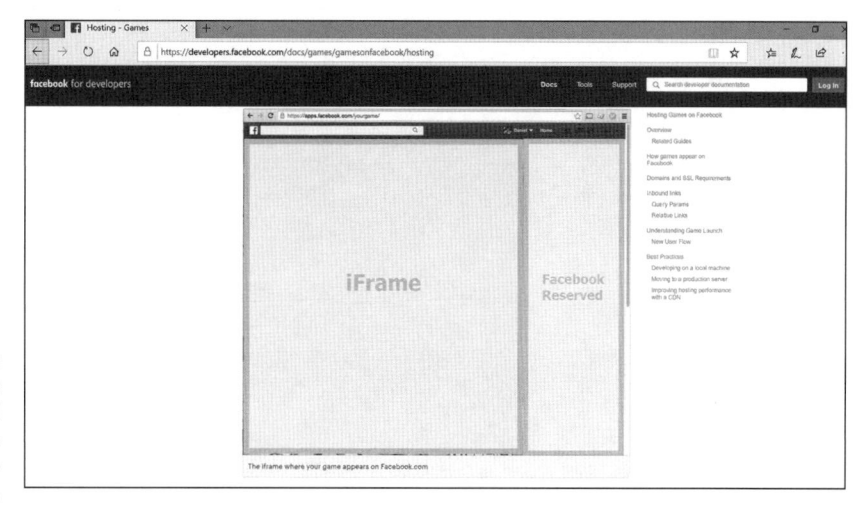

FIGURA 9-3:
O iframe no qual seu jogo aparece no Facebook.

DICA

Recomendo que sua equipe de TI ou seus desenvolvedores de jogos o ajudem nesta etapa. O Facebook exigirá que seus arquivos e código sejam fornecidos de uma determinada maneira. Também pedirá que você crie uma conta de desenvolvedor para sua conta do Facebook. Uma conta de desenvolvedor estenderá o acesso às ferramentas de desenvolvedor, incluindo o gerenciamento de aplicativos. Talvez não queira entregar o controle de sua conta principal do Facebook para os desenvolvedores, então recomendo que abra uma conta secundária para a campanha e entregue essa conta aos desenvolvedores.

O segundo método para compartilhar seu jogo no Facebook é com a nova plataforma Instant Games. Ao integrar seu jogo no Instant Games do Facebook, as pessoas podem jogá-lo diretamente em seus feeds de notícias ou em suas conversas no Messenger em computadores e dispositivos móveis.

O Instant Games requer mais trabalho de integração do desenvolvedor, incluindo um complicado kit de desenvolvimento de software (SDK), que deve ser importado para o jogo. Vale a pena discutir e negociar essa etapa no início para garantir que o desenvolvedor mantenha o código geral compatível com as diretrizes do Facebook.

4
Monitorando Eventos e Dados Depois do Lançamento

NESTA PARTE . . .

Estabeleça uma base de monitoramento para os dados.

Analise seus dados em tempo real.

Fique atento a desastres de dados e obtenha técnicas para lidar com quaisquer falhas que ocorram.

> **NESTE CAPÍTULO**
>
> » Criando uma área de comando central para seus dados
>
> » Segmentando dados para sua campanha
>
> » Ficando de olho na jornada do usuário
>
> » Obtendo feedback do seu público

Capítulo **10**

Reunindo Todos os Dados

A coleta de dados pode ajudá-lo a entender melhor a experiência e o comportamento do público em relação à sua campanha de gamificação. Os insights de dados que você obtém de sua campanha o ajudarão a melhorar e adaptar campanhas futuras para aumentar o engajamento geral do público. Os dados também podem ajudar a impulsionar o engajamento para a campanha digital geral da sua empresa. Felizmente, o marketing de gamificação é uma plataforma ideal para coletar dados direcionados ao público.

Graças ao público ser capaz de se conectar à sua campanha ininterruptamente, além da versatilidade do armazenamento em nuvem, seu objetivo deve ser coletar o máximo possível de dados do usuário durante a campanha.

Neste capítulo, examino os vários métodos e técnicas que você pode usar para coletar com sucesso o comportamento e as tendências do público. Primeiro, exploro o desenvolvimento de um site de portal de administração, que ajuda você a processar facilmente todos os dados coletados. Em seguida, explico como delinear visualmente a experiência do público para aprender mais sobre seus comportamentos de engajamento. Por fim, discuto como obter feedback valioso do público — o que pode aperfeiçoar sua próxima campanha.

Criando um Portal para Seus Dados

Um *portal de administração* é uma plataforma baseada na web que fornece a você e sua equipe de gerenciamento um único ponto de acesso aos dados de sua campanha de gamificação. O portal apresenta todas as informações coletadas a partir da interação do seu público em várias plataformas em um local seguro. Se desenvolvido corretamente, pode ser usado para aprimorar e melhorar a maneira como sua empresa se relaciona com os clientes no futuro.

Com um portal de administração, você não precisa fazer login em vários aplicativos de negócios para coletar manualmente todas essas informações. Por esse motivo, ele pode melhorar a produtividade e o desempenho de suas campanhas de gamificação atuais e futuras.

Desenvolvendo seu portal

A interface do seu portal deve ser intuitiva e fácil para você e sua equipe trabalharem. Portanto, a primeira etapa é a equipe de desenvolvimento encontrar o modelo certo para o seu portal.

Felizmente, uma grande variedade de sites está disponível para sua equipe de desenvolvimento comprar online. Em geral, esses sites oferecem modelos de portal de administração predefinidos e altamente personalizáveis. Tudo que sua equipe precisa fazer é baixá-los e codificá-los.

Aqui estão alguns sites de portal de administração que valem a pena conferir:

» **ThemeForest** (`https://themeforest.net`): Contém uma enorme biblioteca de modelos HTML5 e WordPress

» **Colorlib** (`https://colorlib.com`): Oferece apenas temas WordPress

» **aThemes** (`https://athemes.com`): Não tão grande quanto o ThemeForest, mas oferece temas de alta qualidade

O HTML5 é normalmente a tecnologia mais simples e fácil para seus desenvolvedores trabalharem. Ele pode ser usado com todos os tipos de tecnologias de servidor (por exemplo, Windows ou Unix).

Se sua campanha já usa o WordPress, provavelmente será importante usar um modelo de portal com tema WordPress. O modelo terá recursos-chave integrados. Tudo o que precisa fazer é conectá-lo com as credenciais do WordPress.

Desenvolva seu portal para mais do que sua campanha de marketing de gamificação atual. Peça a seus desenvolvedores que presumam que haverá várias campanhas. Eles devem projetar a estrutura do banco de dados de modo que você possa selecionar para qual campanha deseja ver os resultados. Se não disser a eles que deseja isso com antecedência, poderá enfrentar um processo complicado e caro ao solicitá-lo mais tarde.

Protegendo o acesso

Como sua campanha de gamificação começa a armazenar grandes quantidades de dados diariamente, você precisa garantir que sua empresa não se torne vítima de uma violação de dados. Infelizmente, por mais benéfico que um portal seja, ele também pode se tornar um ímã para violações e hacks.

A segurança de dados pode ser um tópico complexo e confuso em um cenário tecnológico em constante evolução. Aqui estão alguns métodos que recomendo que você discuta com sua equipe de desenvolvimento:

» **Renomear o URL de login:** Os hackers só podem usar a força bruta para entrar em seu portal se conseguirem descobrir o URL direto de sua página de login. (Esta é uma página de entrada da web em seu portal que requer identificação e autenticação do usuário, geralmente realizada inserindo uma combinação de nome de usuário e senha.) Por esse motivo, você deve evitar nomes de página como login, padrão e assim por diante. Escolha algo complicado — talvez uma combinação do nome da sua empresa e letras aleatórias.

Coloque algum tipo de contador de estatísticas da web, como o Google Analytics (http://analytics.google.com), apenas na página de login. Se você vir alguma ofensiva de terceiros chegando à página, peça a seus desenvolvedores que alterem o nome da página de login de novo. Felizmente, alterar o URL de login é uma tarefa fácil.

» **Exigir endereços de e-mail para fazer login:** As pessoas devem usar seus endereços de e-mail em vez de nomes de usuário para fazer login em seu portal. Os nomes de usuário tendem a ser fáceis de prever; como os endereços de e-mail são únicos, eles são um identificador mais seguro e válido para fazer login.

Implementar uma política para garantir que qualquer pessoa que não precise mais de acesso (por exemplo, qualquer pessoa que saiu da empresa) tenha seu acesso de login de endereço de e-mail automaticamente revogado.

» **Ajuste suas senhas:** Como em qualquer site seguro, certifique-se de que todos os usuários alterem suas senhas regularmente. Além disso, incentive-os a melhorar sua força adicionando letras maiúsculas e minúsculas, números e caracteres especiais.

Senhas longas são quase impossíveis de prever pelos hackers, mas são mais difíceis para os usuários lembrarem, o que significa que a maioria dos usuários optará por usar uma senha curta, se você permitir. Todos os seus desenvolvedores devem usar um gerenciador de senhas, como 1Password (www.1password.com), que mantém as senhas seguras e não exige que eles se lembrem das senhas.

» **Efetuar logout automático de usuários ociosos:** Qualquer usuário que deixe o portal do site aberto em suas telas ou dispositivos pode representar uma séria ameaça à segurança. As sessões inativas facilitam o sequestro de sessão e, às vezes, podem criar outros problemas, sobretudo se houver várias sessões de usuário ativas simultaneamente.

Você pode evitar essa situação garantindo que o código do seu site de portal desconecte os usuários depois que ficarem inativos por um determinado período de tempo. O ideal é que seus desenvolvedores façam logout de qualquer sessão que tenha ficado inativa por 15 minutos ou mais.

» **Usar SSL para criptografar dados:** Implementar um certificado Secure Sockets Layer (SSL) é absolutamente imperativo para proteger seu site de portal. O SSL garante uma transferência segura de dados entre os navegadores do usuário e seu servidor de dados, dificultando para os hackers violarem ou falsificarem qualquer sessão de conexão conectada.

Obter um certificado SSL para o site do seu servidor é simples e pode ser instalado por seus desenvolvedores em questão de minutos.

DICA

Embora você possa comprar um SSL de uma empresa terceirizada, recomendo usar um da Let's Encrypt (https://letsencrypt.org). Esta é uma autoridade de certificação sem fins lucrativos que fornece certificados SSL gratuitamente. O certificado é válido por noventa dias, durante os quais a renovação pode ocorrer a qualquer momento.

» **Adicionar contas de usuário com cuidado:** Se vários departamentos ou contratados externos estiverem trabalhando com sua equipe na campanha, várias pessoas acessarão seu portal, o que pode deixar seu portal de administração mais vulnerável a ameaças de segurança.

Aqui estão algumas etapas de precaução que você pode seguir para minimizar as ameaças de ter vários usuários:

- **Trabalhe com seus desenvolvedores para criar contas de controle de acesso em várias camadas.** Dessa forma, você não precisa revelar todas as funcionalidades do portal para todos os usuários. Tente fornecer a cada usuário apenas as informações e funcionalidades de que ele necessita.

- **Dê a cada usuário uma pequena janela de tempo em que ele pode usar o portal.** Se o usuário precisar de acesso após seu tempo expirar, conceda a ele uma extensão. Tenha uma política clara para remover usuários o mais rápido possível se, por exemplo, algum funcionário ou contratado não precisar mais de acesso dentro de sua janela de tempo.

- **Limite uma sessão por usuário.** Com vários usuários, é quase impossível garantir que todos eles mantenham suas credenciais seguras. Se um usuário teve sua senha comprometida, ao limitar todos os usuários a apenas uma sessão, ele perceberá rapidamente que a senha foi comprometida quando continuar não conseguindo acesso.

- **Aplique inteligência de IP.** Faça com que os desenvolvedores registrem os endereços IP de todos os usuários quando usarem seu portal. O sistema pode então usar uma pesquisa de endereço IP para determinar a geolocalização de todos os usuários. Se um usuário efetuar login de um país diferente, você pode sinalizar isso — tanto para você quanto para o usuário. *Nota:* Essas informações não serão 100% precisas, porque alguns usuários podem usar uma rede privada virtual (VPN), que permite o acesso à sua campanha de um endereço IP de outro país.

- **Introduza um recurso de bloqueio para tentativas de login malsucedidas.** Se houver uma tentativa de hackeamento em uma conta, o acesso do usuário será desabilitado e você deverá ser notificado sobre a atividade não autorizada. Se isso acontecer em várias contas ao mesmo tempo, todo o site será bloqueado até que os administradores do servidor possam lidar com a ameaça.

LEMBRE-SE

A segurança de dados é um processo contínuo que requer avaliação constante para reduzir o risco geral. Revisite as etapas desta seção durante sua campanha e em qualquer campanha futura.

TOKENIZANDO SEUS DADOS

Você precisa de uma estratégia clara de segurança digital e privacidade para proteger sua empresa. Como qualquer outra campanha digital, sua campanha de gamificação deve ser segura o suficiente para manter os dados protegidos.

Infelizmente, violações de segurança e hacks de alto nível são muito comuns nos dias de hoje. Mesmo com as medidas adequadas em vigor, ainda é importante que os dados sejam tratados, armazenados e processados de forma segura e protegida.

Trabalhe com seus desenvolvedores para empregar uma forma avançada de criptografia chamada tokenização desde o início. Isso ocultará essencialmente seus dados atrás de uma chave de criptografia. Sem essa chave, os dados não podem ser lidos, mesmo se forem comprometidos ou roubados.

Seus dados reais, como os endereços de e-mail dos usuários, são convertidos em uma sequência de caracteres aleatórios chamada *token*. Esse token tem o mesmo comprimento e tamanho que os dados reais, mas não contém nenhuma informação significativa. Então, mesmo quando os dados são violados, os hackers não conseguem compreendê-los.

Criando seus relatórios

O benefício real do seu portal está nos relatórios que ele produzirá para você. Sempre estou obcecado por garantir que os relatórios criados pelos desenvolvedores se concentrem nas metas relevantes da campanha. Com uma série de bons relatórios, você pode condensar grandes quantidades de dados do usuário em blocos eficientes, que podem ser digeridos rapidamente.

LEMBRE-SE

Os relatórios devem ajudá-lo a tomar uma decisão, seja a modificação de sua campanha atual ou o ajuste em campanhas futuras.

Definindo objetivos

Tudo começa com três etapas que o ajudarão a criar relatórios eficazes:

1. **Estabeleça metas.**

   Quando define metas, sua campanha de marketing de gamificação pode ser mais bem direcionada para a entrega de resultados mensuráveis. Ao monitorar continuamente seus relatórios durante a campanha, seu foco permanecerá em seus objetivos finais, o que significa que o progresso de suas campanhas será mais otimizado em longo prazo.

2. **Certifique-se de coletar *todos* os dados.**

   Todos os seus dados devem estar disponíveis para relatórios em uma plataforma central. A maioria dos dados brutos normalmente virá de sua própria campanha (seu banco de dados e site). No entanto, certifique-se de que seus desenvolvedores estejam conectando os conjuntos de dados de várias plataformas em seus relatórios, sejam de outros departamentos de sua empresa, seja de dados de plataformas de mídia social, seja de dados analíticos de terceiros.

3. **Interprete seus dados.**

   Seus relatórios devem fornecer insights poderosos e acionáveis. Sua campanha estará em uma posição muito melhor para se adaptar, digamos, às tendências emergentes, se seus relatórios o mantiverem continuamente mais bem informado. Bons relatórios serão uma ferramenta poderosa para ajudá-lo a encontrar melhores respostas sobre sua campanha.

Elaborando um relatório de marketing

Os relatórios que desenvolverá informarão e beneficiarão você e sua equipe, que provavelmente incluirá a gerência e membros de outros departamentos. Em geral, os relatórios devem conter os seguintes elementos:

- » **Título:** Qual é o objetivo deste relatório? Esteja você executando um relatório sobre o desempenho da campanha ou sobre o comportamento do usuário, certifique-se de que a intenção do relatório esteja clara no título. Isso se torna importante quando você começa a compartilhar seu relatório com pessoas fora de sua equipe.
- » **Período do relatório:** Seu relatório deve ser relevante por um determinado período de tempo em sua campanha. Esse período pode ser de algumas horas, dias ou meses. Ao analisar os dados do usuário em um certo período de tempo, você pode comparar efetivamente as métricas de engajamento com períodos anteriores.
- » **Resumo:** O resumo deve refletir os pontos principais do seu relatório. Ele deve se concentrar nos resultados da métrica em metas de campanha específicas para um período de tempo específico.

Identificando Quais Dados Você Deve Coletar

Um dos maiores benefícios do marketing de gamificação é a capacidade de coletar informações úteis sobre seu público-alvo e sobre o desempenho geral de sua campanha.

As campanhas de marketing precisam ser orientadas por dados para serem eficazes. Com o marketing de gamificação, ao aprender o comportamento, as metas, os pontos de saída e os desafios do usuário-alvo, sua empresa pode desenvolver campanhas de marketing futuras muito mais eficazes. À medida que o público se envolve com seus jogos, você deve buscar coletar o máximo de informações sobre seu mercado-alvo.

Sua campanha de marketing de gamificação é muito mais divertida e envolvente quando você incentiva e recompensa a participação do usuário. Como resultado, o público estará mais envolvido com um determinado processo ou operação em seu jogo, o que resulta em dados mais precisos, relevantes e significativos para sua campanha.

Acompanhando o progresso

Ao definir metas e marcos em seu jogo, você pode medir o progresso do público durante a campanha. (Exploro os benefícios dessa métrica em "Acompanhando a Jornada do Usuário", posteriormente neste capítulo.)

Embora seu jogo tenha objetivos visuais óbvios sobre os quais o usuário estará ciente, você também deve procurar instalar objetivos que funcionem em segundo plano. Por exemplo, em que hora do dia ou em que dia da semana a maioria dos usuários conclui uma determinada meta?

Ficar de olho no progresso do público dará à equipe um feedback inestimável sobre a campanha. Esses dados podem responder a perguntas como "O jogo foi muito difícil para meu público?" ou "Foram dadas ajuda e orientação suficientes?"

Interação

Em toda a página de destino e no jogo, você deve ter vários botões de call to action (CTA), como os seguintes:

- Jogue Agora
- Saiba Mais
- Veja Nossos Produtos Mais Recentes
- Como Jogar

Ao mensurar a interação dos usuários com os botões de CTA, você pode acompanhar o sucesso deles. Acho que essa métrica é muito mais benéfica no início da campanha. Se descobrir, por exemplo, que há uma baixa porcentagem de cliques em um determinado CTA, você pode examinar os motivos pelos quais isso aconteceu e corrigi-los enquanto a campanha está em andamento.

Duração

A duração é uma métrica que informa a quantidade média de tempo que o público passa em sua campanha. Quando um usuário acessa sua campanha, o cronômetro de sessão não necessariamente começa no mesmo instante. Ele começa quando o usuário clica em um de seus botões de CTA. A menos que ele execute uma ação em sua campanha, o tempo gasto na página de destino não deve ser contado como parte da duração da sessão.

Porcentagem de novas sessões

A porcentagem de novas sessões refere-se ao número de primeiras visitas. Esse é essencialmente o número de sessões criadas por novos visitantes, o que indica a eficiência dos esforços para direcionar novo tráfego para a campanha.

Uma boa campanha terá uma combinação saudável de visitantes novos e recorrentes, e essa combinação variará dependendo dos objetivos de sua campanha. Por exemplo, se sua meta é gerar novos leads para a equipe de vendas, será importante ter um número considerável de visitas recorrentes, porque em muitos casos são necessárias várias interações com seu site para que os usuários sejam convertidos.

Metas atingidas

As metas de marketing mensurarão o nível em que sua campanha atende aos objetivos pretendidos. Uma meta representa uma atividade concluída, chamada de *conversão*, que cntribui para o sucesso geral de sua campanha. Exemplos de metas são:

- » Completar o primeiro nível do jogo
- » Completar todos os níveis do jogo
- » Fazer uma compra
- » Enviar uma pergunta
- » Inscrever-se em sua newsletter, canal do YouTube ou página do Facebook

DICA Definir metas de marketing claras e significativas é fundamental para seu plano digital de mensuração analítica. Se você definir metas claras, seu portal fornecerá à sua equipe informações cruciais, como a taxa de conversão geral da campanha, permitindo que avaliem a eficácia de sua campanha de gamificação.

Visualizações versus sessões

As visualizações mensuram o número de vezes que a campanha foi carregada. Por outro lado, as sessões consideram a interação do visitante com a campanha.

A diferença mais imediata é que as sessões transmitem a quantidade de tempo que um usuário gasta em sua campanha, enquanto as visualizações mostram apenas o número de vezes que eles a carregaram.

Se sua campanha de marketing de gamificação fosse um anúncio em um jornal impresso, suas visualizações seriam o número de jornais vendidos naquele dia. As sessões seriam quantas pessoas leram seu anúncio, possivelmente o recortaram ou até ligaram para o número anunciado.

DICA Os dados da sessão fornecem uma ideia muito melhor da experiência do público com a campanha do que os dados das visualizações.

Rejeição

A rejeição mede a porcentagem de pessoas que acessam sua campanha de marketing de gamificação e não se envolvem com seu jogo. Isso significa que eles não clicam no botão Jogar Agora ou em qualquer outro item do menu (como um link Saiba Mais ou quaisquer outros links internos na página).

Essa parte dos visitantes da campanha não tem envolvimento com a página de destino e a visita termina sendo única. Você pode usar a taxa de rejeição como uma métrica para ser comparada com outros dados. Um exemplo é ver se você consegue identificar um padrão, como o navegador ou dispositivo do usuário. Se uma alta porcentagem desses usuários estiver usando um navegador ou um dispositivo específico, o jogo pode não ter sido otimizado para ele.

Localização

Os dados de localização podem ser úteis para verificar se a campanha, de fato, segmentou a localização geográfica pretendida. Seus desenvolvedores agora podem coletar um nível elevado de detalhes sobre a origem dos usuários. Ao usar os dados, é possível mensurar o sucesso da campanha nos locais pretendidos.

No entanto, devido à natureza viral dos jogos no marketing de gamificação, as campanhas podem atingir uma alta porcentagem de localidades indesejadas. Por exemplo, uma campanha veiculada por minha empresa deveria ser direcionada a públicos no Reino Unido. Embora os dados de localização da campanha tenham mostrado uma ótima aceitação das três principais cidades do Reino Unido (Londres, Birmingham e Edimburgo), também houve um pico de usuários vindos de outras cidades da Europa.

Recorrentes versus novos

Um público demográfico principal é a proporção de visitantes novos e recorrentes em sua campanha. Novos visitantes são aqueles que acessam sua campanha pela primeira vez em um dispositivo específico. Visitantes recorrentes já a visitaram e estão de volta para jogar novamente.

Lembre-se destes dois conjuntos ao estudar as seguintes métricas:

» **Sessões:** É importante saber qual dos dois conjuntos passa mais tempo no jogo. Por exemplo, está descobrindo que novos visitantes passam mais tempo do que os recorrentes? Se começar a perceber uma quantidade desproporcional de tempo gasto nas primeiras visitas, isso significa que o público não está se envolvendo tanto nas visitas subsequentes. Nesse caso, você deve observar a frequência das recompensas e dos objetivos para garantir que dará um motivo convincente para que o público volte e jogue.

> » **Comportamento:** Esta seção descreve como os usuários recorrentes e os novos se comportam depois de entrar no jogo. Estão interagindo com seus botões de CTA na primeira visita? Além disso, depois de retornar à campanha, estão se engajando em outros aspectos da campanha e do site da empresa ou estão apenas focados no jogo?
>
> » **Metas:** As metas podem garantir que o público retorne para a campanha. Mas, os novos visitantes estão "atingindo" essas metas muito rápido? Em caso afirmativo, esse pode ser o motivo pelo qual o público não voltou.

Referências

No Google Analytics, as referências mostram sites que "direcionaram" os visitantes para sua campanha por meio de um link. De certa forma, uma referência é como uma recomendação de um site para outro. Essa métrica ajuda você a visualizar tais referências, o que por sua vez aumenta sua compreensão de como seu público encontrou o caminho para sua campanha.

O tráfego de referência pode ser um forte indicador de quais fontes externas são mais valiosas para a campanha. Alguns exemplos de referenciadores:

> » O link em suas campanhas de e-mail
> » Tweets no Twitter
> » Pins no Pinterest
> » Links em postagens de blog
> » Tópicos em fóruns da web, como subreddits especializados dedicados ao seu setor ou o modelo de gamificação selecionado

Acompanhando a Jornada do Usuário

Acompanhar a jornada do usuário é um método usado para delinear visualmente a experiência de seu cliente com sua campanha de marketing de gamificação. Essa jornada pode ser desde a primeira interação com a página de destino, depois jogando o jogo, até retornarem e indicarem seus amigos e familiares.

Idealmente, você deve procurar usar os dados que seu portal fornece para que possa motivar seu público a chegar ao último ponto de seu jogo. Aqui estão algumas vantagens de acompanhar a jornada do usuário:

> » Fornece informações sobre as expectativas em relação à campanha.

» Permite que você entenda os canais que seus clientes provavelmente usarão para alcançar suas campanhas.

» Informa quais expectativas seu público tem para sua campanha, bem como quais podem ser suas possíveis frustrações.

» Ajuda a prever e alterar o comportamento do público, o que otimiza o processo geral de conversão.

Observando todos os movimentos

Seu público fornecerá dados mais do que suficientes sobre seu comportamento durante a campanha. Você precisa usar esses dados, coletados com segurança em seu portal, para entender o que os motiva e engaja.

A Tabela 10-1 lista as métricas de dados normalmente esperadas que você deve tentar coletar para cada modelo de jogo (consulte o Capítulo 7 para obter mais informações sobre modelos de jogo).

TABELA 10-1 Métricas de Dados Esperadas por Modelo de Jogo

Modelo de Jogo	Interação	Recorrentes versus Novos	Duração
Ação	Alta interação para jogar, bater suas pontuações mais altas e compartilhar.	Maior proporção de novas sessões, o que significa que você deve procurar minimizar o número de botões de CTA para um ou dois.	Baixa
Simulação	Média. Os usuários estarão mais focados em um CTA (para desenvolver sua atividade).	Proporção muito alta de recorrentes, o que significa que você não deve sobrecarregar o usuário com suas recompensas e CTAs na primeira sessão. Em vez disso, deve distribuí-los por várias sessões.	Muito alta
Narrativas Interativas	Várias opções de CTA significam que você deve esperar uma interação muito alta do usuário.	Maior proporção de recorrentes, porque a maioria dos usuários desejará chegar ao final do jogo em algumas sessões. Isso significa que seus CTAs devem estar disponíveis a partir das primeiras sessões.	Média
Aventura	Alta. Os usuários investirão muito na jogabilidade, o que significa que estarão mais suscetíveis a outros botões de CTA que você oferece no caminho.	Espere uma proporção uniforme de novos e recorrentes. É ideal distribuir igualmente suas recompensas e CTAs em algumas sessões, em média.	Alta

Modelo de Jogo	Interação	Recorrentes versus Novos	Duração
Quebra--cabeças	Variável em função dos níveis e dificuldade. Em média, você encontrará uma alta interação com os usuários que buscam ter mais sucesso no jogo.	Maior proporção de recorrentes, dependendo do número de níveis e dificuldade. Você deve ter como objetivo recompensar o usuário nas sessões iniciais. Da mesma forma, apresente seus CTAs inicialmente para garantir que os usuários os conheçam.	Média
Baseados em Habilidade	Alta, porque as campanhas tendem a depender das habilidades mentais e da persistência do público. Este tende a estar mais disposto a explorar todos os outros botões de CTA em oferta.	Maior proporção de novas sessões. A maioria dos usuários terá concluído o jogo na primeira sessão e retornará para ver se sua habilidade superou os outros usuários. É ideal apresentar seus CTAs inicialmente para garantir o engajamento.	Baixa
Multijogador	Média, porque os usuários não só terão a capacidade de jogar contra um computador, mas também responderão ativamente aos CTAs sociais que você fornecer para incentivar um aumento no número de adversários humanos.	Proporção igual de novos e recorrentes. Devido à natureza altamente competitiva, você encontrará seus CTAs perdidos, então o ideal é distribuí-los continuamente em todas as sessões.	Excepcional
Educacional	Alta, porque os usuários estão sendo guiados pelo seu jogo, então eles estão mais abertos para interagir com outras opções de CTA que você oferece.	Maior proporção de novos. Um nível mais alto de metas nos níveis iniciais é necessário para encorajar uma taxa de retorno mais alta. Dependendo do valor que o usuário atribui ao conteúdo, você verá engajamento variável em seus CTAs.	Baixa
RPG	Baixa, porque os usuários estarão concentrados na jogabilidade profunda. Isso significa que é menos provável que se distraiam com os outros CTAs que você oferecerá.	Proporção muito alta de recorrentes. Você não deve sobrecarregar o usuário com suas recompensas e CTAs na primeira sessão; em vez disso, distribua-os por várias sessões.	Muito alta

Podem ser necessárias algumas campanhas de marketing de gamificação para entender a jornada do usuário. Durante sua primeira campanha, tente manter o controle de suas rejeições e duração. Se não forem ideais (se a taxa de rejeição for alta e a duração for baixa), pode ser necessário fazer ajustes na página de destino de sua campanha.

Aprendendo o que os usuários não dizem

Embora os dados do portal coletem uma quantidade impressionante de informações sobre a jornada do usuário, há outras coisas que pode aprender para obter insights mais profundos sobre o público. A única maneira de obter essas informações é solicitando feedback do público. Ao realizar pesquisas e simplesmente entrar em contato nas redes sociais, você pode aprender o seguinte:

» **Estágios do público:** Além de aprender como o usuário percorre a campanha, você deve descobrir as etapas pelas quais o público passa para chegar à página de destino. Essas etapas geralmente vêm na seguinte ordem:

1. Conscientização: Canais de mídia social, boca a boca ou referências.

2. Consideração: O que os fez pensar que esta campanha valeu a pena? Foi o próprio jogo, as informações que a campanha forneceu ou sua marca lançando uma campanha de gamificação que despertou o interesse?

3. Retenção: O que chamou a atenção deles depois que chegaram à sua campanha? Houve objetivos e recompensas suficientes para fazê-los voltar? Por fim, houve algum incentivo ou interesse em fazê-los promover ativamente sua campanha para amigos e familiares?

» **Objetivos do público:** Descobrir o que será necessário para fazer o público dedicar mais tempo à sua campanha é inestimável. Isso significa definir as metas e recompensas reais que os usuários gostariam de alcançar no jogo. Quando tiver essas informações, poderá criar mapas de jornada do usuário mais envolventes em campanhas futuras.

» **Emoções do público:** Algo que nenhuma quantidade de dados em seu portal será capaz de dizer é como sua campanha de marketing de gamificação afetou o lado emocional do público. Independentemente da emoção, seja felicidade ou frustração, a forma como seu público reagiu emocionalmente ajudará você a entender o sucesso de sua campanha em geral. Uma forma fácil de fazer isso é usar um widget de feedback, como o da Surveyapp (`www.surveyapp.io`), mostrado na Figura 10-1.

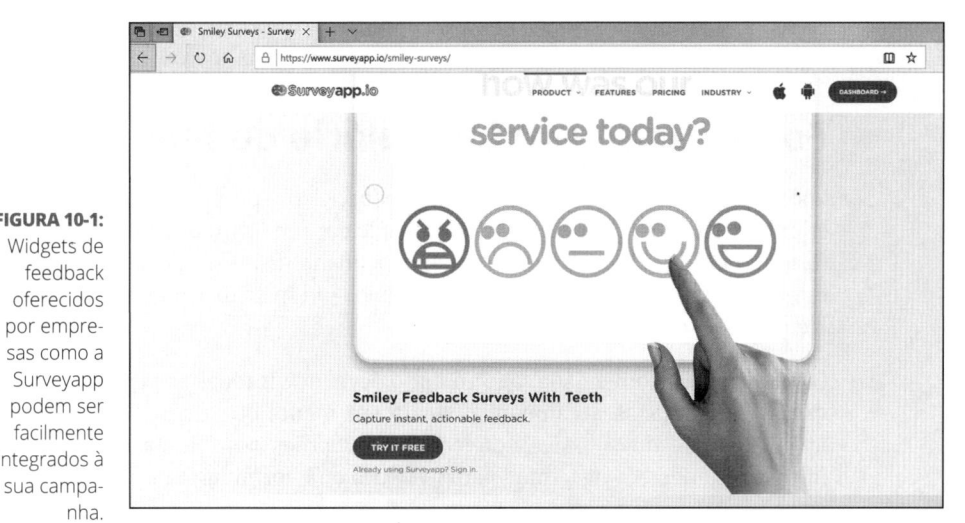

FIGURA 10-1:
Widgets de feedback oferecidos por empresas como a Surveyapp podem ser facilmente integrados à sua campanha.

> **DICA**
>
> Um modo de coletar essas informações de insight do público é oferecer a ele pesquisas no jogo. Essas pesquisas devem cobrir todas as três áreas (estágios, objetivos e emoções). Além disso, incentive seu público oferecendo recompensas se responderem à pesquisa completa.

Obtendo Feedback Valioso do Usuário

O feedback do público é uma excelente maneira de melhorar o envolvimento geral do usuário em sua campanha de gamificação. Se você gerenciar e desenvolver esse aspecto desde o início, receberá esses dados de feedback a partir do primeiro dia. Isso significa que poderá corrigir quaisquer problemas identificados por meio desse processo de feedback no início de sua campanha.

Concentre-se em fazer com que os usuários compartilhem feedback sobre:

» Qualquer problema específico de dispositivo ou software que os impediu de se envolver com o jogo ou campanha

» Se ajuda suficiente foi fornecida

» Se eles sabiam como jogar

» Como a experiência atendeu ou não às expectativas deles

Ao fornecer a seus usuários um canal de feedback para sua equipe, seu público se sentirá satisfeito de que suas preocupações estão sendo ouvidas. Com o uso crescente das mídias sociais, não é incomum que uma experiência de feedback positivo se torne viral e fortaleça a credibilidade da sua marca.

Fornecendo um formulário de feedback

Você pode colocar um formulário de feedback em sua página de destino ou criar um link para ele a partir de lá. Ou pode dar um passo adiante e integrar o formulário de feedback ao seu jogo. Independentemente de onde o formulário esteja localizado, ele fornecerá ao seu público um meio de expressar seus problemas e queixas à sua equipe.

Como prática recomendada, o formulário deve incluir todas as perguntas relevantes relacionadas à campanha, tendo em mente que não deve ser muito longo. Sempre que possível, ofereça várias opções aos clientes. Para maior impacto, o endereço de e-mail para feedback ou o formulário de feedback deve estar bem visível no site.

Instalando suporte para chat ao vivo

O chat ao vivo por meio de uma empresa como a Zendesk (www.zendesk.com) pode resolver muitas questões imediatas, como problemas de compreensão do jogo. Em geral, essas questões podem ser respondidas rapidamente e permitem que sua empresa se aproxime do público.

LEMBRE-SE

Registre todos os problemas para que a equipe possa avaliá-los e agir de acordo com as necessidades e desafios apresentados pelos chats. Isso também ajuda a identificar padrões se houver problemas recorrentes. Seu objetivo aqui deve ser trabalhar com os desenvolvedores para encontrar soluções de longo prazo para os problemas.

Tal como acontece com outros tipos de feedback, a resposta de sua equipe desempenha um papel fundamental para obter dados de feedback ideais. Você deve fazer o seu melhor para garantir que todos os comentários do público sejam prontamente atendidos e registrados.

Avaliando o desempenho da campanha

Prepare uma pesquisa muito curta e envie-a depois que sua campanha de marketing de gamificação terminar. O objetivo da pesquisa é determinar se os objetivos da campanha foram alcançados.

Essas pesquisas funcionam bem quando há apenas algumas perguntas, então tente deixá-las curtas — recomendo apresentar a seus usuários apenas uma opção: classificar sua experiência em uma escala de 1 a 5. Essas opções podem ser botões baseados em ícones ou até mesmo botões do tipo emoji, como os mostrados na Figura 10-1. Outro exemplo é uma série de perguntas que permitem apenas respostas sim ou não.

Com o tempo, essas classificações podem revelar tendências valiosas em sua campanha e podem ajudar a moldar sua próxima campanha de gamificação.

Criando um fórum online

Um fórum ou comunidade para a campanha pode produzir dados de feedback excelentes. Embora o método seja fácil de implementar, ele requer monitoramento contínuo e possivelmente um moderador em tempo integral.

Esse método aumenta e fortalece muito o envolvimento do usuário com sua campanha. Também pode fornecer algumas ideias novas que você pode implementar em seu jogo. Muitos sites podem ajudá-lo a criar rapidamente seu próprio fórum online. Um que vale a pena conferir é o Get Satisfaction (`https://getsatisfaction.com`).

Exibindo o feedback positivo do cliente

Exibir o feedback do cliente não apenas mostra o reconhecimento daqueles que compartilharam suas opiniões, mas também incentiva outros usuários a fazer o mesmo. Desta forma, sua campanha verá mais e mais pessoas compartilhando feedback e experiências.

DICA Certifique-se de que os comentários postados pareçam genuínos. Uma boa maneira de fazer isso é exibir o nome completo e a localização do cliente, se disponíveis. Fique longe de comentários falsos — seu público os identificará em um piscar de olhos.

Usando enquetes

As enquetes podem ser muito eficazes para obter feedback devido à sua facilidade de uso. Elas podem ser realizadas:

- » Em sua página de destino
- » Em uma newsletter
- » Por meio de ferramentas como SurveyMonkey (`www.surveymonkey.com`)
- » Por meio de enquetes de mídia social, como as do Twitter

As enquetes podem desempenhar um papel importante na identificação de tendências em sua campanha. Seus resultados podem ajudá-lo a tomar decisões embasadas para campanhas futuras.

Monitorando as redes sociais

Os sites de mídia social podem ser uma fonte inestimável de feedback do público. Dê um passo adiante e proponha uma hashtag que as pessoas devem usar ao postar nas redes sociais. A Citroën usou ativamente esse método em sua campanha de gamificação, Game of Scroll, que usou a hashtag #GameOfScroll.

Ficar de olho em sua hashtag oferece uma oportunidade simples e eficaz de melhorar a experiência do usuário e responder rapidamente a quaisquer problemas.

⚠️ **CUIDADO** O tempo é essencial quando se trata de lidar com reclamações ou problemas. Comentários negativos se espalharão rapidamente, portanto, certifique-se de tratá-los no mesmo instante.

NESTE CAPÍTULO

» **Respostas que só a análise de dados pode oferecer**

» **Fontes de dados de campanha**

» **Usando técnicas de big data**

» **Analisando os benefícios da análise preditiva**

» **Controlando dados**

Capítulo **11**

Analisando e Aplicando Dados

A análise de dados é uma técnica na qual você usa dados de sua campanha atual para ajudar sua equipe a criar campanhas mais eficientes e envolventes no futuro. (O Capítulo 10 apresenta todos os tipos de dados que você pode coletar.)

LEMBRE-SE

Sua campanha vai gerar e armazenar muitos dados todos os dias. Mas o que acontece com eles depois que são armazenados? Em vez de permitir que fiquem apenas em um banco de dados, para nunca mais serem examinados, você deve analisá-los e aplicá-los.

Neste capítulo, apresento o que a análise de dados pode fazer por você, explico como obter os dados de sua campanha, mostro como aplicar todas essas informações que você reuniu em relatórios coerentes e inteligentes (um processo comumente referido como big data), explico os benefícios da análise preditiva e, por fim, digo a você como trabalhar com seus dados.

Ao usar as técnicas deste capítulo, você poderá fazer melhorias substanciais em seu envolvimento com o cliente no futuro.

Compreendendo o Porquê e o Como da Análise de Dados

A análise de dados dá à sua equipe uma visão do mercado e do público com o qual sua campanha estava envolvida. Ela pode beneficiar todos os departamentos da sua empresa, fornecendo-lhes um relatório sobre o desempenho da sua campanha. Para a gestão, ela pode identificar oportunidades de melhorias para sua empresa como um todo.

Quando embarcou inicialmente em sua jornada de marketing de gamificação, você percebeu um problema ou uma oportunidade e definiu as metas que queria atingir com sua campanha. Após o lançamento da campanha, você coletou dados sobre os usuários.

Depois que a campanha termina, o verdadeiro trabalho com os dados começa — é aqui que você começa a analisar os dados que coletou. Ao usar a análise de dados, poderá responder às seguintes perguntas:

» Qual foi o impacto da campanha de marketing de gamificação para sua empresa?

» A campanha se saiu bem em longo prazo?

» Há espaço para melhorias?

» Que etapas você pode seguir para melhorar o desempenho e o engajamento para a próxima campanha?

» Existe algo diferente que poderia tentar na próxima campanha?

» Todos os seus recursos foram usados de forma eficiente na campanha?

» A campanha foi bem recebida pela maioria do seu público?

- A campanha forneceu ao público o que foi prometido?
- Sua campanha teve dificuldade em comunicar seus objetivos ao público?
- O que desanimou o público?
- O que fez o público retornar?
- O que fez o público clicar naquele botão Compartilhar, tão importante?
- A opção de jogo que escolheu foi certa para seu público e para a imagem da empresa?
- Seu público teve dificuldades com o jogo?
- Houve níveis e conteúdo suficientes para fazer seu público voltar?
- Houve ajuda suficiente?
- A campanha gerou interesse significativo em todos os canais de mídia social?
- A hashtag de sua campanha (veja o Capítulo 10) foi adotada pelo público?
- Qual porcentagem de seu novo público veio de plataformas de mídia social?
- As mensagens gerais expressas nas redes sociais foram positivas para a sua empresa?

Com as respostas a essas perguntas, você poderá tornar a *próxima* campanha ainda melhor.

Extraindo os Dados de Sua Campanha

Nesta seção, apresento a você as diferentes formas de dados brutos que sua campanha de marketing de gamificação produz.

Fontes de dados

Dados brutos são todas as informações coletadas em sua campanha de marketing de gamificação. A maioria deles virá diretamente para seu portal a partir da sua própria plataforma (a página de destino e o seu jogo). Mas há uma grande quantidade de informações que também podem ser obtidas de outras fontes. Abordo essas fontes nas seções seguintes.

Análise da Web

Uma variedade de ferramentas de análise da web estão disponíveis, como o Google Analytics (http://analytics.google.com) e o pixel do Facebook (www.facebook.com/business/learn/facebook-ads-pixel). Os dados de análise da web são apresentados no painel do provedor. A partir dele, você pode personalizar os dados e dividi-los em categorias:

- **Público:**
  - O número total de visitas à sua página de destino
  - A proporção de novos visitantes em relação aos visitantes recorrentes
  - Dados de localização, como o país de origem de seu público
  - Dados de dispositivo e software, como o navegador e dispositivo móvel que seu público usou

- **Comportamento do público:**
  - As páginas de destino e de saída mais comuns, bem como as páginas visitadas com mais frequência (se a campanha tiver mais de uma)
  - A duração média de tempo que seu público gastou em sua campanha
  - A *taxa de rejeição* (a porcentagem de pessoas que não se envolveram com sua campanha depois de acessar sua página de destino)

- **Página de destino:**
  - Quais sites e canais de marketing direcionaram mais tráfego para sua campanha
  - As principais palavras-chave que resultaram em visitas à sua página de destino

Análise de mídia social

Cada um dos principais gigantes de mídia social oferece um pacote de análise abrangente:

- **Facebook** (https://analytics.facebook.com): O painel de controle do Facebook Analytics está disponível por meio da página Facebook Business. De lá, você tem acesso aos seguintes recursos:
  - **Informações da Página:** A guia Informações oferece uma visão detalhada do seu Facebook Analytics. A seção de visão geral oferece um resumo do desempenho de sua campanha.

- **Alcance:** Mede o número de pessoas que tiveram alguma postagem da campanha exibida em suas sessões. Se alguém decidiu ocultar postagens da campanha, é possível encontrar a informação aqui.
- **Publicações:** Mostra o desempenho das postagens de sua campanha e oferece informações sobre os melhores horários para postar e os tipos de postagem que têm mais sucesso.
- **Vídeos:** Você pode acompanhar os vídeos de melhor desempenho em sua campanha. Os vídeos são classificados de acordo com o tempo de exibição, geralmente em minutos. Também é possível detalhar para ver quantos minutos de cada vídeo foram visualizados.
- **Curtidas e Reações:** Um recurso extremamente útil que permite verificar a quantidade de pessoas que seguem ou gostam da sua campanha. Você também pode analisar a popularidade de sua campanha ao longo do tempo e ver quando e de onde vêm os novos seguidores e curtidas.
- **Visualizações de Página:** É onde você descobrirá a origem do tráfego de sua campanha. Também poderá medir as visualizações de cada seção ou página, incluindo Sobre, Fotos e assim por diante, o que o ajudará a entender quais áreas são mais populares.
- **Público:** Saiba mais sobre seus fãs e dados demográficos de seguidores, incluindo informações sobre localização, gênero e idioma.
- **Anúncios:** Se deseja impulsionar uma das postagens de sua campanha, mas não consegue decidir qual, esta seção ajuda a identificar as postagens que podem valer a pena impulsionar. Você também pode escolher a quais segmentos de público direcionar suas postagens.

» **Twitter (`https://analytics.twitter.com`):** O Twitter Analytics oferece um resumo do desempenho de sua campanha. Você obtém um detalhamento da contagem de seguidores, das impressões de tweet, visitas de perfil e menções. Aqui está o que você pode encontrar no Twitter Analytics:

- **Resumo Mensal:** Os destaques de cada mês incluem o tweet principal, o seguidor principal e a menção principal da sua campanha.
- **Tweets:** Aqui você pode acompanhar o engajamento e as impressões sobre seus tweets durante um período selecionado. Se promoveu algum tweet, também pode rastrear essas análises.
- **Seguidores:** Aqui você pode aprender sobre as informações demográficas e os interesses de seu público. Também é possível adicionar um público de comparação para ver como seus seguidores se diferem de outros usuários.

» **Instagram:** O Instagram Insights está disponível para contas com perfis de negócios. Além da análise de seu conteúdo, ele também fornece informações sobre quem são seus seguidores, quando estão online e muito mais. Para acessá-lo, vá até seu perfil, toque no botão de menu no canto superior direito, toque em Informações e selecione as postagens ou histórias sobre as quais deseja obter informações. Estes são os tipos de informações que você pode encontrar:

- **Impressões:** Quantas vezes as postagens da campanha foram exibidas.
- **Contas alcançadas:** Total de visualizações únicas de postagem que a campanha recebeu.
- **Toques no site:** O número de vezes que o link do site da sua campanha, conforme mostrado em seu perfil, foi clicado.
- **Visitas ao perfil:** O número de vezes que o Instagram de sua campanha foi acessado.
- **Publicações:** Analise as curtidas e comentários em cada postagem que sua campanha fizer. Você também pode ver o número de pessoas que salvaram sua postagem.
- **Interações:** Veja quais postagens inspiraram os usuários a visitar seu perfil, a segui-lo e a clicar em seu endereço da web.
- **Descoberta:** A porcentagem de contas que viram suas postagens, mas ainda não estão seguindo o Instagram de sua campanha.

» **Pinterest (`https://analytics.pinterest.com`):** A ferramenta Pinterest Analytics monitora quais pins as pessoas gostam, quanto tráfego vai para sua campanha e o que as pessoas estão pinando em sua página de destino. Aqui está o que você pode encontrar:

- **Estatísticas dos Pins:** Quais pins estão chamando mais atenção, com uma visão geral do desempenho de seus pins.
- **Impressões:** Quantas vezes seu pin apareceu no Pinterest.
- **Closeups:** Quantos usuários tocaram no seu pin para ver seu conteúdo mais de perto.
- **Cliques no Link:** Quantas pessoas que visualizam seu pin clicaram na página de destino de sua campanha.
- **Pins Salvos:** Quantos pinners têm planos de se engajar novamente com seu conteúdo posteriormente.

» **LinkedIn:** A análise da página da empresa no LinkedIn permite que as campanhas monitorem métricas e tendências em períodos de tempo específicos. Para acessar o LinkedIn Analytics, acesse a página da sua empresa, clique em Gerenciar Página, clique na guia Análise e escolha o que deseja focar. Aqui está o que você pode encontrar:

- **Visitantes:** Monitore o tráfego de entrada e saída de sua página e saiba mais sobre os dados demográficos dos visitantes nesta seção.

- **Atualizações:** Rastreie o alcance de cada postagem e analise o engajamento. Você também pode rastrear ações em cada postagem, como quantos seguidores ou visitas ao perfil você ganhou.

- **Seguidores:** Monitore as tendências dos seguidores ao longo do tempo e investigue se eles foram adquiridos organicamente ou por meio de conteúdo pago.

Feedback do público

No Capítulo 10, exploro os vários métodos que você pode usar para receber o feedback do público. Aqui está o que é possível fazer com essas informações:

» **Formulário de feedback:** Em geral, todos esses dados valiosos são apenas enviados por e-mail para sua equipe. Infelizmente, não há muito que a análise de dados possa fazer com isso neste formato. Portanto, você pode inserir os dados diretamente em seu banco de dados ou fazê-lo de forma manual por meio de seu portal.

» **Chat ao vivo:** Todos os chats podem ser baixados da interface do seu fornecedor de chat. Procure marcar qualquer problema ou feedback diretamente em seu portal de administração. Trabalhe com seus desenvolvedores para garantir que acomodem isso em seu banco de dados e forneçam essa funcionalidade em seu portal.

» **Avaliações da campanha:** Essas pesquisas contêm dados extremamente valiosos que precisam ser armazenados em seu banco de dados assim que chegam de seu público. Certifique-se de que os resultados sejam marcados corretamente, junto com qualquer informação de público que você já tenha.

» **Enquetes:** Todos os dados da enquete podem ser baixados da interface do seu fornecedor de enquete. A maioria das interfaces de enquete permite que você refine seus dados selecionando datas, segmentos de público e respostas. Em seguida, você pode baixar esses relatórios no formato CSV, que seus desenvolvedores podem enviar para o seu banco de dados.

Localizando os dados

Antes de fazer qualquer coisa, você precisa saber onde os dados brutos estão localizados e como pretende integrá-los em um banco de dados.

A Tabela 11-1 identifica onde todos esses dados estão localizados e como você pode conectá-los ao seu armazenamento.

TABELA 11-1 Tipos e Localização dos Dados Brutos da Campanha

Fonte de Dados	Tipo de Dados	Local de Armazenamento Típico
Estatísticas da Campanha	Meta da campanha e dados objetivos. Todos os dados exibidos em seu portal de administração.	Esses dados devem ser armazenados no banco de dados de sua própria empresa ou serviço baseado em nuvem. Todos devem pertencer à sua empresa e estar disponíveis o tempo todo.
Análise da Web	Dados de serviços de acompanhamento online, como Google Analytics ou o Facebook pixel.	São armazenados nos servidores do provedor de software. Os dados estão disponíveis em seu painel de administração, no qual você pode baixá-los como um arquivo CSV. Os dados do arquivo CSV podem ser enviados para o banco de dados ou nuvem da sua empresa.
Análise de Mídia Social	Dados coletados e oferecidos a você por cada um dos canais de mídia social.	São armazenados nos servidores do provedor de software. Os dados estão disponíveis em seu painel de administração, no qual você pode baixá-los como um arquivo CSV. Os dados do arquivo CSV podem ser enviados para o banco de dados ou nuvem da sua empresa.
Feedback do Público	Feedback que você coletou proativamente de seu público.	Esses dados podem ser armazenados no banco de dados de sua própria empresa ou serviço baseado em nuvem. Também pode ser na forma de e-mails. Todos os dados devem pertencer à sua empresa e estar disponíveis o tempo todo.

Aplicando Big Data Inteligente

Anteriormente neste capítulo, exploro vários métodos para coletar os dados brutos do dia a dia de sua campanha. *Big data* é essencialmente um termo para descrever todos esses dados não estruturados. No entanto, eles não são particularmente importantes ou úteis para sua empresa. É o que você *faz* com os dados que importa. O big data inteligente pode ser analisado para obter insights que levam a melhores decisões e movimentos de negócios estratégicos.

Desconstruindo o big data

Por volta de 2005, os analistas começaram a perceber a enorme quantidade de dados que estava sendo gerada por sites como Facebook, YouTube e outros serviços online. Frameworks especialistas de código aberto, como Hadoop, começaram a surgir. Esse foi o catalisador para o crescimento do big data, à medida que enormes fontes de dados brutos se tornaram mais fáceis de trabalhar e mais baratas de armazenar. Nos anos seguintes, a aplicação de big data disparou. Embora as empresas ainda estejam gerando grandes quantidades de dados, não são apenas os seres humanos que estão fazendo isso. Com o advento da Internet das Coisas (IoT), mais objetos e dispositivos estão conectados à internet, coletando dados sobre os padrões de uso do cliente e sobre o desempenho do produto.

No início dos anos 2000, analistas do setor articularam a definição, agora dominante, de big data chamada de os "três Vs". Recentemente, duas dimensões, ou Vs, foram adicionados. Aqui estão todos os cinco Vs:

» **Volume:** A quantidade, ou volume, de dados é importante para as organizações que os coletam de uma variedade de fontes, incluindo transações comerciais, dispositivos inteligentes, equipamentos industriais, vídeos, mídia social e muito mais. Eles podem ser de valor desconhecido, como feeds de dados do Twitter, fluxos de cliques em uma página da web ou em aplicativo móvel, ou equipamentos habilitados por sensor. Para algumas organizações, isso pode representar dezenas de terabytes de dados. Para outras, pode ser centenas de petabytes. No passado, armazenar esses dados seria um problema, mas o armazenamento mais barato em plataformas como data lakes e Hadoop aliviou o fardo.

» **Velocidade:** É a taxa na qual os dados são recebidos e (talvez) acionados. Em geral, a velocidade mais alta de dados flui diretamente para a memória, em vez de ser gravada em disco. Com o crescimento da IoT, os dados fluem para os bancos de dados da organização em uma velocidade sem precedentes e devem ser tratados em tempo hábil. Alguns produtos inteligentes habilitados para internet operam em tempo real, ou quase em tempo real, e exigem avaliação e ação imediatas. Etiquetas de identificação por radiofrequência (RFID), sensores e medidores inteligentes estão levando à necessidade de lidar com essas torrentes de dados quase em tempo real.

» **Variedade:** Refere-se aos vários tipos de dados disponíveis. Os tipos de dados tradicionais foram estruturados e se encaixam perfeitamente em um banco de dados relacional. Os dados vêm em todos os tipos de formatos — dos numéricos estruturados em bancos de dados tradicionais a documentos de texto não estruturados, e-mails, vídeos, áudios, dados de cotações da bolsa e transações financeiras. Tudo isso requer pré-processamento adicional para dar significado e suporte aos metadados.

» **Variabilidade:** Refere-se ao número variável de inconsistências nos dados e à velocidade na qual o big data é carregado no banco de dados. Elas precisam ser encontradas por métodos de detecção de anomalias e valores discrepantes para que qualquer análise significativa ocorra. O big data também é variável devido às dimensões de dados resultantes de vários tipos e fontes diferentes. É um desafio, mas as empresas precisam conhecer dados variáveis, como tópicos de tendência nas mídias sociais ou como gerenciar picos de dados diários, sazonais e acionados por eventos.

» **Veracidade:** Refere-se à qualidade dos dados. Como eles vêm de muitas fontes diferentes, é difícil vincular, combinar, limpar e transformar dados entre sistemas. As empresas precisam correlacionar e conectar relacionamentos, hierarquias e múltiplas ligações de dados. Caso contrário, seus dados podem sair rapidamente do controle. Essa é uma das características infelizes do big data. Conforme qualquer uma ou todas as propriedades mencionadas aumentam, a veracidade diminui.

Beneficiando-se do big data e da análise de dados

Simplificando, o big data permite que você obtenha respostas mais completas porque terá mais informações sobre sua campanha de marketing de gamificação. Respostas mais completas significam mais confiança nos dados, o que, por sua vez, significa uma análise de dados pós-campanha mais produtiva.

Aqui estão algumas maneiras de se beneficiar da análise de big data:

» **Projetar melhores campanhas de marketing:** O big data permite que você foque melhor nas necessidades básicas de seu público. Isso resulta em campanhas mais bem elaboradas, envolventes e informativas. Por exemplo, pense em como coletará dados sobre as atividades de seus usuários enquanto estão em sua página de destino. Essas informações podem ajudar sua equipe a entender o comportamento do público e a criar uma experiência mais personalizada e informativa.

As campanhas de marketing de gamificação que usam big data são mais eficazes do que as de publicidade agregadoras do passado. Isso ocorre porque as suposições para determinar o que seu público deseja são eliminadas. Você pode desenvolver com segurança diferentes personas de público usando informações como os dados de comportamento de sessão do público.

» **Projetar produtos melhores:** Você pode usar big data para modelar novos produtos e serviços, classificando os principais atributos de produtos ou serviços antigos e atuais. Também é possível usar a análise de dados de enquetes, mídia social e formulários de feedback para planejar, produzir e lançar novos produtos.

Por exemplo, a Netflix usou big data para antecipar a demanda do cliente (veja o Capítulo 15). A empresa desenvolveu *Black Mirror: Bandersnatch* e provou que seu público aprecia um produto mais envolvente e interativo. *Bandersnatch* era completamente diferente das ofertas habituais da Netflix.

» **Oferecer uma melhor experiência ao cliente:** Com o big data, você pode ter uma visão mais clara da experiência dos clientes. Ele permite reunir dados de mídia social, visitas à página de destino, registros de feedback e outras fontes (veja "Fonte de dados", anteriormente neste capítulo) para melhorar a experiência de interação e maximizar o valor entregue.

Quando sua campanha terminar, sua empresa deverá entregar ofertas mais personalizadas, reduzindo a perda de clientes e lidando com os problemas de forma proativa. Você pode atingir facilmente essas metas aplicando a análise de dados ao big data que coletará durante a campanha.

» **Melhorar sua eficiência operacional:** As equipes de marketing não são encarregadas da eficiência operacional de uma empresa, mas esta é uma área em que o big data tem um grande impacto. Com o big data de sua campanha, você pode analisar e avaliar o feedback do cliente para melhorar a tomada de decisões de acordo com a demanda atual do mercado, bem como antecipar demandas futuras.

» **Impulsionar a inovação:** Ao usar o big data, você pode examinar tendências e o que seu público deseja. Esses dados podem ser usados para fornecer novos produtos e serviços. O big data pode ajudá-lo a inovar, determinando novas maneiras de usar os insights de sua análise de dados. A análise de dados também pode ajudar a melhorar as decisões sobre considerações financeiras e de planejamento.

» **Mostrar conteúdo da web apropriado:** O big data ganhou considerável atenção como uma ferramenta eficaz para os profissionais de marketing digital obterem informações sobre o que seus clientes precisam e desejam. Você pode servir conteúdo personalizado aos visitantes de seu site acessando a análise de dados de sua campanha para determinar qual conteúdo será mais atraente para cada visitante.

Por exemplo, observe os dados de *duração* (o tempo gasto em sua página de destino) para determinar no que seu público está interessado. Na próxima vez que um determinado visitante vier ao seu site, você pode mostrar a ele conteúdo relevante com base em seu histórico de navegação.

Assim como o Google retorna resultados diferentes quando você pesquisa um termo em locais diferentes, seu site pode ter uma aparência diferente dependendo de quem o está acessando. Mostrar conteúdo customizado é um desafio técnico, mas um número cada vez maior de consumidores exige experiências personalizadas.

Obtendo Ajuda da Análise Preditiva

A análise preditiva pode permitir que seu big data preveja probabilidades futuras. Sua equipe pode passar do foco em uma visão histórica para uma perspectiva voltada ao futuro ao analisar sua campanha.

Quando aplicados às suas campanhas, os modelos preditivos analisam dados atuais e fatos históricos para entender melhor seu público e ajudar a identificar riscos e oportunidades para a próxima campanha. A análise preditiva usa várias técnicas, incluindo mineração de dados, modelagem estatística e aprendizado de máquina para ajudá-lo a fazer previsões de marketing.

Um bom exemplo é o uso de análise preditiva para melhorar uma página de destino, com base em comportamentos de navegação, que proporcionará uma experiência de site muito mais envolvente e personalizada para o público.

Escolhendo uma ferramenta de análise preditiva

As soluções de análise preditiva estão disponíveis atualmente em várias empresas, incluindo o Predictive Analytics Suite da SAS (www.sas.com), o SPSS Statistics da IBM (www.ibm.com/products/spss-statistics) e o Dynamics CRM Analytics Foundation da Microsoft (https://news.microsoft.com/2007/02/12/microsoft-announces-microsoft-dynamics-crm-analytics-foundation-to-drive-business-intelligence-for-customers-and-partners/).

Caso não esteja pronto para soluções caras e complexas de nível empresarial, existem alternativas como Marketo (www.marketo.com), GoodData (www.gooddata.com), Tableau (www.tableau.com) e uma variedade de outras opções. Essas soluções são melhores para campanhas de marketing de gamificação porque os dados são implantados na nuvem, o que significa que poderá compartilhar os resultados com membros de sua equipe e gerenciamento.

Usando a análise preditiva

Até recentemente, a inteligência preditiva era muito simples, mas, com o advento do big data, ela deu uma guinada muito mais sofisticada. *Algorítimos* avançados de computador (um conjunto de instruções de computador para realizar uma determinada tarefa) tornaram a ciência da previsão por meio de dados mais precisa e com alcance maior do que nunca.

A análise preditiva ajuda a decodificar o comportamento do público, que você pode usar em marketing para tomar melhores decisões. Qualquer processo ou ferramenta que ajude os profissionais de marketing a discernir os hábitos do público pode ser útil para suas campanhas futuras, bem como para outros departamentos de sua empresa.

Por exemplo, se puder decodificar os hábitos anteriores de call to action (CTA) de seu público, conseguirá projetar os hábitos de compra futuros e, em seguida, tomar decisões com base nessas projeções. A análise preditiva também ajuda a garantir que essas previsões sejam precisas.

> **EXEMPLIFICANDO A ANÁLISE PREDITIVA**
>
> Um de meus clientes, uma campanha de gerenciamento de imóveis, usou um jogo baseado em habilidade para sua campanha de marketing de gamificação. O principal problema que a campanha enfrentou foi o fato de que o público estava ocupado e nem sempre tinha tempo para concluir um nível, o que significava que eles não eram recompensados.
>
> A equipe percebeu que poderíamos usar a análise preditiva para chegar nos usuários quando estivessem livres. Para jogar, o público tinha que ser convidado, o que significava que, a cada nova partida, nosso sistema identificaria cada usuário. Quando um usuário entra na campanha, o sistema registra isso no banco de dados.
>
> O algoritmo de análise preditiva foi instruído a entrar em contato com usuários que não haviam feito login por mais de 48h. No entanto, o e-mail deveria ser enviado no horário exato em que o usuário se conecta com mais frequência para jogar.
>
> Indo um passo adiante, as informações foram usadas após o término da campanha. Quando a equipe de vendas enviava seus e-mails mensais, eles adaptavam o gatilho para o e-mail de cada usuário no horário registrado com mais frequência.

Mantendo o Controle dos Dados

Sua equipe precisa estar no controle dos dados. Tê-los é importante, mas garantir que as informações permaneçam seguras é vital para os negócios.

Nesta seção, exploro as principais áreas para ajudá-lo a planejar e se preparar para ameaças e ataques contra seus dados. Com o conhecimento e preparação certos, você pode controlar:

» Quais sistemas e quais dados é importante proteger

» Onde suas cópias de backup são armazenadas

» Como você acessa os dados

CUIDADO Os dados de marketing podem oferecer um alvo mais atraente para os hackers do que os dados de outros departamentos, porque os departamentos de marketing geralmente não investem tantos recursos em segurança cibernética. É importante que os departamentos de marketing estejam atentos aos tipos de informações confidenciais que um hacker pode desejar.

Mantendo a confiança do público

Quando seu público confia em você, ele segue sua empresa, envolve-se com suas campanhas de marketing de gamificação, recomenda você para amigos, defende você e, mais cedo ou mais tarde, compra de sua empresa.

A confiança é especialmente importante quando você está pedindo que seu público se envolva por completo com suas campanhas de marketing. É por isso que proteger os dados do seu público é uma das coisas mais importantes que você pode fazer para desenvolver confiança e incentivá-los a se comprometer totalmente com suas campanhas.

Aqui estão algumas maneiras de manter a confiança de seu público:

» **Seja franco.** Seja direto sobre quais dados você está coletando e por que precisa deles. Ser aberto e honesto sobre os dados que coleta é uma forma de mostrar ao seu público que você os respeita. Explique sua política de dados claramente. Se trabalha com um fornecedor de software terceirizado, seu público tem o direito de saber.

» **Permita que as pessoas cancelem.** Seu público provavelmente estará disposto a compartilhar informações pessoais em troca de algo, como uma experiência de usuário personalizada. Se você coletar dados pessoais, explique os benefícios ao seu público. Essas informações podem ser comunicadas por meio de um pop-up em seu site ou por e-mail.

Se o público se sentir desconfortável com a forma como seus dados serão usados, deve poder cancelar com o simples clique de um botão.

» **Use certificados Secure Sockets Layer (SSL).** Os certificados SSL são certificados digitais que autenticam a identidade de um site e criptografam as informações enviadas ao servidor. Eles são usados para garantir uma conexão segura e proteger os dados do usuário.

Os certificados SSL são particularmente importantes quando os usuários precisam compartilhar informações confidenciais, como um endereço de correspondência ou número de cartão de crédito. Os consumidores podem reconhecer facilmente esses sites como seguros porque eles começam com `https://` em vez de `http://`.

Os sites certificados com SSL obtêm uma melhor classificação no mecanismo de pesquisa do que os sem certificados de segurança. Além disso, a maioria dos navegadores, incluindo o Google Chrome, sinalizam sites que não usam certificados SSL como inseguros. Se as pessoas receberem essa notificação ao tentarem visitar um site, isso fará com que não compartilhem dados pessoais.

Protegendo os dados

Se o seu público está confiando dados pessoais a você, é preciso empregar medidas de segurança razoáveis para garantir que os dados sejam protegidos contra acesso impróprio e não autorizado. Fornecer melhor segurança de dados não precisa estourar o orçamento. Aqui estão algumas sugestões para manter as informações dos clientes protegidas:

» **Implemente uma política robusta de privacidade.** Seu público precisa ter certeza de que você está protegendo suas informações. Certifique-se de ter uma política à qual ele possa consultar, explicando como está mantendo suas informações pessoais seguras. Uma política de privacidade forte o ajudará a ganhar a confiança do consumidor, além de mostrar que valoriza seus dados e que está trabalhando para protegê-los.

» **Saiba o que está protegendo.** Esteja ciente de todas as informações pessoais que possui, onde as está armazenando, como as está usando e quem tem acesso a elas.

» **Não colete o que não precisa.** Quanto mais valiosa a informação que você tem, maiores as chances de se tornar um alvo. Além disso, verifique periodicamente seu banco de dados, excluindo informações pessoais de que não precisa de fato.

» **Mantenha seus dados e servidor limpos.** Limpe seu banco de dados de informações antigas que não sejam relevantes para sua equipe de marketing. Certifique-se de atualizar seu software de segurança, navegador da web e sistema operacional sempre que houver atualizações disponíveis; essa estratégia ajudará na defesa contra vírus, malwares e outras ameaças online.

» **Empregue várias camadas de segurança.** Os filtros de spam eliminam malwares e golpes de phishing. Além disso, use um firewall para manter os criminosos fora e os dados confidenciais dentro.

» **Instrua seus funcionários sobre a importância dessas questões.** Eles são os únicos que terão acesso total aos dados do seu cliente, então, precisam estar atualizados sobre como proteger essas informações para garantir que não caiam acidentalmente nas mãos erradas. Eles também devem empregar práticas recomendadas, como não abrir anexos ou clicar em links suspeitos em mensagens de e-mail não solicitadas.

Protegendo seu banco de dados

Até mesmo algumas das maiores empresas de tecnologia se viram expostas a hackers, portanto, garantir a segurança das informações de sua empresa é vital. Mesmo que tenha uma equipe de TI especializada, você deve pelo menos estar ciente dos princípios básicos de segurança do banco de dados.

Aqui estão algumas maneiras de garantir que seu banco de dados esteja seguro:

» **Criptografe-o.** Criptografia significa converter seus dados em um formato que, caso sejam interceptados, apareceriam como uma sequência de letras e números sem nenhum significado tangível. Certifique-se de que seu banco de dados está criptografado com software de criptografia atualizado.

» **Certifique-se de usar senhas seguras.** Os hackers têm ferramentas cada vez mais sofisticadas à sua disposição que podem tornar as senhas cada vez mais vulneráveis. Felizmente, existem algumas boas ferramentas de gerenciamento de senha que o ajudarão, como Dashlane (www.dashlane.com), Keeper (www.keepersecurity.com) e NordPass (https://nordpass.com).

Defina regras que façam os administradores alterarem as senhas em uma base rotativa. Se a senha não for alterada após, digamos, 90 dias, bloqueie essa conta até que a senha seja alterada.

» **Monitore e audite.** Uma forma de evitar violações do banco de dados é ficar de olho no próprio banco de dados. Isso pode incluir o seguinte:

- **Monitorar acessos e comportamentos:** Fique atento a quem está utilizando as senhas de funcionários. Monitore qualquer comportamento estranho que possa implicar em um vazamento. Verifique se há endereços IP desconhecidos.

- **Realize auditorias:** Auditar regularmente seu banco de dados pode ajudar a encontrar contas inativas. Se você remover contas inativas, poderá evitar problemas que podem surgir quando alguém obtém informações de funcionários antigos.

» **Execute verificações oportunas em seu banco de dados.** As seguintes áreas devem ser cobertas a cada vez:

- **Permissões:** Se encontrar qualquer alteração nas permissões, existe a possibilidade de comprometimento ou de configuração incorreta.

- **Configuração e definições do banco de dados:** Se as configurações gerais ou de segurança forem alteradas (possivelmente devido a um patch de terceiros), seu banco de dados pode estar aberto a ataques.

- **Quaisquer alterações:** Se você detectar qualquer tipo de alteração no sistema que não foi aplicada por sua equipe, é provável que um programa de software malicioso esteja presente.

- **Aplicativos da web:** Audite seus aplicativos da web para encontrar injeção de SQL (onde o código malicioso é colocado em seu banco de dados por meio de entradas do site), configuração incorreta ou permissões fracas.

- **Registro:** Registre tudo, como tentativas de login malsucedidas, sintaxe SQL incorreta, erros de permissão e assim por diante.

- **Endereços IP:** Só permita conexões de endereços IP que requeiram acesso aos endereços IP. Quando um administrador sai da sua empresa, certifique-se de que o endereço IP dele também seja removido.

CRIANDO UM HONEYPOT

Um *honeypot* (pote de mel) é um servidor de banco de dados conectado à rede que é configurado como um chamariz. A ideia é atrair os ciberataques para detectar o servidor e fazer com que pensem que hackearam um alvo valioso. Depois que eles tentam hackear o servidor honeypot, seu sistema reunirá informações sobre os hackers e notificará sua equipe sobre a tentativa.

Dessa forma, você pode detectar ataques de banco de dados em suas organizações em um estágio inicial. Normalmente, é necessário fazer o seguinte para configurar um servidor honeypot:

1. Baseie o honeypot em um ativo real.
2. Referencie o honeypot onde quer que você referencie ativos reais.
3. Tenha um procedimento para investigar rapidamente os alertas gerados pelo honeypot.
4. Faça o servidor parecer interessante. Crie bancos de dados com nomes como Cartões de Crédito e Informações do Cliente, com dados falsos que parecem reais.

Honeypots são uma forma altamente eficaz e eficiente de alertar sua empresa sobre invasores. No entanto, para ser eficaz, seu honeypot precisa ser bem implementado, bem mantido e monitorado de perto. Converse com seus administradores de servidor sobre como configurar um honeypot para sua campanha.

NESTE CAPÍTULO

» Preparando-se para quando sua campanha se tornar viral

» Identificando os principais culpados por falhas de dados

» Trabalhando junto com seus desenvolvedores para uma melhor otimização

Capítulo **12**

Evitando Sobrecarga de Dados

Não se preparar para o tráfego viral pode ser um erro terrível. Se o site da sua empresa já tem um grande número de visitantes e os servidores fazem um ótimo trabalho no atendimento às necessidades deles, você pode pensar que está tudo bem. Mas a natureza viral da gamificação pode trazer um aumento exponencial de visitantes de uma só vez aos servidores — e eles podem não ser capazes de lidar com esse aumento repentino no tráfego.

Neste capítulo, ajudo você a se preparar para essa possibilidade emocionante!

Cuidando da Capacidade Máxima

Campanhas com páginas de destino sem resposta e travadas devido ao tráfego pesado podem ser as piores. Se as pessoas não conseguirem acessar sua campanha na primeira vez que tentarem, muitas delas não estarão dispostas a dar uma segunda chance. Além disso, se voltarem, só enfrentarão o mesmo problema novamente devido ao tráfego intenso.

Sua equipe deve preparar a campanha para lidar com um aumento grande no nível de tráfego atual que o site de sua empresa recebe. Nesta seção, explico como fazer isso, bem como analiso os efeitos, caso você *não* se prepare.

Identificando os efeitos do travamento

Seja por meio de sites de avaliação ou de seus próprios canais de mídia social, os usuários insatisfeitos têm muitas maneiras de expressar sua frustração para quem quiser ouvir. Reclamações são uma parte inevitável da vida, mas as reclamações sobre a campanha, caso seu site trave, estarão à beira de um insulto total. Não há nada como o anonimato da internet para libertar o ódio interno de algumas pessoas.

Se a campanha não estiver preparada para o tráfego viral e o site carregar muito lentamente ou travar por completo, a empresa pode enfrentar o seguinte:

» **Perda de negócios:** Infelizmente, haverá uma queda nas conversões do público em clientes, resultando em perda de negócios para sua empresa.

» **Classificação reduzida nos mecanismos de pesquisa:** Sua classificação nos mecanismos de pesquisa de sua campanha será prejudicada e eles verão um grande aumento em sua taxa de rejeição (veja o Capítulo 10 para obter mais informações sobre taxas de rejeição).

» **Perda de dados analíticos:** Você terá dados imprecisos e/ou incompletos para a análise de dados de sua campanha (veja o Capítulo 11). Como os insights produzidos pela análise de dados têm a mesma qualidade dos dados obtidos, qualquer interrupção do serviço pode prejudicar sua capacidade de tomar as melhores decisões possíveis. Além disso, grande parte dessa análise ocorre em aplicativos baseados em nuvem, nos quais a escalabilidade e as economias de escala tornam práticos poderosos recursos analíticos para empresas de todos os tamanhos. Mas, quando os servidores em nuvem caem, o processamento de dados também cai.

» **Perda de vendas:** Se a campanha de gamificação estiver no mesmo servidor da loja online, ela também será afetada, o que pode prejudicar suas vendas.

» **Produtividade reduzida:** Se sua empresa depende de funcionários que usam aplicativos e software baseados em nuvem para realizar suas funções de trabalho diárias, o impacto imediato do tempo de inatividade do servidor é a produtividade reduzida. Os funcionários não conseguirão acessar as ferramentas de que precisam para suas tarefas diárias e podem acabar sentados sem nada para fazer enquanto esperam o serviço ser restaurado. Essas flutuações no fluxo de trabalho podem interromper as cadeias de suprimentos ou cronogramas de projetos, os quais podem ter impactos de longo prazo em uma empresa.

» **Danos à reputação de sua marca:** No acelerado mundo online de hoje, sua campanha pode nunca ter uma segunda chance de causar uma boa primeira impressão. O público espera velocidade e eficiência mais do que nunca e é rápido em abandonar campanhas que não funcionam. Falhas nas páginas de destino ou carregamento lento causam danos duradouros à reputação da sua marca. Isso pode ser muito difícil de corrigir.

Preparando-se para o aumento de tráfego

Na seção anterior, alerto sobre tudo que pode dar errado se sua campanha demorar para carregar ou travar. Nesta seção, mostro como *evitar* esses problemas e garantir que sua campanha tenha a certeza de tempo de atividade mais sustentável possível.

Usando uma rede de distribuição de conteúdo

Uma das maneiras mais eficazes de garantir que a campanha permaneça online, mesmo quando está lidando com níveis de tráfego viral, é usar uma rede de distribuição de conteúdo (CDN — Content Delivery Network). As CDNs armazenam versões em cache da campanha em vários servidores ao redor do mundo. Elas minimizam a distância entre o dispositivo do público e o servidor da campanha, de modo que cada um dos servidores de cache é responsável por entregar a campanha aos visitantes próximos.

Em essência, uma CDN coloca a campanha em vários lugares ao mesmo tempo, fornecendo cobertura instantânea para os usuários. Por exemplo, quando alguém na Austrália acessa sua campanha hospedada nos EUA, ele a está acessando por meio de um servidor em cache em, digamos, Melbourne. Isso é muito mais rápido do que fazer com que as solicitações do visitante percorram toda a extensão do Pacífico até um servidor em São Francisco. Esses servidores ao redor do mundo, chamados de *pontos de presença*, armazenam em cache o conteúdo da campanha, removendo a carga de seu servidor.

IDENTIFICANDO OS DIFERENTES TIPOS DE REDES DE DISTRIBUIÇÃO DE CONTEÚDO (CDN)

Existem diversos tipos de CDNs que oferecem diferentes tipos de serviços:

» **Orientado ao conteúdo:** As CDNs orientadas ao conteúdo armazenam em cache o último estado atualizado de sua campanha. Isso significa que, se o servidor cair, o conteúdo do servidor CDN ainda estará acessível.

» **Orientado à segurança:** CDNs orientadas à segurança podem detectar ataques de negação de serviço distribuído (DDoS) antecipadamente e bloqueá-los com servidores de proteção DDoS especiais chamados de *depuradores*. Isso significa que qualquer ataque com a intenção de travar seu servidor nunca o alcançará.

PAPO DE ESPECIALISTA

O DDoS é uma tentativa maliciosa de interromper o tráfego normal de sua campanha, sobrecarregando seu servidor com uma inundação de tráfego online. É como causar um congestionamento deliberado em uma rodovia para impedir a passagem de tráfego regular. Os ataques DDoS alcançam eficácia usando vários sistemas de computador comprometidos como fontes de tráfego de ataque.

» **Orientado ao conhecimento:** Ao usar o conhecimento acumulado de seus muitos clientes, uma CDN orientada ao conhecimento pode aprender sobre endereços IP suspeitos, spammers e comportamento de spammers. Qualquer infrator identificado em qualquer servidor parará de funcionar em todos os outros sites protegidos pela mesma CDN.

SELECIONANDO UM SERVIÇO DE DISTRIBUIÇÃO DE CONTEÚDO (CDN)

Muitos provedores de CDN estão disponíveis, incluindo alguns gratuitos, mas você pode optar por um provedor de CDN premium para sua campanha de gamificação. Aqui estão cinco provedores de CDN que recomendo:

» **Amazon Web Services (AWS; https://aws.amazon.com):** É o maior provedor de serviços e computação em nuvem do mundo. Ele oferece serviços de nuvem em grande escala, como proteção DDoS, uma CDN, armazenamento, análises e serviços de banco de dados online.

» **Google Cloud CDN (https://cloud.google.com/cdn):** Usa a infraestrutura global do Google (a mesma infraestrutura que o Google usa para fornecer seus produtos de usuário final, como a Pesquisa Google e o YouTube) para armazenar em cache e fornecer conteúdo para seus clientes. Você também precisa ser um usuário do Google Cloud Platform (GCP; https://cloud.google.com) para usar o Google Cloud CDN.

» **Microsoft Azure CDN** (`https://azure.microsoft.com/en-us/services/cdn/`): Este é um dos seiscentos serviços que fazem parte do Microsoft Azure, um provedor de computação em nuvem estabelecido pela Microsoft. Ele tem um alcance muito mais amplo em mercados globais em desenvolvimento do que o AWS e o Google Cloud CDN, então, se estiver lançando em uma escala global ou em um continente inteiro, recomendo usar o Microsoft Azure CDN.

» **Cloudflare CDN** (`https://www.cloudflare.com/cdn/`): É uma das empresas de crescimento mais rápido no espaço de segurança e desempenho. A Cloudflare tem escritórios em São Francisco, Londres e Cingapura e é apoiada pelo Google, Baidu, Microsoft e Qualcomm. Oferece planos de autoatendimento e empresariais para clientes de pequeno, médio e grande porte.

» **Rackspace CDN** (`www.rackspace.com/openstack/public/cdn-content-delivery-network`): É uma empresa de computação em nuvem com sede em Windcrest, Texas, EUA. Seu foco principal é fornecer serviço e suporte superiores. Embora a Rackspace tenha começado com hospedagem na web, agora fornece virtualmente qualquer serviço imaginável, incluindo serviços CDN.

IMPLEMENTANDO UMA REDE DE DISTRIBUIÇÃO DE CONTEÚDO (CDN)

A implementação de uma CDN normalmente envolve a alteração dos registros DNS com o registrador de nomes de domínio, a empresa que detém seu nome de domínio. Isso resulta em todo o tráfego indo para a CDN primeiro. Como tudo acontece nos bastidores, o usuário nem percebe o que está acontecendo.

Instalar uma CDN pode ser um processo relativamente fácil. Na maioria das situações, você pode se limitar às configurações mais simples e adaptar as coisas para atender às suas necessidades específicas. Se tiver necessidades específicas, pode ter que entrar em contato com seu provedor de CDN para obter assistência adicional.

Antes de começar a adicionar uma CDN à sua campanha, você precisará de acesso administrativo ao painel de seu domínio (conhecido como CPanel). Não se preocupe em lidar com isso sozinho — o gerente de TI ou administrador do servidor em sua empresa pode cuidar disso para você.

Verificando o servidor

Certifique-se de que o servidor em que a campanha será executada está equipado para lidar com um aumento repentino no tráfego da web. Aqui estão algumas verificações que você pode fazer antes de iniciar a campanha:

DICA

» **Largura de banda:** Todos os provedores de hospedagem impõem limites à largura de banda do seu servidor. A largura de banda é consumida quando os dados são recuperados do servidor e entregues aos visitantes. Todos os dados enviados do site para o cliente (e vice-versa) contam para o consumo.

Verifique com seu host para ver se pode melhorar sua largura de banda durante a campanha.

» **Tempo limite:** O tempo limite do servidor evita que os visitantes esperem infinitamente pela resposta do servidor. Quando o tempo limite é menor, as conexões com seu servidor serão liberadas mais cedo, então ele será capaz de lidar com mais conexões. A duração do tempo limite varia dependendo de qual programa faz a solicitação de dados do servidor e pode variar de alguns segundos a algumas horas.

Reduza os valores de tempo limite do servidor consultando seu provedor de hospedagem. Eles poderão aconselhá-lo sobre o número ideal com base na configuração do seu servidor e nas suas necessidades.

» **Hardware:** Quando se trata do hardware do seu servidor, mais é geralmente melhor e mais rápido. Atualize seu hardware de servidor antes do início de sua campanha. Isso inclui atualizar as memórias física e virtual. Veja com seu provedor de hospedagem as opções que ele oferece.

» **Balanceamento de carga:** É usado para melhorar o desempenho e a confiabilidade de sua campanha, distribuindo a carga de trabalho de seu servidor. Isso é feito introduzindo um balanceador de carga e, pelo menos, um servidor da web extra no back-end.

Atualizando o software

CUIDADO

Atualizar o software do servidor não é apenas uma forma de proteção contra ataques cibernéticos. As atualizações de software também ajudam a garantir que o servidor possa continuar a lidar com o tráfego que a campanha receberá. Se não atualizar o software com frequência, o servidor pode travar, mesmo com um baixo volume de visitantes.

Terceirizando seu armazenamento de mídia

Todos os *rich media* (recursos avançados como vídeo, áudio ou outros elementos que incentivam os espectadores a interagir e se envolver com o conteúdo) devem ser fornecidos por meio de um serviço terceirizado de distribuição de mídia ou em um servidor de mídia dedicado. Ao utilizar a entrega de arquivos externos para a sua mídia avançada, você reduz a carga sobre a largura de banda do seu servidor e empurra o peso para os servidores externos. Dessa forma, a campanha carregará mais rápido, mesmo durante picos de tráfego.

Aqui estão os dois principais serviços que você deve considerar:

- » **Serviços de hospedagem de imagens:** Sites como Flickr (www.flickr.com) e Photobucket (https://photobucket.com) fornecem esse serviço, mas sugiro fortemente que considere soluções mais robustas, como um servidor dedicado ou uma CDN.
- » **Serviço de streaming de vídeo:** Hospedar vídeos no mesmo servidor do seu site pode drenar sua largura de banda relativamente rápido. Por esse motivo, pode ser importante descarregar sua mídia em um serviço de terceiros, como YouTube (www.youtube.com) ou Vimeo (www.vimeo.com).

Lidando com Falhas de Dados

Se o seu servidor cair, você pode perder dados valiosos e comprometer toda a sua campanha de marketing de gamificação. É por isso que você precisa saber como identificar a causa de um servidor travado, encontrar uma solução e tomar medidas para garantir que isso não aconteça novamente.

Identificando o motivo

O primeiro passo é ver se consegue descobrir o que aconteceu. A causa mais óbvia é uma falha de energia. Tempestades, desastres naturais e quedas de energia em toda a cidade podem desligar o servidor.

Aqui estão algumas outras causas menos óbvias de falhas de servidor:

- » **Problemas de configuração:** Os erros de configurações automatizada e manual podem causar problemas permanentes, incluindo perda de backups.
- » **Problemas de sobrecarga do sistema:** Um aumento no tráfego devido à viralização de sua campanha é uma boa notícia. Mas também pode ser um pesadelo. Seu servidor pode não ser mais capaz de lidar com a crescente atenção dos usuários, levando a uma sobrecarga do sistema.

» **Problemas de hardware:** Infelizmente, o hardware do servidor às vezes falha e, quando isso acontece, o servidor pode ficar lento e, em alguns casos, falhar. Certifique-se de atualizar os servidores com frequência.

» **Problemas relacionados à rede:** Se a campanha sofre com lentidão, o servidor pode estar sofrendo um gargalo de largura de banda. Também pode ser que o disco rígido do servidor esteja começando a ficar cheio ou fragmentado.

» **Problemas de serviço:** Seus servidores executam vários serviços, como File Transfer Protocol (FTP), em segundo plano. Periodicamente, esses serviços precisam ser mantidos; por exemplo, eles precisam ser atualizados e, às vezes, reiniciados manualmente pelo administrador. Certifique-se de que um membro da sua equipe de TI seja responsável por isso.

Resolvendo o problema

Se o servidor travou ou está funcionando muito lentamente, a equipe de TI determinará a causa do problema e colocará a campanha nos eixos.

DICA

Se os problemas afetam apenas determinados usuários, o TI deve ser capaz de solucionar o problema rapidamente e corrigi-lo. Por outro lado, se estiver sob um ataque DDoS, pode demorar muito mais. Sua equipe de TI precisará encerrar sua campanha enquanto lidam com o ataque. Eles também devem proteger todos os dados antes que o servidor fique online e novo.

Evitando que os problemas aconteçam novamente e minimizando os danos

Muitas falhas de servidor podem ser evitadas se você seguir algumas diretrizes importantes de segurança:

» **Realize auditorias regulares para detectar problemas o mais rápido possível.** Uma auditoria regular é feita por equipes de TI para ajudar a automatizar a identificação de certos padrões ou anomalias que uma organização pode estar procurando. Pode incluir avaliações de controle e risco, por exemplo. Você pode optar por realizá-las por mês, trimestre ou semestre, mas devem ser realizadas pelo menos duas vezes por ano. O período de tempo entre as auditorias depende do nível de complexidade de seus sistemas e do tipo de informação que você mantém (por exemplo, dados altamente confidenciais).

» **Limite o número de administradores.** Um modo de minimizar o risco geral de segurança é minimizar o número de administradores que você tem e com que frequência eles precisam fazer logon. O número específico depende das necessidades operacionais e estratégias de negócios de cada ambiente, mas como prática recomendada, dois ou três são o suficiente.

Infelizmente, muitas organizações adicionam todos como administradores para facilitar a correção e configuração dos servidores que precisam administrar. Isso os deixa muito mais expostos a hacks maliciosos. Os direitos do administrador devem ser entregues com cuidado e usados com discrição.

» **Verifique rotineiramente os logs do servidor em busca de quaisquer anomalias.** As empresas devem revisar seus registros todos os dias em busca de erros, anomalias ou atividades suspeitas que se desviem da norma. Do ponto de vista da segurança, o objetivo de um log é atuar como uma bandeira vermelha quando algo ruim está acontecendo. A revisão regular dos logs pode ajudar a identificar ataques maliciosos ao seu sistema.

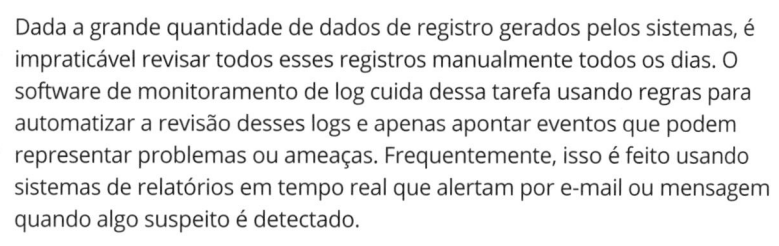

Dada a grande quantidade de dados de registro gerados pelos sistemas, é impraticável revisar todos esses registros manualmente todos os dias. O software de monitoramento de log cuida dessa tarefa usando regras para automatizar a revisão desses logs e apenas apontar eventos que podem representar problemas ou ameaças. Frequentemente, isso é feito usando sistemas de relatórios em tempo real que alertam por e-mail ou mensagem quando algo suspeito é detectado.

» **Use firewalls e chaves criptográficas para autenticar usuários.** Um *firewall* é um software que controla quais serviços são expostos à rede. Isso significa bloquear ou restringir o acesso a todas as portas, exceto aquelas que deveriam estar disponíveis publicamente. Firewalls são uma parte essencial de qualquer configuração de servidor. Mesmo que seus próprios serviços implementem recursos de segurança ou sejam restritos às interfaces nas quais você gostaria que fossem executados, um firewall serve como uma camada extra de proteção.

Uma *chave criptográfica* é uma sequência de bits usada por um algoritmo criptográfico para transformar texto simples em texto cifrado ou vice-versa. Essa chave permanece privada e garante uma comunicação segura. Na segurança de computadores, um servidor de chaves é um computador que recebe e, em seguida, fornece as chaves criptográficas existentes para usuários ou outros programas.

» **Crie um failover de servidor.** Um failover (tolerância a falhas) de servidor pode ajudar a evitar que sua campanha seja interrompida no caso de uma falha do servidor. Ele funciona realizando detecções automáticas de quaisquer erros em seu servidor. Se um erro for detectado, todo o tráfego será enviado automaticamente para um servidor de backup.

Um failover de servidor é uma solução fácil para a equipe de TI configurar. Ele funciona instalando dois servidores com conteúdo idêntico em ambos. São chamados de servidor primário e secundário. Um terceiro servidor monitora o primário e procura quaisquer problemas. Se o terceiro detectar um problema, ele atualizará automaticamente os registros DNS do site para que o tráfego seja desviado para o servidor secundário.

Quando o TI consertar o servidor primário e ele estiver funcionando novamente, o tráfego será encaminhado de volta ao seu servidor primário. A melhor parte de tudo isso é que, além das pessoas que visitam sua campanha no momento exato em que o servidor falha, o resto do seu público não notará nada.

» **Faça backup de sua campanha.** Faça backups regulares de sua campanha e dados, caso seu servidor fique offline. Se tiver um backup recente, a equipe de TI poderá colocar sua campanha de volta ao ar rapidamente.

Armazene seus backups em um local separado — um que seja seguro e facilmente acessível em caso de falha do servidor.

Existem muitos tipos de backup disponíveis:

- **Backup completo:** É o tipo de backup mais importante, no qual é feita uma cópia de toda a sua campanha, incluindo todos os dados. Um backup completo é o mais demorado para ser executado. Ele também ocupa a maior parte do armazenamento. No entanto, pode ser mais fácil restaurar dados de um backup completo do que de outros tipos de backup, por isso é o mais importante de se ter. A empresa média se beneficiará com a realização de um backup completo a cada 24h.

- **Backup incremental:** Um backup incremental é ideal depois que um backup completo já foi concluído. Com um backup incremental, apenas os dados que foram alterados desde o último backup são copiados. Isso significa que é o método de backup que consome menos tempo e armazenamento. No entanto, para restaurar os dados, você deve reconstruí-los a partir do último backup completo, além de todos os backups incrementais intermediários.

- **Backup diferencial:** Enquanto um backup incremental salva apenas os dados alterados desde o último backup, um diferencial faz uma cópia de todos os dados alterados desde o último backup completo. Para restaurar, você precisa do último backup completo mais o diferencial mais recente. A vantagem dos backups diferenciais é que as restaurações são mais fáceis do que a combinação de backup completo mais incremental. No entanto, é mais provável que cada diferencial tenha um tamanho maior e consuma mais tempo do que os incrementais.

- **Backup completo sintético:** Um backup completo sintético obtém um completo e o combina com incrementais subsequentes para fornecer um backup completo que está sempre atualizado. Os completos sintéticos têm a vantagem de serem fáceis de restaurar. No entanto, há uma sobrecarga de processamento no servidor de backup que excede o processamento incorrido por um incremental simples.

DICA Tenha uma estratégia estabelecida para garantir que sua equipe teste regularmente as soluções para falhas no servidor. Cada uma das soluções é semelhante à cobertura de seguro para sua campanha, mas é importante estar certo de que elas estão funcionando quando você precisar "fazer um pedido de indenização". Por exemplo, não é uma boa ideia esperar até que precise restaurar sua campanha para descobrir se seus backups são bons.

A recuperação de dados é um cenário extremamente estressante — que não precisa da preocupação adicional de suas soluções falharem quando você mais precisa delas. A saída é testar suas soluções em cenários de simulação. Testes regulares podem mostrar que suas estratégias de recuperação foram bem-sucedidas e também que todo o processo pode ser concluído a tempo.

DICA Se possível, agende um teste logo após cada backup para validar se os dados foram protegidos com sucesso. Isso nem sempre será prático. Portanto, você precisa equilibrar o esforço de recuperação com um grau de confiança em seus procedimentos de restauração. No mínimo, agende um teste de restauração para sua campanha semanalmente.

Aplicando as Melhores Práticas de Desenvolvimento

A maioria das falhas de servidor e dados causadas por tráfego viral estarão fora de seu controle até que ocorram. No entanto, existem muitas boas práticas de desenvolvimento que podem garantir que a codificação e os dados não aumentem a pressão sobre os servidores quando um pico de tráfego atingir sua campanha. Essas práticas podem ajudar a comportar visitantes adicionais na rede sem ter que se preocupar em exceder a largura de banda.

Otimizando o código de gamificação

Existem duas áreas nas quais seus desenvolvedores podem reduzir significativamente a quantidade de largura de banda que cada visitante consome. Essas estratégias resultarão em muitos benefícios adicionais, como velocidades de navegação mais rápidas para seus visitantes e menos solicitações de página, reduzindo consideravelmente a carga em seu servidor.

Com essas mudanças, você deve desfrutar de velocidades de entrega mais rápidas e, em última análise, uma grande redução no uso da largura de banda.

Compressão de imagens

Conservar a quantidade de largura de banda consumida garantirá que sua campanha seja constantemente entregue aos visitantes. Uma técnica é reduzir o tamanho das imagens usadas na página de destino da campanha e no código de gamificação. Você pode fazer isso executando as imagens por meio de um programa que reduzirá a qualidade da imagem a um nível aceitável, bem como reduzindo as dimensões para os requisitos ideais. Essa estratégia também beneficia outros aspectos do servidor, como espaço em disco e uso. Com a redução do tamanho dos arquivos, você reduzirá o uso geral da largura de banda e proporcionará uma experiência de navegação mais rápida.

> **DICA**
>
> Certifique-se de não comprimir demais as imagens, ou você reduzirá a qualidade geral. Há uma variedade de algoritmos de compactação de imagem que adotam abordagens diferentes para reduzir o tamanho do arquivo. As seguintes ferramentas usam várias delas para minimizar o tamanho das imagens:

- » JPEGmini (www.jpegmini.com)
- » RIOT (https://riot-optimizer.com)
- » Shrink O'Matic (http://toki-woki.net/p/Shrink-O-Matic)

Redução do código

Você pode reduzir ainda mais o uso de largura de banda incentivando os desenvolvedores a adotar bons padrões com seu código de gamificação. Todos os jogos HTML5 são codificados usando JavaScript e CSS. Embora essa otimização não faça muita diferença no início da campanha, os benefícios serão enormes quando a campanha alcançar mais de 100 mil visitantes diários.

> **PAPO DE ESPECIALISTA**
>
> Combine todo o seu CSS em um arquivo `style.css` global e reduza os comentários e os espaços em branco. Cada caractere e espaço em branco equivalem a bytes de dados, portanto, se tiver dezenas de páginas CSS carregadas em cada atualização de página, poderá facilmente economizar alguns kilobytes de transferência de dados quando um visitante chega à sua campanha, se você usar um arquivo `style.css`.

> **PAPO DE ESPECIALISTA**
>
> As mesmas técnicas podem ser aplicadas a arquivos JavaScript, mas pode haver sérias ramificações para o seu jogo se as alterações não forem utilizadas e testadas adequadamente. Evite combinar todo o código em um arquivo. É melhor ter arquivos específicos chamados apenas quando necessário nas páginas que exigem esse código. Por exemplo, não é uma boa ideia chamar `playgame.js` em todas as páginas que não têm o jogo em destaque. Isso iria contra o propósito de combinar seus arquivos JavaScript.

Retoques finais

Existem algumas dicas adicionais para economia de largura de banda que seus desenvolvedores devem tentar seguir:

» Certifique-se de que seu servidor esteja executando algum tipo de software de compactação para entrega ideal de arquivos.

» Ative o cache de página. Isso reduzirá drasticamente o uso de recursos do servidor, bem como o uso de largura de banda.

» Considere um servidor de rich media dedicado ou serviço de entrega de mídia de terceiros, assim você descarregará uma parte da largura de banda para esses servidores.

» Corrija todas as imagens ausentes. Elas aumentam o tempo de carregamento do seu site e, em algumas páginas baseadas em JavaScript, aumentam o uso da largura de banda.

Concentrando-se na finalidade dos dados

Embora a otimização do servidor da web ajude a reduzir o uso da largura de banda, sua campanha certamente executará um servidor de banco de dados separado, que também pode se beneficiar de bons padrões de codificação.

Se você não trabalhar junto com seus desenvolvedores, seu banco de dados corre o risco de ser projetado incorretamente do ponto de vista estrutural.

Os dados são armazenados para serem consumidos posteriormente, e o objetivo é sempre armazená-los e recuperá-los da maneira mais eficiente. Para isso, o designer do banco de dados deve saber com antecedência o que os dados representarão, como serão adquiridos e a que taxa, qual será o volume operacional (quantos dados são esperados) e, por fim, como serão usados.

Trabalhe com seus desenvolvedores para que saibam a finalidade do sistema de dados que você deseja que criem:

» Certifique-se de que os desenvolvedores de jogos e desenvolvedores da web tenham uma discussão aberta com os desenvolvedores de banco de dados.

» Descubra quais análises de dados e relatórios você deseja da campanha no início do processo de desenvolvimento e compartilhe essas informações com os desenvolvedores de banco de dados.

» Certifique-se de que todos os objetivos e recompensas da gamificação sejam totalmente explicados no estágio inicial do processo de desenvolvimento.

» Certifique-se de que seus desenvolvedores de banco de dados se adaptem aos novos objetivos de gamificação e recompensas que podem ser implementados após o lançamento da campanha.

» Certifique-se de que os desenvolvedores estão cientes de que haverá campanhas futuras que usarão o mesmo servidor de banco de dados.

5 Preparativos para Sua Próxima Jornada de Gamificação

NESTA PARTE . . .

Aprenda com seus erros e esteja atento a equívocos comuns de dados analíticos.

Encontre a melhor maneira de relançar sua próxima campanha de marketing de gamificação.

NESTE CAPÍTULO

» Compreendendo o que seus dados estão lhe dizendo

» Analisando o futuro dos dados e do marketing

Capítulo **13**

Fracasso: Aprendendo com a Primeira Jornada

"Uma coisa é certa nos negócios. Você e todos ao seu redor cometerão erros."

—RICHARD BRANSON

Toda campanha de marketing de gamificação comete erros. Aquelas que acabam se tornando bem-sucedidas são normalmente administradas por equipes de marketing que podem admitir quando pisaram na bola e aprender com essas experiências.

Cometer erros em qualquer fase da sua campanha é inevitável. O importante é:

» Permanecer aberto à possibilidade de sua campanha ter grandes falhas.

» Treinar sua equipe para identificar quaisquer problemas com antecedência. Incentive ativamente o feedback sobre problemas.

» Resolver o problema agindo.

Você precisa ser capaz de identificar quando a campanha não está entregando os resultados desejados. Esteja preparado para ajustar sua estratégia no meio do caminho para garantir que sua campanha atinja o potencial máximo.

Compreendendo os Resultados

Cada campanha que executar fornecerá uma riqueza de informações sobre como melhorar para a próxima. No entanto, você precisa saber onde procurar. O primeiro lugar em que deve procurar são os dados que coletou.

Os dados fornecerão informações não apenas sobre o que foi coletado, mas também sobre o que não foi. Analisar seus dados lhe dará uma ideia melhor de quais áreas de sua campanha você precisa fortalecer.

Depois de identificar esses pontos fracos, você pode planejar a melhoria de campanhas futuras e assegurar a implementação de verificações para garantir que não cometa os mesmos erros novamente.

Usando os dados a seu favor

É infinitamente mais provável que você tenha sucesso na campanha de gamificação ao basear as decisões nas informações analisadas a partir de dados.

Aqui estão alguns erros que as equipes de marketing geralmente cometem ao tentar obter o máximo valor de seus dados:

» **Depender do tráfego da web:** Muitas equipes de marketing acham que a análise da web é suficiente para decidir se a campanha é um sucesso. Claro, o tráfego da web é o dado mais óbvio e fácil de detectar ao avaliar a análise da campanha. Mas, a menos que seu único objetivo seja obter tráfego, você precisa tratar o tráfego da web como apenas uma métrica entre muitas.

As estatísticas da web não informam se o público gostou do conteúdo da sua campanha, se gostou dos elementos gamificados ou mesmo se ganhou pontos e emblemas. Tudo o que realmente mostra é que seu público encontrou sua campanha — o que ainda é importante, mas não é uma medida do sucesso geral de sua campanha.

Se quiser tirar mais proveito de sua análise da web, avalie a taxa de rejeição da campanha. Ela lhe ajudará a visualizar se sua campanha foi o que seu público realmente esperava. Use dados extras das análises e você poderá ver resultados reais e ter uma ideia melhor do sucesso de sua campanha.

» **Falha ao crescer:** Você precisa ir além dos dados que coleta e usar o big data (veja o Capítulo 11). Big data é ótimo para descobrir o que deu errado com sua campanha e dá uma boa ideia do que realmente estava acontecendo.

Usando técnicas de big data, você conseguirá prever tendências futuras em seu setor, o que permitirá que direcione determinados tópicos, garantindo que seu marketing de conteúdo seja relevante e influente.

Sua campanha, quer tenha sido um sucesso ou não, fornecerá dados valiosos provenientes do usuário. Esses dados podem fortalecer quaisquer suposições que você fez sobre sua campanha e ajudarão todos os seus esforços futuros a serem mais eficazes.

» **Deixar suas personas em paz:** Muitas equipes de marketing gastam tanto tempo construindo suas *personas* (perfil de pessoas) que, uma vez concluídas, presumem que são perfeitas e devem ser deixadas em paz.

Com cada uma de suas campanhas de marketing de gamificação, você coletará mais dados diretamente relacionados aos seus mercados-alvo. Mas é importante perceber que seu mercado-alvo será preenchido com indivíduos complexos. É por isso que existe toda a ideia de criar personas em marketing — o marketing direto para todos esses públicos em potencial é difícil, então você os agrupa em personas. No entanto, se não usar as novas informações que cada campanha gera para *atualizar* suas personas, elas permanecerão desatualizadas e possivelmente incorretas.

Tente atualizar suas personas após cada campanha.

» **Tratar dados de dispositivos móveis e de desktop como um só:** Tratar dados de ambas as plataformas como uma única entidade é um grande erro que pode levar a dados incorretos. Seu público interagirá com sua campanha de maneira diferente em dispositivos móveis e em computadores. Seus dados devem ser tratados e analisados de forma separada para que possa descobrir insights sobre seu público-alvo que normalmente descartaria se os dados estivessem todos em um agrupamento.

Ao lançar uma campanha de marketing de gamificação, o marketing de plataforma cruzada pode ser um grande desafio. No entanto, você pode simplificar sua estratégia para sua próxima campanha se tratar a análise de campanhas anteriores de ambas as plataformas separadamente.

» **Ser amplo, mas não profundo:** As métricas que gera no dia a dia durante sua campanha de gamificação são benéficas apenas para a duração da campanha. Quando ela terminar, você precisará se aprofundar em suas análises para descobrir como o público interagiu com a campanha.

Por exemplo, analise o que o público fez quando chegou à página de destino:

- Eles clicaram em algum dos CTAs? Em caso afirmativo, quais foram os mais e os menos populares?
- Eles passaram algum tempo aprendendo como jogar e interagir com os elementos do seu jogo?
- Quais páginas foram mais e menos visitadas?
- Em média, quanto tempo o público que *não* interagiu com o jogo permaneceu na página antes de sair?

Enquanto se aprofunda em suas análises, é preciso começar a encontrar respostas para perguntas pertinentes. Por exemplo, por que certas páginas não foram visitadas? Houve uma barreira para acessar essas páginas (por exemplo, os links não eram óbvios o suficiente)?

Esses tipos de informações podem guiá-lo para ajustar sua próxima campanha e agilizar a jornada do público.

» **Falha em captar a atenção:** É muito difícil saber se a estratégia de sua campanha captou a atenção do público. Analisar a taxa de rejeição pode ajudar, mas traduzir a taxa de rejeição do seu site de destino em uma medida de atenção do público não é totalmente acurado.

Você precisa conectar outras métricas para formar uma imagem melhor de como sua campanha captou a atenção do público:

- O conteúdo entregou o que seu público esperava?
- O jogo despertou o interesse deles imediatamente?
- O jogo forneceu elementos suficientes para convencer o público a retornar?

Uma das análises mais úteis é o tempo que os visitantes passam em páginas específicas da campanha. Analise quanto tempo um visitante médio, mas engajado, gastou em toda a campanha. Isso inclui todas as seções de ajuda, vídeos, áreas de conteúdo e o próprio jogo. Se houver um grande desvio do que esperava que fossem os tempos médios, você está perdendo a atenção dos visitantes.

Muito tempo gasto em uma página também pode ser um sinal de perda de interesse. Qualquer coisa acima da marca de 30min pode significar que o público desviou o olhar da campanha, mas deixou a guia do navegador aberta. A maioria das análises para de rastrear o tempo de visita após 30min; se o usuário retorna e clica em algo, isso é registrado como uma nova visita.

Se os tempos forem curtos (por exemplo, apenas alguns segundos), seu público ficou extremamente desanimado com algo em sua campanha ou ela não entregou nada de valor para eles. Comece a trabalhar nos motivos e aplique isso nas páginas da próxima campanha. É importante manter o interesse e ajudar o público a se envolver com sua campanha.

Usando corretamente as análises

A análise é uma forma muito poderosa de comunicar os resultados da campanha de marketing de gamificação para sua equipe e gerenciamento. Se você ainda não está representando seus dados corretamente, não está apenas confundindo suas análises; pode estar deturpando-as inteiramente. Dedicar um tempo a entender como sua análise funciona permitirá que avalie sua campanha de forma justa e aprenda lições valiosas para a próxima.

Aqui estão alguns erros comuns que as equipes de marketing cometem quando se trata de análise:

» **Pensar que números baixos são iguais a más notícias:** Quando você vê um número baixo em suas métricas, sua primeira reação pode ser pensar que a campanha falhou. Afinal, números altos de tráfego só podem significar sucesso. No entanto, um número baixo nem sempre é ruim.

Para algumas métricas, números baixos são bem-vindos. Por exemplo, você quer garantir que o número de cancelamentos da assinatura dos e-mails caiu. Quando essa métrica é baixa, significa que os e-mails são bem-vindos e o conteúdo é atraente para o público! Seu custo de aquisição de clientes caiu? Isso significa que os esforços de marketing estão se tornando eficientes!

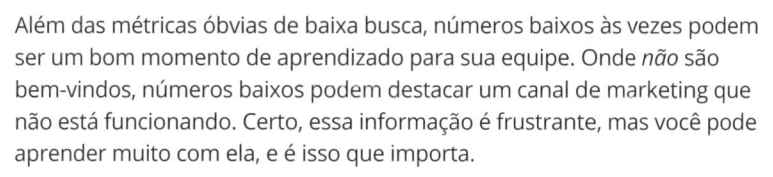

Além das métricas óbvias de baixa busca, números baixos às vezes podem ser um bom momento de aprendizado para sua equipe. Onde *não* são bem-vindos, números baixos podem destacar um canal de marketing que não está funcionando. Certo, essa informação é frustrante, mas você pode aprender muito com ela, e é isso que importa.

Por exemplo, quando está analisando o desempenho de seus canais de mídia social, pode perceber que as taxas de conversão do Twitter são baixas. Ao mesmo tempo, as taxas de conversão do Facebook e do LinkedIn podem ser muito boas. O conhecimento dessas informações pode orientá-lo a concentrar seus esforços com mais eficiência, investindo nos canais de marketing que funcionam para você em campanhas futuras.

» **Confundir visitas com visualizações:** Visitas e visualizações podem parecer semelhantes, mas, na verdade, são bem diferentes. Aqui está o significado desses dois termos-chave:

- Uma *visita* é quando um visitante chega a partir de um URL externo.
- Uma *visualização* (ou *exibição de página* como é conhecida no Google Analytics) é contada quando a página é carregada ou recarregada por um navegador da web.

A chave para entender essas duas métricas é avaliar seu contexto. Por exemplo, uma postagem de blog para sua campanha que inspira um grande número de visualizações de página para seu blog, mas resulta em um número relativamente baixo de visitantes para a página de destino de sua campanha pode não ser tão influente quanto parece à primeira vista.

As visualizações de página são dados brutos valiosos, mas sem um entendimento mais profundo de seu site e dos padrões de comportamento de seu público, eles representam apenas uma parte do desempenho do site.

» **Juntar todo o tráfego:** Nem todo o tráfego é criado da mesma forma e certamente não deve ser tratado assim. O tráfego para sua campanha virá de vários canais, incluindo pesquisa orgânica, referências de outros sites, tráfego direto, tráfego pago, marketing por e-mail, mídia social e possivelmente mais.

Sempre tente dividir seu tráfego em partes menores, representando os diferentes canais de marketing que está empregando. A partir disso, poderá analisar a porcentagem que cada canal aumentou ou diminuiu mês após mês.

Quando conhecer esses números categorizados, começará a entender em que área investir seu tempo e recursos para sua próxima campanha. Se a mídia social gerou tráfego para seu site convertido, então essa é uma boa indicação de que você deve continuar a investir em seus esforços de mídia social. No entanto, se o seu marketing por e-mail gerou poucas visitas, ou nenhuma, com uma taxa de conversão muito baixa, então pode ser uma boa ideia usar menos o e-mail e investir mais nos canais que estão gerando tráfego e conversões.

» **Comparar pontos de dados não relacionados:** Você precisa comparar os pontos de dados relacionados, não os não relacionados. A parte difícil é saber quais estão relacionados e quais não estão. Por exemplo, comparar o desempenho de CTAs pode parecer óbvio, mas nem sempre faz sentido compará-los. Um dado pode falar sobre como incentivar o público a se envolver com o jogo, enquanto outro pode oferecer ajuda sobre como jogar.

Comparar pontos de dados não relacionados pode levá-lo a investir seu orçamento da maneira errada. Por exemplo, ao observar as fontes de visitas para sua campanha, pode notar que um número maior de visitas veio de cliques de e-mail do que, digamos, de dispositivos móveis. Você não deve investir mais em marketing por e-mail e nem tanto em marketing móvel. O por e-mail e o móvel são completamente diferentes — o primeiro é usado para *entregar* uma mensagem, enquanto o segundo é o dispositivo usado para *receber* essa mensagem.

» **Equacionar engajamento com tempo:** O fato de uma pessoa passar muito tempo em sua campanha não significa que ela estava mais engajada. Por exemplo, pode significar que ela estava tendo problemas para encontrar o que procurava. E, se for esse o caso, você tem um problema de experiência do usuário (UX) que precisa ser resolvido na próxima campanha.

Se perceber que os visitantes passam longos períodos em sua campanha, não pense que eles adoraram o conteúdo e a experiência. Faça um teste de usuário para ver se as pessoas estão realmente engajadas com seu conteúdo ou se estão tendo problemas para encontrar o que procuram.

Pesquisando para o Futuro

Cada campanha de marketing de gamificação tem um público-alvo diferente. Se você não sabe quem será o seu, não há esperança de alcançá-lo. Além disso, pode estar criando uma campanha que não atrairá nem repercutirá em seu público.

Você pode refinar seu mercado-alvo de várias maneiras (veja o Capítulo 7). Por exemplo, a pesquisa de mercado pode fornecer uma excelente visão sobre as personas que se envolverão com o que sua campanha tem a oferecer. Ao identificar essas personas, você pode se concentrar em maneiras de alcançá-las. Nas seções a seguir, mostrarei como.

Confiando na marca

Desenvolver a marca da sua campanha criará uma mensagem confiável e clara que você pode transmitir ao seu público. Seu público ficará desconfiado e cético em relação a qualquer campanha que não reconheça instantaneamente. A melhor maneira de minimizar essa possibilidade é garantir que a mensagem e as imagens de sua marca sejam consistentes.

No entanto, a marca por si só nem sempre ganha confiança, especialmente se sua empresa for menor ou mais nova. No playground digital moderno, mais e mais pessoas estão recorrendo a avaliações para decidir se podem confiar em uma marca ou produto. Isso significa que você precisa monitorar suas campanhas em sites de avaliações e canais de mídia social. Seu público vai querer ver outras avaliações ou comentários que mostram a qualidade da campanha, para que não fiquem às cegas.

Uma forma de impulsionar suas avaliações é pedir proativamente ao seu público atual para avaliar suas campanhas anteriores. Você pode até incentivar o público existente a deixar comentários honestos sobre campanhas anteriores em troca de recompensas em campanhas futuras.

Muitos sites de avaliação independentes estão disponíveis para o seu público deixar suas experiências, como o Reviews.io (www.reviews.io). Aqui estão alguns dos principais sites de avaliação:

- » **Google My Business (www.google.com/business):** É uma ferramenta gratuita para empresas gerirem a sua presença online em todos os produtos Google, incluindo a Pesquisa e o Maps. Funciona bem para todos os tipos de negócios.

- » **Tripadvisor (www.tripadvisor.com):** É uma empresa online de viagens em que os usuários podem deixar comentários de hotéis, restaurantes e assim por diante. O Tripadvisor opera sites internacionalmente em mais de 25 países. Ele funciona bem para campanhas relacionadas a viagens, restaurantes e negócios relacionados à alimentação.

- » **Angie's List (www.angieslist.com):** É uma lista de serviços e site de avaliação que oferece classificações baseadas no usuário e avaliações de profissionais de serviços em áreas locais. As avaliações da Angie's List são de membros, que avaliam as empresas usando uma escala de A a F em preço, qualidade, capacidade de resposta, pontualidade e profissionalismo. Funciona melhor para empresas de serviços.

- » **Yelp (www.yelp.com):** É um dos maiores sites de avaliações para clientes online, em que os usuários podem publicar avaliações sobre empresas locais. O Yelp também incentiva as empresas a responder às avaliações. Funciona bem para todos os tipos de negócios.

- » **Facebook (www.facebook.com):** Devido ao tamanho da base de usuários do Facebook, ele está ganhando força como um dos sites de avaliação de negócios mais populares. O Facebook é bom principalmente para análises relacionadas a restaurantes, mas está aberto a todos os tipos de negócios.

Atendo-se ao seu orçamento

Você precisa de um orçamento para a campanha de marketing de gamificação, e sua equipe pode errar ao gastar muito ou pouco. Se gastar muito pouco, a campanha não alcançará o público-alvo e falhará antes de começar. Se gastar muito, pode capturar um público desinteressado que não se envolverá.

Gerencie sua campanha de forma proativa. Por exemplo, certifique-se de fazer um orçamento para os custos de configuração de cada campanha de marketing. Suas campanhas levarão tempo e recursos para serem configuradas a fim de serem eficazes. Portanto, planeje como seu orçamento será gasto em cada estágio da duração de sua campanha. Desta forma, você se certificará de que não gastará mais ou menos do que o necessário.

Lidando com as expectativas

Você precisa ter clareza desde o início sobre os resultados desejados para sua campanha de marketing de gamificação. Comunique claramente os objetivos de sua campanha à sua equipe (veja o Capítulo 7).

Idealmente, você precisa entender o que sua campanha de marketing pretende alcançar. A partir daqui, precisará analisar quais desses objetivos são possíveis com os recursos e o orçamento de que dispõe.

DICA Não restrinja os objetivos apenas ao aumento das vendas. A gamificação é perfeita para criar consciência e reconhecimento da marca. Claro, isso não vai entregar resultados imediatos, mas eles serão resultados enormes em longo prazo.

Prestando atenção aos detalhes

Todos podem cometer erros, mas, ao criar camadas de revisão e teste, você reduzirá drasticamente a probabilidade de erros acontecerem na sua campanha.

A falta de atenção pode involuntariamente levar a links quebrados ou erros de ortografia, o que terá um grande impacto em suas taxas de conversão (e você pode acabar desperdiçando o orçamento de sua campanha).

CUIDADO

Erros como CTAs incorretamente vinculados podem levar à frustração. Em geral, públicos frustrados expressam sua infelicidade em suas contas de mídia social. E, se isso acontecer, sua campanha pode realmente *prejudicar* a imagem de sua marca, em vez de apoiá-la.

Sendo consistente com a identidade da marca

Caso seu público perceba uma falta de identidade ou até mesmo mensagens conflitantes, ele provavelmente não se envolverá com sua campanha. Por esse motivo, você precisa começar a definir como a marca geral de sua empresa será representada na campanha.

Procure moldar sua marca na estratégia de reconhecimento da campanha. Além disso, defina o tom e a mensagem da empresa para que ela atraia públicos em potencial. Ao fazer esse tipo de planejamento, a campanha será imediatamente envolvente e você criará uma conexão melhor com o público.

DICA

Comece criando um documento de orientação que descreva sua marca geral, incluindo o tom e a mensagem que sua empresa deseja promover. Isso ajudará a reduzir quaisquer inconsistências em todas as campanhas futuras. O ideal é que todos na equipe entendam a maneira como devem comunicar sua marca.

Aprendendo a atribuir tráfego

Observe as análises de suas campanhas anteriores e tente identificar quaisquer picos repentinos no engajamento. Descubra o que causou esse sucesso para que possa replicá-lo em todas as campanhas futuras.

Por exemplo, foi um anúncio do Facebook com bom desempenho? Ou foi uma menção na postagem de um blogueiro? Sem uma atribuição analítica cuidadosa, você nunca saberá de onde vieram os picos. É por isso que a atribuição de tráfego é tão importante, para que possa avaliar o que está funcionando.

Quando se dá conta dos canais de alto desempenho, pode garantir que todas as campanhas futuras redirecionem recursos das plataformas que não estão atraindo o público.

DICA: Configure os Módulos de Rastreamento Urchin (UTMs) em sua plataforma do Google Analytics. Isso centralizará todos os seus relatórios de tráfego em um só lugar. Os UTMs são projetados para fornecer ao Google Analytics (e outras ferramentas de análise) um pouco mais de informações sobre cada link e a qual campanha de marketing ele se relaciona. Isso permite que você divida o tráfego e segmente clientes, para refinar seus esforços de marketing para as plataformas que funcionam melhor para você.

Esclarecendo sua proposta comercial única

Seu público precisa entender o que torna sua campanha única imediatamente. Se não entender isso, passará rapidamente para a próxima campanha fascinante que encontrará na internet.

Sua próxima campanha pode ter uma incrível proposta de venda única (USP — Unique Selling Proposition), mas, se sua página de destino e conteúdo não comunicarem isso de forma eficaz, o público não ficará por perto. Seus usuários tenderão a se mover a uma velocidade vertiginosa e, se não encontrarem uma conexão com sua campanha, procurarão em outro lugar.

Certifique-se de que sua próxima campanha seja baseada na USP. Isso significa planejar sua estratégia USP bem antes de gastar tempo e dinheiro nas fases posteriores. Um modo de explicar rapidamente sua USP é criar um slogan eficaz. Isso garantirá que sua USP seja comunicada em alguns segundos e permitirá que seu público saiba por que deve permanecer e se envolver com sua campanha.

Conhecendo as novidades

Muitas equipes de marketing seguem a mentalidade de "copiar e colar" quando se trata de desenvolver sua próxima campanha de marketing de gamificação. Embora pareça confortável e faça sentido financeiro, também pode ser uma atitude perigosa no marketing de gamificação.

As plataformas sociais e a tecnologia móvel estão em constante evolução. Antes que você perceba, existem novas plataformas e métodos de marketing para explorar. Se não reservar um tempo para avaliá-los para sua próxima campanha, poderá ser visto como ultrapassado em comparação com as campanhas de seus concorrentes.

LEMBRE-SE: Garantir que sua equipe esteja continuamente ciente das novas plataformas e ficar de olho na tecnologia manterá sua próxima campanha à frente e relevante.

Avaliando e melhorando

Tente passar um tempo avaliando os resultados de suas campanhas concluídas na esperança de que você e sua equipe possam ter esperança de melhorar na próxima. Com revisões e melhorias regulares, poderá refinar suas campanhas futuras para obter melhores resultados.

Depois de cada campanha, sempre haverá áreas para melhorar na próxima. Fazendo isso, você garante que suas campanhas criarão valor para sua empresa.

Modelando o Futuro

O marketing de gamificação está mudando constantemente à medida que equipes de marketing inovadoras continuam a expandir os limites do engajamento. Na maior parte, as novas tecnologias ditam os novos limites que os profissionais de marketing podem atingir com suas campanhas.

Você pode melhorar suas estratégias de marketing explorando sua valiosa análise de dados. Isso inclui o uso de análises para entender como os clientes atuais e potenciais se comportam. Isso pode ajudá-lo a tomar melhores decisões e analisar o desenvolvimento de suas próximas campanhas.

Apurando dados

Big data é uma forma fantástica e eficaz de planejar sua próxima campanha (veja o Capítulo 11). No entanto, o big data em si pode deixá-lo sobrecarregado com o volume sem precedentes e a variedade de informações não estruturadas. Depois de coletar os dados, descobrir como separar os insights úteis dos dados irrelevantes pode parecer impossível.

Aqui estão algumas técnicas úteis que você pode empregar para garantir que obtenha o que precisa do big data:

» **Desenvolva um plano para garantir a integridade de seus dados.** O único objetivo do plano é garantir que seus dados permaneçam úteis. Identifique onde ocorre a maioria dos erros de qualidade de dados e tente fornecer mais orientações na página da campanha para minimizá-los. Além disso, identifique os dados incorretos e crie um sistema para eliminá-los da fonte.

» **Verifique os dados importantes no ponto de entrada.** Isso garante que todas as informações sejam padronizadas quando entrarem em seu banco de dados e facilitará a detecção de duplicatas. Instale um sistema de validação inteligente em todos os formulários.

» **Tente validar a precisão de seus dados em tempo real.** Por exemplo, você pode usar ferramentas de higiene de dados que oferecem verificação de e-mail, o que permite ao usuário saber se não inseriu um endereço de e-mail válido.

» **Certifique-se de identificar registros duplicados antes que se infiltrem em seu banco de dados.** Entradas duplicadas podem custar mais nos gastos da campanha e causar relatórios imprecisos.

Usando inteligência artificial

Você não pode ter deixado de notar o impacto que a inteligência artificial (IA) está tendo no mundo ao nosso redor. Ela já está sendo usada em trocas de anúncios e para otimização de campanhas. Se deseja permanecer competitivo e relevante, é preciso explorar maneiras de integrar a IA.

Por exemplo, para a experiência do cliente, você pode pensar em usar chatbots para automatizar os esforços de engajamento do cliente. Essas ferramentas não apenas o ajudam a economizar tempo e dinheiro, mas também lhe dão mais tempo para atender a outros assuntos e o auxiliam a aumentar seu público.

Aqui estão alguns usos de IA aplicáveis:

» **A IA tem o potencial de compilar e gerar conteúdo e, em seguida, colocá-lo na frente das pessoas certas nas plataformas certas.** Isso significa que a campanha terá conteúdo mais recente gerado com mais frequência, deixando a equipe livre para trabalhar em outras áreas.

» **A IA mudará a maneira como você promove suas campanhas.** Por exemplo, os painéis eletrônicos podem ser alimentados por IA para exibir os tipos certos de anúncios na frente do tipo certo de pessoas com base em algoritmos complexos e big data. Os anúncios do Google e do Facebook já usam algoritmos poderosos para garantir que você tenha as ferramentas certas para maximizar seus gastos com publicidade.

» **O futuro está nos chatbots inteligentes, ao contrário dos simples que você vê agora.** Esses são sistemas alimentados por IA que se comunicam com humanos em tempo real, criando respostas com base em suas experiências. Alguns chatbots muito complexos estão disponíveis para você implementar em sua campanha.

> **NESTE CAPÍTULO**
>
> » Considerando por que relançar sua campanha pode ser uma boa ideia
>
> » Fazendo alterações antes de reiniciar
>
> » Sabendo quando encerrar a campanha

Capítulo **14**

Relançando Sua Campanha de Gamificação

Independentemente de sua campanha ter sido um sucesso ou não, comece a pensar em investir tempo, dinheiro e recursos para relançá-la. Cada nova campanha (incluindo relançamentos de campanhas anteriores) deve ser vista como um degrau em sua jornada geral de marketing de gamificação.

Na era digital em rápida mudança de hoje, executar várias campanhas de gamificação de sucesso é muito difícil. Novas campanhas precisam estar sempre visíveis para capitalizar sobre o reconhecimento da marca obtido anteriormente. A boa notícia é que você não precisa apressar novas campanhas o tempo todo. Se fizesse isso, sacrificaria a inovação e a aparência geral em que a primeira campanha foi baseada. Em vez disso, é possível ajustar a campanha anterior — arrumar o que não funcionou, tentar coisas novas — e relançar, economizando muito tempo e dinheiro no processo.

Ao relançar uma campanha, você precisa aprender com seus erros anteriores e considerar como o público percebe sua marca. É possível renovar a marca de sua campanha adaptando um modelo de gamificação completamente novo, se desejar. Mas você deve tentar reutilizar (sutilmente) e lembrar o público de suas campanhas anteriores. O posicionamento correto e a aplicação apropriada de campanhas anteriores *aumentarão* o valor da nova iniciativa.

O lançamento de outra campanha pode parecer algo para se pensar muito tempo depois de ter encerrado a primeira. Porém, quanto mais cedo pensar em sua próxima campanha, mais tempo poderá dedicar a melhorar a experiência do usuário.

Quando começar a pensar em sua segunda, terceira e quarta campanhas, começará a pensar em construir sobre o relacionamento existente que você tem com o público-alvo. Isso o permitirá criar uma imagem de profissionalismo e confiabilidade, o que, por sua vez, fará com que o público responda positivamente às mensagens de sua empresa.

Neste capítulo, começo explicando por que relançar uma campanha. Em seguida, explico como ajustar a campanha anterior para se preparar para o relançamento. Por fim, ajudo a decidir quando é a hora de encerrar a campanha.

Motivos para Relançar Sua Campanha

Com todo o trabalho árduo e esforço que colocou na primeira campanha, você não pode ser culpado por querer adiar a ideia de relançá-la. Mas é exatamente isso que *deveria* fazer. Aqui estão alguns motivos pelos quais pode ser importante fazer exatamente isso:

» **Para reforçar o conhecimento da marca:** A primeira experiência de gamificação dos usuários com sua empresa os terá deixado curiosos e animados com o que está por vir. Você fez bem ao criar conhecimento da marca e educar o público na sua última campanha de gamificação.

Não deixe toda essa educação e engajamento serem desperdiçados! Pelo contrário, tire proveito disso por meio de opções e designs revisados e variados. Dessa forma, você dá ao público um motivo para não apenas se envolver ainda mais com a marca, mas também usar os próprios canais de mídia social para destacá-la.

» **Para dar outra chance à sua equipe:** Você cometerá muitos erros em sua primeira campanha — isso é natural. Use um relançamento para causar uma impressão ainda melhor no público. Mostre a eles que você ouviu e melhorou a oferta. Talvez possa melhorar o design geral, a página de destino, os incentivos que está oferecendo e o conteúdo. Concentre-se em melhorar a qualidade, o design e a formulação do modelo de gamificação. Ao fazer isso, você criará uma campanha de marketing de gamificação mais premium — uma campanha que o público apreciará ainda mais.

» **Para adquirir um público maior:** A verdadeira chave para obter um público maior para suas campanhas é *conhecê-lo*. Felizmente, sua primeira campanha terá fornecido um banco de dados imensamente rico de análises sobre seu público. Você sabe do que eles gostaram, do que não gostaram e quais os desafios que enfrentaram. Com esses dados, você pode direcionar melhor as opções de modelo de conteúdo e gamificação para entregar da próxima vez uma experiência que seu público vai adorar e se envolver.

» **Para esclarecer qualquer confusão:** Às vezes, um componente de gamificação pode confundir ou distrair o público da meta e dos objetivos principais da campanha. *Lembre-se:* O engajamento não é seu único objetivo. Uma estratégia clara de posicionamento do produto pode ajudar a resolver esse problema em sua próxima campanha. A identidade da marca deve ser um fator muito importante ao projetar seu modelo de gamificação. Se possível, a identidade de sua marca deve estar sempre visível.

» **Para conseguir melhores dados:** O problema do big data é que você precisa continuamente de mais dados novos. Felizmente, a cada nova campanha, você vai gerar mais dados analíticos e comportamentais. É isso o que manterá suas campanhas de marketing lucrativas. Lance suas campanhas, obtenha o máximo de dados possível e analise-os ao longo do tempo. Quando você tem os dados, está em uma posição poderosa para aumentar seu público e o envolvimento em campanhas futuras.

» **Para aumentar a confiança:** Você aumentará a confiança que o público tem em sua mensagem à medida que lança mais campanhas de marketing de gamificação. Quanto mais o público confia, mais se envolve com as campanhas e maiores são as chances de comprar os produtos e serviços.

Criar confiança não é algo que pode ser alcançado com uma campanha. Geralmente, as campanhas em que o público mais confiará serão aquelas que ele já viu várias vezes.

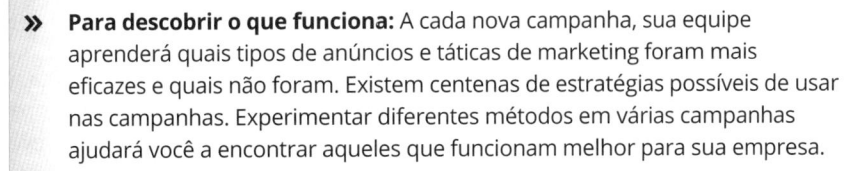

» **Para descobrir o que funciona:** A cada nova campanha, sua equipe aprenderá quais tipos de anúncios e táticas de marketing foram mais eficazes e quais não foram. Existem centenas de estratégias possíveis de usar nas campanhas. Experimentar diferentes métodos em várias campanhas ajudará você a encontrar aqueles que funcionam melhor para sua empresa.

» **Para melhorar seu perfil de público ideal:** Em algum momento, você terá criado o perfil de público ideal que deseja segmentar em suas campanhas. Você incluirá variáveis como faixa etária, níveis de renda e locais. Depois de lançar várias campanhas de marketing, seus dados revelarão padrões e características para ajudá-lo a refinar melhor seu público.

Ajustando a Campanha de Gamificação

O ajuste do conceito de gamificação para o relançamento deve começar no final da campanha atual. Se não pensar sobre o que deve fazer diferente da próxima vez, pode acabar com os mesmos problemas e dificuldades que impediram a campanha original de cumprir todas as suas metas de marketing.

Após sua primeira campanha, você terá todos os dados disponíveis para análise. As chances de sucesso de sua próxima campanha aumentarão muito se começar a identificar e planejar as mudanças imediatamente.

Verificando os pontos de saída

O sucesso de sua campanha de gamificação dependerá de o modelo de gamificação que selecionou ter ou não atraído seu público-alvo (veja o Capítulo 7).

Usando os dados analíticos coletados, verifique as métricas da campanha para ver quais partes causaram o maior número de saídas. Além disso, observe os dados do público para ver em que parte eles pararam de progredir.

Por exemplo, se você encontrar a maior saturação de público em um determinado emblema ou nível, pode analisar as razões para isso. Talvez você não tenha oferecido incentivos suficientes para eles progredirem mais. Talvez o próximo nível seja muito difícil de jogar ou entender. Ou talvez algum erro técnico ou problema os tenha impedido de prosseguir.

Existem duas métricas às quais você deve estar atento:

DICA

» **Taxa de rejeição:** É a porcentagem de visitas de interação única à página de entrada de sua campanha. Essa métrica permite que você saiba que seu público saiu da campanha na página de entrada (sua página de destino) sem interagir com a campanha.

» **Taxa de saída:** A porcentagem de pessoas que saíram de uma página específica de sua campanha, independentemente de quantas páginas visitaram. De certa forma, sua taxa de saída é a métrica que revela o desempenho de todas as páginas de sua campanha.

Comece com a página em sua campanha que tem a maior taxa de saída, porque esse é o primeiro lugar que você precisa corrigir para sua próxima campanha. Basicamente, você sabe que essa parte fez com que o público saísse de sua campanha, e seu trabalho é descobrir o motivo.

As taxas de rejeição e de saída de sua campanha são as melhores métricas para avaliar se sua campanha foi bem-sucedida. Seu objetivo para a próxima campanha deve ser reduzir as duas o máximo possível. Se puder implementar medidas para reduzi-las, verá uma melhoria significativa no engajamento do público.

PAPO DE ESPECIALISTA

O Google provavelmente recompensará o site da sua campanha com uma melhor classificação de otimização de mecanismo de pesquisa (SEO) se observar uma taxa de rejeição e de saída reduzida. Os mecanismos de pesquisa sempre favorecem a experiência do usuário mais do que outras métricas analíticas. Por esse motivo, quanto maior for o tempo que o público gasta em sua campanha, maior será a classificação do site no Google.

LEMBRE-SE

Todos os sites de campanha têm taxas de saída — o público tem que sair em algum momento. Só é importante garantir que a maior concentração de saídas seja em torno do final dos níveis, para ter certeza de que as pessoas gastaram tempo suficiente para entender a campanha e se envolver com ela com sucesso. Para taxas de rejeição, é importante garantir que seu público permaneça em sua campanha por um período significativo de tempo e não "caia fora" depois de menos de dez segundos.

Avaliando se a opção de gamificação escolhida foi a ideal para você

No Capítulo 7, abordo os pontos fortes e fracos das várias opções de gamificação. Agora que sua campanha foi veiculada, é possível avaliar se a opção selecionada foi a certa para sua marca. Nas seções a seguir, orientarei você sobre o que procurar, dependendo da opção que escolheu.

Ação

Se você executou um jogo de ação, é normal ver um grande volume de novos visitantes, em vez de visitantes recorrentes. Os jogos de ação geralmente são executados por um curto período de tempo, mas atraem um grande volume de tráfego durante a campanha.

O fator principal é trabalhar em suas taxas de saída e apontar onde no jogo você encontrou seu público perdendo o interesse e se desligando de sua campanha. Aqui estão as principais áreas a serem cobertas:

» **Jogabilidade:** A dificuldade era muito alta? Ou o nível era muito longo? Os controles são intuitivos o bastante para que o público entenda rapidamente?

» **Emblemas/pontos:** Os critérios para alcançar o próximo estágio foram muito difíceis para o jogador comum?

> **Placares:** O placar estava sem conteúdo útil? Embora o placar esteja lá para fornecer um ambiente competitivo e, portanto, taxas de rejeição mais baixas, ele também pode funcionar contra você se a campanha for muito bem-sucedida. Se as pessoas se encontrarem em um nível inferior, no qual não há como chegar a um ponto visível, elas se afastarão. Para combater esse problema, considere a criação de miniplacares que mostram as dez primeiras posições para cada membro do público, nos quais eles possam ver sua posição atual com apenas os nove membros acima de sua pontuação.

Simulação

Se você optou por uma simulação, deve ter visto o público passando muito tempo engajado com os vários objetivos do jogo. O mundo virtual de nicho que você criou para a campanha agora deve ter um exército dedicado de jogadores.

Se perceber que *não* conseguiu tudo isso, seus dados analíticos ajudarão a identificar onde sua campanha deu errado. Os dados devem mostrar em que área você está falhando em convencer seu público a investir muito tempo no jogo. Aqui estão algumas das principais a serem consideradas:

> Seu público está constantemente coletando recompensas? Você pode identificar o ponto de saturação para a maioria dos usuários?

> Existe uma grande discrepância entre os dispositivos usados nas métricas? Se você encontrar um baixo uso geral de celulares, isso indicará que seu jogo de simulação não foi responsivo o suficiente em todos os dispositivos.

> Os objetivos de cada etapa foram esclarecidos para o público? Para manter o interesse de seu público, sua campanha deve fornecer a eles objetivos constantes. Se as métricas indicarem baixas conclusões de objetivos, você precisará pensar em como desenvolvê-los novamente em sua próxima campanha.

Narrativa interativa

Para uma narrativa interativa, a única métrica com a qual você precisa se preocupar é se o público concluiu a experiência completa da história. Ao contrário de outras opções de gamificação, este tipo de jogo tem um fim definido para todos os públicos. Normalmente, você encontra públicos que completam a campanha mais de uma vez, escolhendo opções diferentes para se envolver em uma experiência totalmente nova.

Aqui estão algumas áreas importantes que você precisar examinar:

> A história foi interessante o bastante? Envie questionários para usuários registrados e obtenha feedback. Eles a acharam interessante? O que os

> desencorajou? Com esses dados valiosos, você pode trabalhar para melhorar a experiência.

> » Existe uma grande discrepância entre os dispositivos usados nas métricas? Se você encontrar um baixo uso geral de celulares, isso indicará que seu jogo de simulação não foi responsivo o suficiente em todos os dispositivos.

Aventura

Os jogos de aventura são tipicamente um híbrido de ação, simulação e narrativa interativa, então é preciso examinar uma ampla gama de métricas. Se o público falhou em investir seu tempo na campanha, tente descobrir o motivo.

Além das áreas importantes que exploro nas três seções anteriores, para jogos de aventura, você também deve investigar o nível de ajuda que foi oferecido. Você forneceu ao seu público FAQs, páginas de ajuda e vídeos de instruções suficientes para ajudá-los em sua jornada pelos objetivos de sua campanha?

Quebra-cabeças

Na minha experiência, esse tipo de jogo pode ser um sucesso ou um fracasso com o público. Quando fracassam, geralmente é porque são muito difíceis ou muito fáceis. A menos que consiga atingir esse ponto de equilíbrio no que diz respeito ao nível de dificuldade, seu público não se envolverá.

Certifique-se de fornecer conteúdo suficiente. Havia níveis, objetivos e recompensas suficientes sendo oferecidos? Além disso, você está dando uma quantidade realista de tempo ou tentativas para resolver os quebra-cabeças? Reserve um tempo para combinar suas métricas com essas áreas de problemas em potencial e identifique a causa principal de qualquer falta de engajamento.

Baseado em habilidades

Acho que os jogos baseados em habilidades têm uma taxa de sucesso melhor do que outros tipos, mas existem algumas áreas nas quais você deve ficar de olho. O principal problema é que os jogos baseados em habilidades nem sempre são intuitivos para o seu público. Procure fornecer o máximo de documentação de ajuda possível para o usuário.

Além disso, com esse tipo de jogo, o resultado é determinado pelas reações do público, habilidades mentais, pelo pensamento estratégico ou conhecimento de trivialidades. Isso significa que nem todos se envolverão porque simplesmente não entenderão o conceito. No entanto, se suas métricas indicam que uma grande parte do seu público não está envolvida, você precisa revisar o elemento de "habilidade" da campanha.

Multijogador

Como os jogos multijogador permitem que seu público enfrente não apenas um ou mais competidores humanos, mas também uma inteligência artificial (IA), você deve ver muito engajamento na campanha.

No entanto, há uma área importante a explorar se você descobrir que a campanha não gerou a quantidade certa de engajamento: o servidor. A largura de banda do servidor atrapalhou a campanha? Para o componente multijogador, o servidor precisa de soquetes ativos disponíveis para o seu público jogar. Além disso, a quantidade de informações gravadas a cada segundo pode levar a pontos do dia em que seu banco de dados fica sobrecarregado com comandos. Faça com que o administrador do servidor analise os logs do servidor e do banco de dados e verifique se há avisos ou anomalias durante a campanha.

Educacional

Como um jogo educacional fornece uma forma útil de o seu público aprender algo valioso, você deve ver um aumento no conhecimento de seu produto ou serviço. Além disso, como essa informação foi fornecida em uma plataforma divertida, provavelmente verá uma campanha muito mais engajada.

Se não percebeu um aumento na conscientização e no envolvimento, verifique se o jogo estava educando o público enquanto ele o jogava. Ao final do jogo ou campanha, o usuário deve ter saído mais informado sobre o negócio ou produto.

RPG

Como os jogos de RPG são o tipo menos comum selecionado para campanhas de marketing de gamificação, eles deixam uma impressão mais duradoura em seu público.

Seus usuários estarão imersos em seu mundo gamificado de marca, então eles devem oferecer um bom entendimento dos objetivos de sua campanha. Do contrário, tente equilibrar os elementos de gamificação para ter mais informações e dados sobre seu negócio e menos elementos gamificados.

Redefinindo seu público-alvo

Sua análise mostrará, ao longo da campanha, as estatísticas médias de seu público. Você precisa combinar essas estatísticas com os critérios que definiu ao decidir quais opções de gamificação desenvolver em sua campanha.

Nesta fase, é uma boa ideia reavaliar os diferentes modelos de jogo e ver se é necessário alterar seu modelo dependendo dos dados. O Capítulo 7 descreve quais opções de jogo funcionarão melhor para várias categorias, com base na idade, localização/idioma, quanto tempo livre eles têm e estágio de vida.

Construindo uma versão sazonal da sua campanha

Sua campanha pode não agradar o seu público o ano todo. Considere ter uma versão reformulada da campanha com um tema sazonal, como para o período de festas de fim de ano. O marketing de fim de ano é uma experiência empolgante, mas também extremamente competitiva. Enquanto outras equipes ao redor do mundo estão lutando para pensar em como vão comemorar a época festiva, você terá uma campanha pronta para começar.

Pense em lançar slogans de marketing de fim de ano em sua campanha que explorem os sentimentos calorosos e felizes que seu público terá naquela época do ano. Suas opções de gamificação não precisam mudar, mas seus designs podem ser transformados instantaneamente para criar o tema sazonal, conforme mostrado na Figura 14-1. Por exemplo, seus emblemas podem ter um visual temático durante o período festivo.

FIGURA 14-1: Campanhas temáticas podem ser facilmente integradas a campanhas de gamificação existentes, como a Starbucks fez com sua campanha Starbucks Rewards.

Seja qual for a estratégia sazonal escolhida, tenha em mente que a campanha enfrentará muita competição pela atenção do público. Seu público ficará distraído com a família, as comemorações e todas as outras empresas que lançam sua própria campanha de férias. Isso significa que quase todos os concorrentes procurarão um modo de distrair o público e chamar sua atenção.

DICA A chave do sucesso é se separar do resto do ruído. Tente evitar simplesmente se tornar parte das comemorações de fim de ano e, em vez disso, encontre uma forma de sua campanha de gamificação se conectar com o público por meio de emoção, entusiasmo e experiência. Você pode fazer isso ao conectar os sentimentos festivos em um roteiro para a jornada do usuário (Veja o Capítulo 10). Sua empresa terá uma experiência única para apresentar durante a temporada de festas. Traduza isso para que a equipe incorpore esse sentimento no modelo de gamificação, de modo que essa singularidade diferencie sua campanha.

Nas seções a seguir examinarei algumas estratégias que você deve considerar ao desenvolver a campanha de marketing de gamificação com temática festiva.

Criando antecipação

A preparação para o evento é o objetivo das festas de fim de ano. Quando você gera antecipação sobre sua campanha sazonal, o público se sentirá mais feliz quando finalmente conseguir se envolver com ela. Algumas das melhores ideias de fim de ano se concentram no aumento da antecipação.

O Google Santa Tracker, mostrado na Figura 14-2, é um ótimo exemplo de como criar entusiasmo. Ao lançar novos conteúdos sobre o Papai Noel todos os dias de dezembro, o Google fez seu público notar sua marca.

LEMBRE-SE Criar antecipação não é apenas gerar entusiasmo para o grande dia; é também criar entusiasmo para a campanha.

Retribuindo

Nos feriados, as pessoas se sentem compelidas a retribuir. A campanha de gamificação de fim de ano pode tirar proveito dessa sensação oferecendo ao público uma experiência tão valiosa que ele se sente compelido a retribuir.

Se a campanha oferece uma experiência gratificante e envolvente, o público:

FIGURA 14-2:
Faça seu público antecipar o lançamento do feriado como o Google fez com o Santa Tracker.

> » Voltará no ano que vem porque vai se sentir leal à sua campanha de fim de ano
>
> » Compartilhará em todas as plataformas de mídia social e defenderá isso pessoalmente em suas postagens
>
> » Se sentirá obrigado a envolver-se com os produtos e serviços da sua empresa

Sentindo-se festivo

Ao criar sua campanha com o tema do feriado, certifique-se de deixar o público feliz e festivo. Se fizer isso, ele terá maior probabilidade de se envolver com sua campanha e de comprar os produtos ou serviços de sua empresa.

Aproveite o sentimento sazonal. Para a maioria das pessoas, a temporada de festas é uma época alegre do ano. Afinal, o final de dezembro significa mais folgas, memórias feitas em família e, claro, dar e receber presentes. As pessoas se sentem mais elevadas e animadas em geral, então sua campanha deve ampliar esses sentimentos.

Criando uma sensação de urgência

Sua campanha com o tema férias deve deixar o público com a sensação de que perderá algo especial se não se envolver imediatamente. Você pode fazer isso exibindo um cronômetro de contagem regressiva muito visível que mostra quando sua campanha chegará ao fim. O cronômetro fará com que as pessoas parem de hesitar sobre as decisões e comecem a agir.

Se puder projetar sua estratégia de férias com uma data de expiração clara, poderá apelar ao senso de urgência de seu público, o que os inspirará a se envolver e comprar. As melhores campanhas de marketing de gamificação com tema de festas são aquelas que reconhecem o estado finito do período festivo e garantem que o público aprecie a urgência de se engajar imediatamente.

Personalizando o conteúdo

Ao criar sua campanha de gamificação com tema de férias, pense em como você pode criar um conteúdo que seu público desejará compartilhar. Normalmente, as pessoas atribuem um maior senso de valor às coisas que podem personalizar.

O ElfYourself da Office Depot0/OfficeMax, mostrado na Figura 14-3, é um ótimo exemplo disso. A empresa deu ao público a chance de criar uma experiência totalmente personalizada, que poderia então ser compartilhada com facilidade em todas as plataformas de mídia social.

FIGURA 14-3: Experiências sazonais personalizáveis, como o ElfYourself da Office Depot/OfficeMax, têm mais chance de serem compartilhadas pelo público.

Isso ajuda sua empresa a desenvolver uma conexão emocional mais forte entre sua marca e seu público. Outro exemplo popular é a campanha Oreo Design a Pack, que tuitou um convite para projetar e personalizar uma embalagem de Oreos para amigos e familiares.

Sabendo Quando Parar

Uma campanha de gamificação bem desenvolvida e bem executada pode ser relançada várias vezes — de forma eficaz. O marketing de gamificação é um processo contínuo que normalmente requer várias iterações até que o sucesso seja alcançado.

No entanto, às vezes sua análise pós-marketing indica mais negativos do que positivos. Nesses casos, pode valer a pena considerar não continuar com o modelo de gamificação atual e redesenhar completamente a estratégia. Aqui estão alguns cenários em que você deve parar e reavaliar a estratégia atual:

- » **Seu público reagiu negativamente.** Se o público teve problemas reais com a sua campanha, ele pode reclamar nas redes sociais. Se pessoas suficientes fizerem isso, é hora de parar de usar esse jogo. Use as técnicas que exploro neste capítulo para melhorar e mudar sua estratégia. Se as mudanças que você fez gerarem uma reação positiva, considere compartilhar o fato de que ouviu seu valioso público. Coloque uma mensagem nas redes sociais, permitindo que ele saiba que suas opiniões e comentários são importantes e ofereça a campanha revisada como prova.

- » **Você é um fracasso nas redes sociais.** Métricas como volume, alcance e engajamento são importantes para ver se a campanha foi aceita pelo público. Em geral, você verá algum envolvimento, especialmente se tiver fornecido uma hashtag exclusiva para as pessoas usarem. Se está ouvindo o "cri, cri, cri" nas redes sociais, isso significa que seu público não está disposto a compartilhar a mensagem da campanha com seus amigos e seguidores. Volte para a prancheta e pense em algo novo.

- » **Você não está vendo crescimento suficiente.** No início de sua campanha, você pode notar um aumento no engajamento. Mas isso continua? Mais importante, as métricas indicam alguma forma de crescimento positivo? Se o conteúdo de sua campanha não está resultando em um crescimento verificável, o modelo de gamificação que você selecionou pode estar errado.

- » **Ninguém compartilhou sua campanha.** Um dos sinais mais óbvios de que a campanha está ressoando com o público é a geração de novos links de entrada. Se o público adora o conteúdo, eles o compartilharão em todos os lugares. Se você não está encontrando um influxo de links de entrada de mídias sociais e postagens de blog, reavalie o modelo de gamificação.

6

A Parte dos Dez

NESTA PARTE . . .

Aprenda com os melhores exemplos de campanhas de marketing de gamificação.

Evite os erros mais comuns cometidos por campanhas de marketing de gamificação.

Veja como a gamificação pode impulsionar seus objetivos e estratégias de marketing atuais.

> **NESTE CAPÍTULO**
>
> » Observando as maneiras como as opções de marketing de gamificação são usadas
>
> » Aprendendo com campanhas reais
>
> » Determinando o sucesso das campanhas de gamificação

Capítulo 15
Dez Melhores Exemplos de Gamificação

Ao longo deste livro, mostro exemplos da vida real das técnicas que descrevo. Neste capítulo, destaco o que considero dez das melhores campanhas de marketing de gamificação já produzidas. Explico por que a empresa produziu a campanha, como fez o desenvolvimento e a promoção e o quão bem-sucedida a campanha foi.

As empresas neste capítulo foram bastante abertas com suas métricas de sucesso. Além disso, suas campanhas eram fáceis de acompanhar online. Mas as técnicas reais de gamificação que elas usaram não são diferentes das técnicas que abordo neste livro — e você não precisa ser uma grande empresa multinacional para colocá-las para trabalhar para você! Cada um desses modelos de gamificação está ao alcance dos objetivos de marketing de sua empresa, se aplicar as técnicas descritas neste livro.

Starbucks: Starbucks Rewards

Na minha opinião, a Starbucks Rewards [Recompensas Starbucks] é uma das campanhas de marketing de gamificação mais bem-sucedidas já produzidas. Foi intrinsecamente baseada nos programas de recompensa e fidelidade que discuto no Capítulo 4.

Muitas pessoas já compram café regularmente, quase sempre a caminho do trabalho. No entanto, preços mais altos e um número cada vez maior de cafeterias concorrentes fez com que a Starbucks precisasse trabalhar mais para que as pessoas voltassem. A empresa precisava de uma campanha que aumentasse não só a fidelidade à marca, mas também as visitas recorrentes dos clientes.

Para resolver esse problema, a Starbucks criou o aplicativo Rewards, que recompensa os membros por visitarem várias vezes em um determinado período de tempo. A marca usou táticas de gamificação para aprimorar a experiência oferecida pela empresa. Isso ajudou a aumentar a fidelidade à marca, bem como as vendas.

Para essa campanha, ela optou por um aplicativo móvel e na web em que os clientes se registrariam na Starbucks Rewards. Então, toda vez que eles compravam produtos Starbucks, ganhavam recompensas, que na verdade pareciam copos preenchidos graficamente.

A campanha de marketing de gamificação não parou por aí. A Starbucks introduziu níveis — a progressão em cada um dos três níveis dependia da lealdade do cliente. Quando os clientes visitavam as lojas, eles ganhavam prêmios de bonificação. Exemplos de recompensas incluem uma xícara extra de café, um presente de aniversário e até ofertas personalizadas.

Em março de 2019, o Starbucks Rewards tinha impressionantes 16 milhões de membros ativos, com um crescimento de 11% de sua base de usuários no segundo trimestre de 2018.

Chipotle: A Love Story Game

A Chipotle lançou um jogo de memória baseado em seu curta-metragem de animação chamado *A Love Story*. O filme, que teve mais de 60 milhões de visualizações na época do lançamento do jogo, é uma parábola sobre dois jovens empreendedores cuja rivalidade resulta em impérios concorrentes de fast-food que sacrificam a qualidade pela quantidade.

A campanha de marketing de gamificação, chamada A Love Story Game [Um Jogo de História de Amor], permitiu aos clientes combinar ingredientes reais, evitando o uso de corantes e sabores adicionais. O jogo era consistente com a imagem geral da marca de fazer alimentos naturais e saudáveis.

A campanha de marketing de gamificação da Chipotle habilmente recompensou públicos vencedores com um cupom "compre um e leve outro" para qualquer item alimentar. Esse é um excelente exemplo de marketing de gamificação que oferece uma oportunidade para os clientes interagirem com a marca enquanto chama a atenção para a empresa, mas que também os recompensa. (No Capítulo 4, abordo maneiras de recompensar os usuários para que sejam encorajados a continuar jogando e engajados com sua empresa.)

Ao contrário do exemplo da Starbucks (consulte a seção anterior), em que a plataforma era um aplicativo móvel, a Chipotle desenvolveu a campanha com HTML5. Isso significava que seus clientes podiam jogar e receber recompensas em todos os seus dispositivos, incluindo telefones celulares, tablets e computadores. (Abordo as diferenças entre essas plataformas no Capítulo 8.)

De acordo com uma pesquisa interna, após a campanha de marketing de gamificação da Chipotle, mais de 70% dos usuários relataram acreditar que a marca usava ingredientes integrais de alta qualidade e 65% disseram que isso os tornava mais propensos a confiar na empresa. Além disso, de acordo com o Índice de Engajamento de Fidelidade do Cliente da Brand Keys, a Chipotle era a número um em fidelidade do cliente.

A Chipotle passou a criar outra campanha de marketing de gamificação, após o jogo A Love Story, chamada Cado Crusher. A campanha, que foi lançada duas semanas antes do Super Bowl, exigia que os jogadores coletassem ingredientes para fazer guacamole para o grande jogo. Esse conceito foi vinculado às festas do Super Bowl, que podem ter esse prato.

Nike: Nike+ FuelBand

Incrivelmente, desde que a Nike lançou esta campanha de marketing de gamificação, ela se tornou um esporte gamificado popular em todo o mundo. A ideia era simples: encorajar mudanças no estilo de vida ajudando o público da Nike a se manter em forma.

A campanha gira em torno da Nike+ FuelBand, uma pulseira com tecnologia que pode monitorar os movimentos do usuário. Ao implementar a campanha em um aplicativo móvel, a Nike conseguiu tirar proveito dos recursos nativos do dispositivo móvel, o que significa que seu público pode acompanhar o progresso em um nível muito pessoal.

Estatísticas (como o número de calorias queimadas) foram exibidas para fornecer feedback aos usuários. O aplicativo também coletava dados pessoais dos usuários e mantinha uma atualização detalhada sobre sua atividade física, exibindo suas últimas conquistas e desempenho geral. Em última análise, o aplicativo converteu o desempenho dos usuários em pontos, recompensando-os por seus esforços. Essas recompensas vieram na forma de troféus e emblemas depois de completar diferentes níveis.

A campanha de marketing de gamificação da Nike deu um passo além e introduziu um elemento social ao jogo, o que ajudou a expandir a conscientização e a demanda. O público teve a oportunidade de desafiar amigos, o que proporcionou um grande incentivo para compartilhar a campanha. Os pontos dos usuários eram acumulados com base na distância percorrida. Isso foi então revelado à comunidade, onde todos podiam acompanhar quem estava classificado no topo da tabela de classificação.

Além disso, quando as recompensas são ganhas, os consumidores são incentivados a compartilhar seus resultados nas redes sociais, aumentando a presença e a visibilidade da marca em todas as plataformas sociais. Como explico no Capítulo 9, envolver os usuários e incentivá-los a promover sua campanha impulsionará o momentum dela.

Dois anos após o lançamento, a Nike tinha 11 milhões de jogadores do Nike+ FuelBand. A campanha de marketing de gamificação impulsionou muito a lealdade do cliente. Mais importante, a campanha permitiu à empresa coletar muitos dados durante um longo período de tempo (veja o Capítulo 11). A Nike poderia então usar esses dados para comercializar seus produtos e serviços diretamente.

M&M's: Eye-Spy Pretzel

O app Eye-Spy Pretzel da M&M's é um bom exemplo de como uma campanha de marketing de gamificação simples pode criar um grande impacto. Sempre recomendo que você mantenha seus jogos simples e não os deixe muito difíceis ou inclua muitos elementos. Ao fazer isso, você garante que seu público não se sinta sobrecarregado ou frustrado, o que significa que ele tem maior probabilidade de compartilhar sua campanha.

A ideia da campanha surgiu quando a M&M's estava prestes a lançar uma versão com sabor de pretzel de seu popular doce. Para promover os produtos, a empresa lançou essa campanha de marketing.

A ideia era inteligente: os usuários tinham que encontrar um pretzel escondido em uma imagem cheia de M&M. Esse jogo simples de quebra-cabeça, que funcionava exclusivamente no Facebook, trouxe dezenas de milhares de novas curtidas para a empresa. Mais importante, a campanha foi compartilhada por milhares de pessoas em um período muito curto de tempo.

Essa campanha de marketing de gamificação trouxe benefícios reais e tangíveis, incluindo a criação de engajamento do usuário com a marca. Em seu ponto alto, a campanha resultou em 25 mil novas curtidas na página da marca no Facebook, bem como 6 mil compartilhamentos e 10 mil comentários.

Target: Wish List

A campanha de marketing de gamificação da Target era totalmente focada em crianças. A campanha, um aplicativo móvel chamado Wish List [Lista de Desejos], combinou gamificação com a tecnologia de registros da Target para criar uma lista de compras interativa. A campanha, apresentada como uma forma divertida de as crianças criarem suas próprias listas de desejos, também foi uma forma fácil para os pais comprarem presentes para seus filhos. Eles também podem, por sua vez, compartilhar essas ideias de presentes com outros parentes.

Projetado para a temporada de festas, os usuários tiveram que navegar por um jogo de animação 3D que acontece na fábrica de brinquedos da Target. O público arrastava e soltava os brinquedos que queria para criar sua lista de desejos para o feriado e, em seguida, enviava a lista para o Papai Noel.

A Target usou uma plataforma de jogos animados em 3D para criar uma campanha de marketing de gamificação de grande sucesso. O aplicativo foi um sucesso instantâneo, com o lançamento inicial gerando aproximadamente 75 mil downloads. Ao longo da temporada de férias, mais de 100 mil listas de desejos foram criadas, compostas de 1,7 milhão de itens no total, o que representou um potencial de vendas total de US$92,3 milhões.

Ao analisar seus dados usando técnicas que explico no Capítulo 11, a pesquisa da Target descobriu que 61% de seu público usava o aplicativo várias vezes por semana, incluindo 31% que usava o aplicativo várias vezes ao dia, gerando mais de 1 milhão de visitas à página da target.com por meio do aplicativo.

Citroën: Game of Scroll

Para o lançamento da nova temporada do World Touring Car Championship (WTCC), a Citroën revelou sua campanha de marketing de gamificação, chamada Game of Scroll [Jogo da Rolagem de Tela]. Era um jogo de aventura (veja Capítulo 2) que permitia ao público participar de uma corrida de carros. O objetivo do jogo era rolar a tela o mais rápido possível para manter seu carro à frente do resto e conseguir o melhor tempo de corrida.

O jogo, que foi projetado e desenvolvido com a tecnologia HTML5, estava acessível em telefones celulares, tablets e computadores. A campanha premiou os melhores jogadores com um dos dez passes VIP para duas pessoas para a etapa francesa do WTCC na pista de Le Castellet, na França.

A campanha também incluiu um elemento social, em que os jogadores foram incentivados a compartilhar suas pontuações e desafiar seus amigos usando a hashtag #GameOfScroll.

Durante sua temporada limitada, a campanha trouxe muito sucesso internacional para a Citroën, principalmente no Marrocos, na Alemanha e na Argentina.

Coca-Cola: Shake It

A Coca-Cola é conhecida por estar na vanguarda do desenvolvimento de promoções criativas e inovadoras de produtos e já realizou várias campanhas de marketing de gamificação, todas com sucesso. A Shake It [Agite] foi executada principalmente em Hong Kong, onde os usuários foram incentivados a baixar o aplicativo da campanha em seus telefones celulares.

Depois de fazer o download do aplicativo, eles foram solicitados a sacudir seus telefones. Embora isso possa parecer uma escolha estranha para um jogo, a campanha era voltada para adolescentes. Na época, a palavra *chok*, que significa "movimento rápido ou agito", era uma gíria usada exclusivamente por adolescentes em Hong Kong.

A campanha só funcionava enquanto o anúncio de TV ia ao ar, momento em que os adolescentes tinham que ter o aplicativo rodando e sacudir seus telefones. Os jogadores foram recompensados com prêmios e descontos instantâneos, incluindo descontos na vida real em restaurantes e também prêmios virtuais que poderiam ser resgatados em outros aplicativos.

A campanha foi um sucesso instantâneo e provou ser difícil de resistir para o público-alvo. A Coca-Cola alinhou a campanha com sua missão de levar felicidade e otimismo ao mundo.

Netflix: Black Mirror: Bandersnatch

Embora Bandersnatch não tenha sido lançado como uma campanha de marketing independente, foi uma campanha de gamificação incrivelmente inovadora, saudada por muitos como a "gamificação da televisão". Devido à chegada dos serviços de streaming da Apple e da Disney, a Netflix precisava ser o mais inovadora possível se quisesse manter seu domínio no mercado. Black Mirror: Bandersnatch foi a resposta para o problema da empresa.

A premissa de um filme de TV interativo pode parecer errada, porque a ideia geral é que os espectadores querem "se desligar". Mas Bandersnatch provou que o público queria se tornar totalmente imerso no mundo de uma história envolvente. Na verdade, o feedback recebido foi que um filme gamificado realmente ajudou a *melhorar* a experiência dos espectadores.

Esta campanha, que é essencialmente um jogo no estilo *Escolha Sua Própria Aventura*, tornou-se tão ambiciosa que a Netflix optou por um tempo de execução de longa-metragem em oposição à duração padrão de um episódio de *Black Mirror*. Situado em 1984, Bandersnatch é a história de um jovem programador de videogame chamado Stefan, que se propõe a construir um jogo de múltipla escolha baseado em um livro de ficção científica. Os telespectadores também seguem a fórmula de múltipla escolha, onde eles têm várias opções para escolher como a história se desenrola.

O sucesso mundial do Bandersnatch, de acordo com a Netflix, garantiu que a TV gamificada continuará, porque parece ser uma porta potencial para um nível mais alto de engajamento do público, com grande potencial para ser um meio extremamente lucrativo.

Nissan: CarWings

Os carros elétricos estão explodindo no mercado automotivo com recursos empolgantes e tecnologicamente avançados. Toda a premissa dos carros elétricos fornece uma excelente plataforma para os fabricantes de automóveis iniciarem campanhas de marketing de gamificação inovadoras — e é exatamente isso que a Nissan fez com o CarWings.

A Nissan lançou seu carro elétrico Leaf com um rastreador de videogame, que é exibido em sua tela LCD de 7 polegadas. A campanha cria uma competição com todos os outros condutores e recompensa o vencedor com a Platinum Leaf Cup. Com base em seu desempenho, os condutores podem ganhar medalhas, de bronze a ouro e, por fim, alcançar a cobiçada taça de platina.

Os condutores podem ver quantos quilômetros estão percorrendo por quilowatt-hora de energia e como se comparam a outros motoristas em seu país e ao redor do mundo. O desejo competitivo dos condutores naturalmente os levará a melhores hábitos de direção, que é exatamente a mensagem que a Nissan quer divulgar com o carro elétrico.

De acordo com a empresa, a campanha de marketing de gamificação é um sucesso, com metade dos motoristas do Leaf optando por participar do CarWings. De acordo com a pesquisa da Nissan, um dos principais recursos da campanha foi a capacidade dos condutores de visualizar sua posição nas classificações mundiais de métricas de direção.

Magnum: Pleasure Hunt

Magnum, uma empresa internacional de chocolate, queria criar uma campanha para o lançamento de sua barra de sorvete, Magnum Temptation. Sua campanha de marketing de gamificação girava em torno de um jogo de aventura semelhante ao Super Mario da Nintendo. No entanto, a campanha deu um passo além e integrou o campo de jogo nas páginas da internet.

Os jogadores, que podem escolher entre vários temas de jogo (como deslizamento manual), são incentivados a acumular "bombons" para construir suas classificações em uma tabela de classificação.

De forma inteligente, a Magnum aumentou a conscientização sobre essa campanha de marketing de gamificação por meio da mídia social — tanto que o link conseguiu se tornar o mais tweetado em todo o mundo em um dia.

Em uma nota final, a equipe de campanha da Magnum não só anunciou seu produto, mas também forneceu uma janela de exposição para suas marcas parceiras, garantindo-lhes publicidade.

> **NESTE CAPÍTULO**
>
> » Garantindo que o elemento de gamificação continue envolvente
>
> » Desenvolvendo uma campanha que recompensa você e seu público
>
> » Interagindo com seu público, especialmente quando as coisas estão indo mal
>
> » Projetando para todos os dispositivos e plataformas

Capítulo **16**

Dez Erros Comuns no Marketing de Gamificação

As campanhas de marketing de gamificação podem ser extremamente recompensadoras tanto para o seu público quanto para a sua empresa. No entanto, isso também significa que há muito espaço para errar. Quando dá errado, sua campanha pode falhar completamente em engajar.

Cada campanha comete erros. Ao longo dos anos, eu vi e experimentei minha cota de erros de marketing de gamificação. Como acontece com qualquer erro, é importante aprender com ele e evitar que aconteça novamente.

Neste capítulo, compartilho alguns dos principais erros de marketing de gamificação que vi, na esperança de que ajudem a corrigir o que você pode estar fazendo de errado.

Oferecer uma Experiência do Usuário Desinteressante

Sua campanha de marketing de gamificação deve ter como objetivo oferecer uma experiência lendária ao usuário. A experiência do usuário é definida pelas interações do público e pela capacidade de se envolver com os objetivos e metas da campanha.

DICA

Mas você precisa levar em conta muitos tipos de experiências. Aqui estão algumas dicas:

» Certifique-se de que a experiência visual do seu jogo seja consistente em todos os dispositivos, incluindo telefones celulares, tablets e computadores.

» Não force o usuário a se registrar antes de oferecer seu jogo. Seu público veio para a campanha para experimentar o jogo, e ele se afastará se encontrar um pedido de inscrição em uma lista de e-mail ou algum outro formulário.

» Tente oferecer ao seu público uma experiência do usuário que seja interessante e valiosa o suficiente para que ele queira continuar se envolvendo com a campanha. Em outras palavras, torne o valor e o engajamento tão agradáveis que pedir que se registrem pareça uma ação natural, e não algo forçado.

» Não force seu público a aprender novas mecânicas de jogo, a menos que você tenha algum motivo sério para isso. Caso contrário, correrá o risco de seu público sair da campanha. Quando você usa designs e jogabilidade eficientes, seu público se engaja imediatamente.

» Sempre que possível, evite complicar demais sua campanha. Tente manter seu modelo de gamificação simples. Seus designers podem cair na armadilha de inventar ou inovar demais na jogabilidade. Se o fizerem, isso tornará sua campanha mais complicada e desinteressante.

Deixar Seu Público Implorando por Ajuda

DICA

O objetivo de lançar um modelo de gamificação para o seu marketing é oferecer algo novo e inovador para o público. No entanto, existe o perigo de a campanha deixá-lo confuso e frustrado. Portanto, certifique-se de fornecer feedback sobre todas as ações do seu público. Por exemplo:

- » Claramente, dê ao público algum tipo de confirmação de que ele concluiu uma tarefa específica. Oferecer confirmação de feedback a mais é melhor do que oferecer de menos — isso removerá a dúvida em todas as ações realizadas pelo público.

- » Dê dicas visuais simples para mostrar ao seu público que suas ações estão certas ou erradas, ou que algo está acontecendo em segundo plano.

- » Adicione pequenas dicas ao longo do jogo em vez de fornecer uma grande página de ajuda. Pequenas dicas mostram texto quando o usuário passa o mouse pelos ícones de ajuda ou quando clica neles. Isso garante que seu público receba a ajuda de que precisa imediatamente, sem ter que sair do jogo.

- » Ofereça vídeos curtos que são reproduzidos perfeitamente em uma camada superior acima do jogo. Semelhante às dicas, cada vídeo deve ser relevante para o estágio atual do jogo.

Ter uma Estrutura de Jogo Defeituosa

Sua campanha deve ser desenvolvida e projetada em torno de seu negócio ou produto, mas ainda precisa ter apelo como um modelo de gamificação. Cada opção de jogo tem seus próprios controles e estrutura padronizados. Tudo o que você precisa fazer é aplicar esses padrões de design, o que facilitará para que o público entenda como a sua campanha funciona.

DICA

Não tente inventar novas soluções criativas para a mecânica do jogo. Use opções, layouts e ícones populares que todos reconhecerão e saberão como usar. Coloque os elementos do jogo onde o público espera que estejam.

LEMBRE-SE

Nunca subestime a importância de fazer com que os designs e a mecânica do jogo sejam verificados por alguém de fora da equipe. Quanto mais você trabalhar na campanha, menos capaz será de revisar o jogo de forma clara e objetiva. Basicamente, isso é fazer com que a mecânica e os designs de seu jogo sejam testados por um testador externo em um estágio anterior ao previsto.

Deixar o Usuário Esperando

Anos atrás, as pessoas esperavam alguns minutos por um serviço, mas o público de hoje vive em uma era de tecnologia rápida. Isso significa que os servidores precisam entregar a campanha imediatamente, sempre. Se o público tiver que esperar o carregamento da campanha, metade dele pode desistir.

DICA: Uma das maneiras mais eficazes de garantir que sua campanha permaneça online, mesmo quando estiver lidando com níveis de tráfego viral, é usar uma rede de distribuição de conteúdo (CDN). A CDN ajuda a garantir que todos que vierem para sua campanha abram rapidamente sua página de destino. (Verifique o Capítulo 12 para obter mais informações sobre CDNs.)

LEMBRE-SE: O problema pode continuar sem a otimização adequada do site. Se não conseguir otimizar, a campanha pode começar a perder tráfego junto com o engajamento geral. A estratégia de otimização pode incluir o seguinte:

- Otimizar o tamanho das imagens em seu site
- Reduzir o número de plug-ins de terceiros e interfaces de programação de aplicativos (APIs)
- Minimizar o uso de arquivos JavaScript, o número de arquivos CSS e o número de fontes online necessárias
- Usar o cache do site
- Otimizar seu banco de dados

Definir Objetivos Inúteis

As campanhas de marketing de gamificação podem ser uma forma poderosa de envolver o público, mas há um equilíbrio delicado entre o envolvimento e a frustração. Em vez de se concentrar em desenvolver o interesse em seu público, você pode facilmente se deixar levar pela novidade dos jogos, o que significa que você perde de vista o verdadeiro propósito da campanha. Isso resulta em uma experiência que oferece uma infinidade de objetivos e elementos de jogo, como emblemas, mas que ignora a mecânica central do jogo. Ao fazer isso, a experiência de sua campanha pode parecer trivial e sem sentido.

CUIDADO: Tentar gamificar uma campanha sem um planejamento cuidadoso leva a um ruído visual que desorganiza a interface e distrai o público dos principais objetivos de marketing que você esperava alcançar.

DICA: Para evitar esse erro, use a gamificação para ajudar e envolver seus usuários à medida que navegam pela campanha, em vez de entretê-los simplesmente pelo entretenimento em si.

Não Estabelecer Objetivos Claros de Big Data

Big data é uma técnica usada para ajudar sua equipe a criar campanhas mais eficientes e envolventes no futuro (veja o Capítulo 11). Isso é feito seguindo estas quatro etapas:

1. **Identifique o motivo pelo qual você e sua equipe trabalharam nessa campanha.**
2. **Defina as metas que deseja alcançar na campanha.**
3. **Colete os dados da sua campanha.**
4. **Aplique a análise de dados quando a campanha terminar.**

Se não definir todas as suas metas de big data durante o início (na Etapa 1 ou 2), será tarde demais na Etapa 3. Ter uma estratégia de dados clara é absolutamente vital quando você considera o grande volume de dados disponível para coletar.

Muitas campanhas ficam presas tentando coletar o máximo de dados possível, sem realmente considerar qual será o objetivo final. É fácil ficar sobrecarregado com todas as opções disponíveis.

LEMBRE-SE

Em vez de começar com os próprios dados, cada campanha deve começar com a estratégia de dados. Não se preocupe excessivamente com os dados disponíveis; em vez disso, concentre-se no que a campanha de marketing de gamificação deseja alcançar e como os dados coletados podem ajudá-lo a chegar lá.

DICA

Para evitar se afogar em dados e perder seus objetivos de big data, você precisa desenvolver uma estratégia inteligente que se concentre em atender às necessidades de negócios específicas que ajudarão sua equipe de marketing a alcançar os objetivos estratégicos. Isso resultará em valor real para sua empresa.

Ainda observo uma percepção generalizada por parte das empresas de que dados e análises são para as equipes de TI se concentrarem. Infelizmente, tudo o que isso fará é criar estratégias de big data que se concentrem no armazenamento de dados, em vez dos objetivos estratégicos de longo prazo da empresa. A estratégia de big data da sua campanha deve ser planejada, liderada e executada pela equipe de marketing.

Parecer Ótimo no Desktop, Mas Nem Tanto nos Celulares

A campanha de marketing de gamificação provavelmente será jogada tanto em dispositivos móveis quanto em desktops ou notebooks. Na verdade, em minha experiência, há uma boa chance de que a porcentagem de usuários móveis seja consideravelmente maior do que a de usuários de desktops ou notebooks.

Para seu público-alvo de dispositivos móveis, é importante evitar a frustração e as dificuldades resultantes de navegar em uma versão móvel mal projetada de sua campanha. Infelizmente, isso significa que você precisará oferecer suporte à maior variedade possível de dispositivos móveis, cada um com suas próprias resoluções de tela frustrantes.

Sua prioridade deve ser criar a melhor experiência possível para o público, não importa por que meio eles visualizem sua campanha. Pode ser em um dispositivo móvel, desktop, notebook, tablet ou até mesmo uma smart TV. A jornada de seu público pode acontecer em qualquer um desses dispositivos, e uma experiência ruim os afastará de sua campanha instantaneamente.

DICA — Mecanismos de busca como o Google recompensam os sites compatíveis com dispositivos móveis e punem os que não o são. Isso significa que suas classificações de otimização de mecanismo de pesquisa (SEO) serão prejudicadas.

Seu público provavelmente mudará de um dispositivo para outro, portanto, é importante ter uma experiência consistente. A maioria das campanhas é projetada para uma visualização em desktop e, depois de aprovada, é refinada para funcionar em visualizações móveis. Aqui estão alguns problemas que você precisa observar ao preparar a campanha para dispositivos móveis:

- » Certifique-se de que sua campanha não seja lenta em dispositivos móveis.
- » Certifique-se de que a navegação não seja difícil e inutilizável quando visualizada em um dispositivo móvel.
- » Otimize os seus CTAs para dispositivos móveis.
- » Esteja atento a quaisquer elementos clicáveis na jogabilidade que dependem dos movimentos do mouse e, portanto, não são otimizados para toque.
- » Certifique-se de que todas as imagens foram otimizadas para dispositivos móveis. Por exemplo, é importante estar ciente de que uma tela retina (usada pela maioria dos dispositivos Apple) fará com que qualquer imagem de baixa resolução usada na campanha pareça distorcida e pixelada.
- » Verifique se todo o texto, especialmente o que aparece em pequenas janelas modais dentro do jogo, ainda pode ser lido em dispositivos móveis.

- » Projete uma visualização que suporte muitas resoluções de tela diferentes e que se ajuste para orientações de paisagem e retrato.
- » Lembre-se de que o código baseado na web para um navegador de desktop nem sempre funciona para um navegador móvel sem importar outra API ou ajustar seu código de alguma forma.
- » Verifique se não está usando arquivos de mídia excessivamente grandes para o seu jogo.

Não Checar os Ausentes

Se sua campanha permite que o público se inscreva, certifique-se de ter uma estratégia para verificar os ausentes. Um *ausente* é qualquer membro de seu público que não voltou para sua campanha por um tempo considerável. A duração desse tempo varia, mas, de um modo geral, uma semana é tempo suficiente para classificar alguém como ausente.

DICA

Você precisa conseguir contatar todos os membros do público por e-mail a partir do sistema do portal de administração. No entanto, dê um passo adiante e faça seus desenvolvedores criarem e-mails de gatilho automatizados. Por exemplo, um e-mail pode ser enviado a todos os membros do público que não se conectaram à campanha por, pelo menos, sete dias.

LEMBRE-SE

Pode haver muitos motivos para a abstenção, e seus e-mails precisam tentar captar os motivos. Alguns desses motivos podem ser os seguintes:

- » **O público não entendeu sua campanha.** Envie aos usuários algumas dicas úteis, com um link para um pequeno vídeo que explica como se envolver com sua campanha.
- » **O público ficou entediado.** Isso pode acontecer, mas vale a pena tentar entender o porquê. Os usuários não conseguiram passar do primeiro nível? Ou não conseguiram atingir metas? Envie-lhes alguns guias especiais ou úteis para atrair o interesse de volta para a campanha.
- » **O público se ocupou e se esqueceu da campanha.** Lembre-o de seu progresso pessoal e incentive-o a voltar à campanha, informando o quão perto está de alcançar sua próxima meta.
- » **O público não teve uma experiência positiva.** Dê aos usuários uma oportunidade para expressar sua frustração e mostrar que você se importa. O Capítulo 10 cobre várias maneiras de obter feedback do público, incluindo formulários de feedback e enquetes.

O uso dessas técnicas resultará em uma taxa de sucesso muito maior quando seu e-mail chegar aos ausentes.

Falhar na Interação Social

No Capítulo 10, discuto a importância de interagir constantemente com seus canais sociais.

Infelizmente, a maioria das interações que você vê do seu público será para anunciar suas queixas com a sua campanha. Aqui estão algumas dicas para ajudá-lo a lidar com essas reclamações:

» **Nunca leve para o lado pessoal.** Seu público está chateado com sua campanha, não com você como indivíduo, então não entenda a situação como uma ofensa pessoal. Se o fizer, você corre o risco de piorar a situação e incentivá-lo a responder de forma muito mais agressiva.

» **Tente responder rapidamente.** Mesmo que não tenha as respostas de que eles precisam, como ponto de partida, tente responder imediatamente com um agradecimento. Dessa forma, eles perceberão que seu problema foi visto e está sendo investigado.

» **Seja consistente com seus tempos de resposta.** Forneça consistentemente o mesmo nível de resposta nos canais sociais, mesmo nos fins de semana. Evite criar uma enxurrada de respostas no espaço de 1 hora para reclamações feitas nas últimas 24h.

» **Assuma a responsabilidade.** Em vez de esconder os erros, admita-os. Peça desculpas por quaisquer erros na campanha e faça o que puder para corrigi-los.

» **Torne a conversa privada.** Ao falar com a pessoa privadamente, você a remove dos olhos do público. Com frequência, ao lidar com comentários negativos, outras pessoas podem ser incentivadas a participar. Ao tratar o assunto no privado, você evita que a situação se agrave. Além disso, ajuda a acalmar o cliente, porque você está trabalhando com ele individualmente para ajudar a resolver o problema.

» **Depois de responder ao problema, não presuma que o resolveu totalmente.** Em alguns dias, faça um acompanhamento para verificar se atendeu às necessidades deles.

DICA Proponha uma hashtag para seu público adotar ao discutir sua campanha (veja o Capítulo 10). Em seguida, fique de olho em sua hashtag e responda a todos que a usarem. Mantenha seus comentários leves e, se possível, bem-humorados. Ao mesmo tempo, desperte constantemente o interesse usando a hashtag você mesmo ao fornecer informações e notícias sobre sua campanha.

Lançar Sem Marketing

Um lançamento de jogo verdadeiramente eficaz envolve uma série de canais e táticas de marketing diversas. Isso significa que você precisa ter certeza de que possui todas as ferramentas certas antes de executar a campanha.

No Capítulo 9, examino várias maneiras eficazes de lançar um jogo com sucesso. Isso inclui a necessidade de despertar o interesse pelo jogo por meio de uma campanha de marketing de pré-lançamento.

LEMBRE-SE

Sua estratégia de pré-lançamento deve incluir o seguinte:

» **Otimizar a velocidade da sua página de destino:** Seu público não terá paciência o suficiente para que o site carregue se demorar muito.

» **Configurar um Google Analytics separado para a página de destino:** Monitore essas análises independentemente das estatísticas do site principal.

» **Configurar pixels de acompanhamento em sua página de destino:** Dessa forma, você pode começar a coletar informações sobre seu tráfego.

» **Testar seu jogo repetidamente:** Em geral, seu público não dará uma segunda chance ao jogo, então verifique se ele funciona.

» **Preparar uma postagem no blog para o lançamento:** As pessoas adoram ver o lado pessoal do desenvolvimento de jogos, então fale sobre as pessoas que deram vida ao jogo.

» **Provocar seus seguidores com postagens que lhes dão uma prévia do jogo:** Faça isso de uma forma divertida e interessante nas redes sociais.

» **Preparar uma demonstração em vídeo do seu jogo:** Deixe a demonstração curta e divertida.

> **NESTE CAPÍTULO**
>
> » Compreendendo as experiências positivas que a gamificação pode injetar em sua campanha de marketing
>
> » Desenvolvendo uma campanha de marketing mais sustentável e atraente
>
> » Determinando os benefícios reais do uso de gamificação

Capítulo **17**

Dez Benefícios da Gamificação do Seu Marketing

Por um bom motivo, os profissionais de marketing de todos os lugares estão procurando maneiras novas e inovadoras de alcançar o público. Na verdade, esse objetivo se tornou ainda mais desafiador, pois os consumidores estão se afastando mais do que nunca da publicidade online tradicional. Em uma pesquisa recente, os entrevistados afirmaram que os anúncios online têm pouca ou nenhuma influência em seu comportamento.

A gamificação pode fornecer a resposta aos problemas do marketing tradicional. Ela usa o instinto básico dos humanos de querer "jogar". Além disso, também oferece um modo para todas as campanhas de marketing fornecerem valor real ao público, bem como uma experiência digital positiva.

A gamificação pode ajudar a criar uma campanha de sucesso para sua empresa, na qual você constrói o reconhecimento da marca, direciona o engajamento e desenvolve um programa de fidelidade duradouro.

Reforçando o Reconhecimento da Marca

Ao usar a gamificação, você pode atrair novos clientes de forma original e atrair clientes antigos ao perceberem sua marca como inovadora e divertida. Seu público, antigo ou novo, experimentará a campanha de marketing de uma forma divertida e interativa — uma experiência que os deixará felizes.

Públicos felizes começam a falar instantaneamente sobre sua marca na forma de menções na mídia social, bem como pelo marketing boca a boca e pelas análises online. Todos esses cenários resultam em um reconhecimento de marca mais forte do que pode alcançar em uma campanha de marketing tradicional.

Ao explorar recompensas, pontos, classificações, placares e competição (veja o Capítulo 4), você pode incentivar o público a seguir, compartilhar e curtir sua marca nas redes sociais. Dessa forma, com o marketing de gamificação, você pode aumentar o alcance e, em última instância, o reconhecimento de marca.

Aumentando o Alcance

Não importa o tipo de campanha que faça, um dos principais objetivos será sempre conquistar novos clientes. Não importa quais segmentos de mercado esteja almejando ou em qual setor sua empresa atue, aumentar seu alcance de clientes sempre será uma parte fundamental do marketing.

O ideal seria cada empresa ter acesso a um orçamento de marketing que levaria instantaneamente sua visão de campanha de marketing para o público necessário. Com um orçamento ilimitado, seu alcance de mercado pode ser ilimitado; entretanto, no mundo real, a maioria das empresas tem limitações em termos de até onde podem ir com seus planos de marketing.

O brilho das campanhas de marketing de gamificação, em que situações cotidianas se transformam em jogos, está na criação de uma campanha multifuncional e em camadas que melhora naturalmente o engajamento do público e o alcance da marca.

LEMBRE-SE

Aqui estão alguns jeitos de aumentar o alcance por meio da gamificação:

» **Boca a boca:** O marketing boca a boca está mais poderoso do que nunca, e só aumentou seu domínio como um motivador de influência social. A gamificação é uma das maneiras mais eficientes de influenciar o boca a boca; conforme o público se diverte e aproveita a campanha, ele fala sobre ela e a compartilha. Se as opções de jogo (veja o Capítulo 2) forem desenvolvidas de maneira adequada, o público terá uma experiência envolvente e divertida. Isso aumenta as chances de discutirem o assunto com outras pessoas em suas vidas.

» **Mídia Social:** A mídia social é onde ocorrem quase todas as tendências de compartilhamento. Ela tem a capacidade única de encorajar o compartilhamento e até mesmo de transformar as campanhas de marketing de apenas razoáveis para completamente virais.

As campanhas de gamificação tendem a se sair excepcionalmente bem quando se trata de viralização. A razão para isso é simples: os jogos são perfeitos para estimular o comportamento social. De incentivos e recompensas a colaboração e placares, uma campanha bem desenvolvida pode se tornar viral e trazer ótimos resultados.

» **Incentivos:** Conforme seu público gosta de sua campanha e se engaja com ela, ele precisa ser incentivado a compartilhá-la, aumentando assim seu alcance. Com a gamificação, os incentivos podem assumir muitas formas (veja o Capítulo 4). De premiar conquistas alcançadas por usuários a recompensas, você pode criar a motivação necessária para que o público promova sua campanha em suas esferas sociais.

Atraindo Rapidamente um Público Mais Jovem

Sua empresa pode criar públicos para a vida toda se você encontrar maneiras de tornar sua marca atraente para os mais jovens. Como diz a famosa regra de marketing, "Se você os marcar enquanto são jovens, eles serão seus clientes para sempre".

Como vimos nos últimos anos, o público mais jovem foi rápido em adotar as novas revoluções da tecnologia digital e social. Isso torna a gamificação um método de marketing ainda mais importante se você deseja que sua campanha atraia os jovens. Ela força seu marketing a praticar a criatividade, o que por sua vez cria uma plataforma envolvente e motivacional para o público mais jovem.

Frequentemente obsessivos por seus telefones e qualquer nova tecnologia, os jovens ficam naturalmente intrigados com o marketing de gamificação. Ao prometer uma experiência divertida e envolvente, sua campanha atrairá a atenção desse público instantaneamente, como fez a campanha Shake It da Coca-Cola (veja o Capítulo 15).

Estimulando o Engajamento

Se sua campanha de marketing for envolvente, valerá a pena compartilhá-la. A gamificação pode ajudar a impulsionar esse engajamento para que o público possa se conectar com sua marca e campanha de uma forma divertida e envolvente. No entanto, existem certos métodos que você pode usar para garantir que seu modelo de gamificação estimule o engajamento:

» **Usar recompensas de forma inteligente:** Para atrair novos públicos para sua campanha, você precisa oferecer recompensas por jogar e comprar, pela fidelidade e pelas referências (veja o Capítulo 4).

» **Educar o público:** A gamificação pode ajudar seu público a sair da campanha mais informado sobre o seu negócio ou produto. Em vez de criar uma campanha que simplesmente fale sobre a mensagem que deseja transmitir, incorpore a mensagem ao jogo (veja o Capítulo 7). Isso fará com que seu público leia e compreenda a mensagem enquanto se diverte jogando por suas recompensas.

» **Promover um novo produto ou serviço:** Com um jogo divertido e informativo, você pode apresentar um novo produto ou serviço a públicos atuais e novos. Ao atrelar descontos nas recompensas, o público vai jogar ativamente até obtê-los e fazer uma compra para resgatar a recompensa.

Injetando Diversão em Sua Marca

Simplificando, a gamificação torna a diversão e a competição parte de uma estratégia de marketing. Essa é uma boa notícia para sua marca, porque sua campanha de marketing de gamificação vai gerar fãs — pessoas que querem participar, seguir e compartilhar sua marca.

A gamificação pode inspirar o envolvimento do usuário de uma forma mais significativa, o que, por sua vez, estimula a lealdade. O melhor exemplo dessa estratégia pode ser visto no Starbucks Rewards (veja o Capítulo 15). Os clientes fiéis da Starbucks podem ganhar pontos e receber benefícios. Isso os estimula a escolher a Starbucks em vez da concorrência.

A gamificação força sua equipe de marketing a pensar em elementos mais criativos e divertidos, o que garante que todos os públicos terão uma experiência divertida e envolvente com a estratégia de marketing. Ao usar elementos divertidos, você desenvolve a fidelidade do cliente.

Influenciando o Comportamento do Cliente

A gamificação tem uma grande vantagem sobre as campanhas normais de marketing quando se trata de influenciar o comportamento do cliente. Uma campanha de gamificação envolve experiências universais, como estímulo e motivação, o que permite que você influencie o comportamento do cliente.

Influenciar o público a tomar as decisões que você deseja é o Santo Graal do marketing. No Capítulo 15, discuto como o uso da gamificação pela Nissan influenciou os condutores a praticar melhores hábitos de direção, que é exatamente a mensagem com a qual a Nissan queria se alinhar.

A capacidade da gamificação de influenciar o comportamento também pode ajudá-lo a construir uma rede social mais forte e ampla para sua marca. Por exemplo, opções de gamificação interativas, como enquetes, são um grande incentivo para compartilhar com suas conexões sociais. O desejo de ganhar recompensas incentivará os usuários a solicitarem ajuda em suas redes sociais, o que divulgará sua campanha e sua marca.

Acumulando Big Data

Big data oferece insights de todos os tipos de fontes de dados estruturados e não estruturados para ajudar a melhorar como as empresas operam e interagem com os consumidores (veja o Capítulo 11). A gamificação, que permite que você se conecte com seu público de uma forma mais interativa e íntima, reúne dados valiosos que você pode transformar em novos insights para criar segmentos de mercado detalhados para campanhas futuras.

A gamificação cria muitos dados que podem ser analisados, especialmente quando os usuários são solicitados a fazer login nas redes sociais, nas quais muitos dos dados podem ser coletados. O mais interessante é que podem ser integrados para fornecer contexto com todos os outros dados de gamificação que você está armazenando.

Você também pode usar a gamificação para entender melhor como seu público se comporta na campanha. Por exemplo, no Capítulo 15, mostro como a Netflix introduziu a era da gamificação na TV. Ao dar aos espectadores uma escolha interativa de como a história se desenrola, a empresa conseguiu reunir mais informações sobre cada segmento de público. Essas informações podem então ser usadas para melhorar suas produções futuras.

Personalizando a Experiência com a Marca

O marketing de gamificação pode personalizar a mensagem da sua marca para o público, criando uma experiência mais pessoal durante a campanha. A segmentação e a personalização são essenciais para gerar conversão, desenvolver confiança e construir a lealdade do cliente (veja o Capítulo 9). Quanto mais adaptar o marketing ao seu grupo-alvo, mais eficazes serão as campanhas.

Você pode criar experiências de jogo personalizadas direcionadas a segmentos de público específicos e, em seguida, desenvolvê-las para os valores de sua marca. Ao fazer isso, sua campanha de marketing se conectará com seu público em um nível mais profundo.

A gamificação permite dois tipos de personalização:

» **Dados demográficos do público:** Selecione opções de jogo que sejam atraentes para os dados demográficos que está segmentando. Por exemplo, se você tem como alvo pessoas com famílias jovens, um jogo que eles possam jogar com os filhos seria o ideal.

» **Gostos do público:** Se o público compartilha algo em comum (por exemplo, uma atividade ou tipo de entretenimento), você pode personalizar seu jogo para apresentar essa preferência compartilhada.

Desenvolvendo a Fidelidade do Cliente

Seu público está sendo bombardeado por ruído — opções, ofertas e mensagens publicitárias estão por toda parte. Para que o marketing seja bem-sucedido, a campanha precisa desesperadamente envolver os clientes, manter o interesse deles e, mais importante, desenvolver a lealdade. Com tantas opções competindo agressivamente pela atenção do público, fica cada vez mais difícil.

A gamificação pode potencializar programas de fidelidade do cliente, o que cria um relacionamento mais valioso e sustentável. Quando bem feitos, os programas de fidelidade de gamificação têm um impacto impressionante. Identificar a estratégia de gamificação certa com as recompensas certas elevará o programa de fidelidade e manterá os clientes envolvidos (veja o Capítulo 4).

DICA

Aqui estão duas dicas para elevar seu programa de fidelidade:

» **Apresente um elemento competitivo.** A ideia da gamificação é oferecer alguma forma de competição ao seu público. Pode ser um placar ou emblemas para o público conquistar.

» **Apresente clubes de elite.** Fazer parte de um clube de elite faz com que seu público sinta que compartilha de um relacionamento especial com sua marca, o que é muito importante para desenvolver lealdade. Na gamificação, esse status de elite é desenvolvido como uma "conquista". Quando os clientes alcançam uma meta específica, eles se tornam parte desse conjunto exclusivo de clientes com benefícios adicionais.

Coletando Feedback e Excelentes Informações do Cliente

Seu público está sendo inundado com marcas e sites solicitando feedback. Infelizmente, tornou-se raro gerar feedback significativo do cliente para uma campanha de marketing tradicional. Isso o deixa sem uma imagem clara do que seu público sente sobre sua empresa, sua marca e, mais importante (em curto prazo), sua campanha.

A gamificação ajuda a simplificar o processo, oferecendo uma campanha mais envolvente e divertida, o que aumenta as taxas de resposta. A gamificação gera uma resposta emocional e imediata do seu público porque ele responde sem pensar na resposta. Portanto, mesmo que seu público esteja sendo bombardeado com pedidos de feedback, a gamificação ajuda a destacar sua campanha, tornando o processo simples, contínuo e divertido.

DICA

Concentre-se nas duas áreas a seguir:

» **Jogabilidade:** Concentre-se na jogabilidade geral do seu jogo. A chave aqui é ter um jogo que possa ser aprendido facilmente e que seu público queira continuar jogando. Fique longe de gráficos 3D avançados e jogabilidade ultracomplexa. Desenvolva um jogo que seja simples o suficiente para atrair a maioria do seu público enquanto mantém uma vantagem competitiva.

» **Recompense o feedback:** Se quiser incentivar o feedback, especialmente em longo prazo, permitir que seu público ganhe pontos e recompensas será fundamental. Eles vão querer sentir que seu feedback gera privilégios ou recompensas.

Índice

SÍMBOLOS
1Password, 174-177
#DiGiorNOYOUDIDNT, 65-68
#GameOfScroll, 188
#StarbucksRewards, 63-66
#ThrowbackThursday, 62-65
    #TBT, 62-64
#TweetFromTheSeat, 65-68

A
Acordo de confidencialidade, 84
Adobe Flash Player, 137-140
Agências de design, 135-138
Alcance, 193-196
Algorítimos, 200-202, 234
Amazon, 73-77
    Amazon Simple Email Service (Amazon SES), 73-76, 98-100
    Amazon Web Services, 147-150
American Express, 20-23
Ampliar o alcance, 13-16
Análise de dados, 189-206
Análise preditiva, 199-201
    aprendizado de máquina, 200-202
    mineração de dados, 200-202
    modelagem estatística, 200-202
Android, 91-94
Angie's List, 230-233
Anúncios, 193-196
Aplicação offline, 86-89
Aplicativos da web, 205-206
Aplicativos de negócios, 172-175
Apple, 91-94, 137-140
    Steve Jobs, 138-140
Application Programming Interfaces (APIs), 73-76
    API FileSystem, 90
Armazenamento offline, 88-92
    armazenamento de plugin, 89-91
    armazenamento na web, 89-91
        dados de sessão, 89-91
        cookies, 89-91
Asana, 80-83
Atos de Deus, 74-78

Atribuição de tráfego, 231-234
Atualizações, 195-198
Aumento de tráfego, 209-212
Ausentes, 265-268
Avaliações da campanha, 195-198

B
Back-end, 212-215
Backup, 216-219
Balanceamento de carga, 212-215
Banco de dados, 204-206
Banco de dados web SQL, 90-93
Banners, 97-100
Barracuda Central, 96-99
Barras de progresso, 55-58
Benchmarks, 81-84
Big data, 50, 196-199, 225-228
    coletar dados, 8-11
    fontes de dados, 12-15
    os cinco Vs, 197-199
Bing, 51-52
Blogosfera, 162-165
Blogrolls, 162-164. *Consulte também* Influenciadores e blogueiros
Boca a boca, 270-273
Briefing de marketing, 123-126
British Airways, 20-23
    Avios, 20-22
Bugs, 126-129
Business-to-business (B2B), 42-45, 99-102
Buzzfeed, 159-162

C
Call to action (CTA), 54-57, 146-149, 155-158, 178-180
Cancelamento da inscrição,, 100-103
Cascading Style Sheets (CSS), 86
Charmin, 64-67
Chatbots, 234
Chipotle, 145-148, 252-255
    A Love Story, 145-147
    A Love Story Game, 252-255
    Cado Crusher, 253-255
Ciclo de vida, 127-130

Ágil, 130–132
Cisco Talos Intelligence Group, 96
Citroën, 188
    Game of Scroll, 188
Cliente fiel, 57–60
Cliques no Link, 194–197
Closeups, 194–197
Cloudflare CDN, 211–214
Clubes de elite, 275–276
Coca-Cola, 29–32
    Shake It, 256–258
Compartilhamento social, 15
Competitividade, 121–122
Comunidades, 25–28
    comunidade online, 70
Conquistar novos clientes, 13–16
Contenção de fase, 104–106
Content Delivery Network (CDN), 146–149
Criação de conteúdo, 67, 74–77
Criando antecipação, 244–247
Crowdsourcing, 10–13
CSS, 88–91
Customer Relationship Management (CRM), 41–44
Customer Thermometer, 59–62

D
Dados, 191–195
    dados brutos, 191–196
    dados inteligentes, 50–52
Dados demográficos do público, 274–276
Delegar tarefas, 125–128
Depuradores, 210–213
Descoberta social, 26–29
Descurtidas, 46–49
Desempenho da campanha, 186–188
Desenvolvimento, 72–75
    desenvolvedores, 137–140
Design comportamental, 16
Desktop, 225–228, 264–267
Dia de lançamento, 72–75
Direitos de propriedade intelectual, 84
Disney, 256–258
Dispositivos móveis, 167–168
Dividir conhecimento, 25–28
Do It Yourself (DIY), 99–102

E
Easter egg, 24–27
Educar o público, 272–275
Elemento competitivo, 275–276
Elementos de diversão e competição, 11–14
Elementos de gamificação, 17–20
E-mails, 95–98
    campo de assunto, 95–97
Emblemas, 55–58
Emojis, 59–62, 186–188
Endereço IP, 97–100
Endereços oficiais, 92–95
Engajamento do público, 7–10, 53–56
    engajamento geral, 8–10, 171–173
Enquetes, 195–198
Equipe interna, 79–82
Erros comuns, 259–262
Estabelecer incentivos, 15–16
Estágio da vida, 115–118
Estereótipos de gênero, 29–32
Estimular o engajamento, 272–275
Estratégia técnica, 137–140
Exibição de página, 227–230
Experiência digital, 11–14
Experiência do usuário (UX), 18–21, 51, 228–231
    consistência da experiência, 23–25
    elementos criativos de design, 23–26

F
Facebook, 70
    Facebook ads, 150–153
    Facebook for Business, 46–48
        Facebook Insights, 46–48
        Facebook Pixel, 149–152, 192–194
        Instant Games, 167–168
    Messenger, 167
Failover de servidor, 215–218
Falha de energia, 213–216
FarmVille, 26–29
Fatores demográficos, 29–32
Feedback do público, 11–14, 58–61, 171–173
    enquetes, 187–188
    fórum online, 187–188
Feed de notícias, 44–47, 150–153
Ferramentas de criatividade:, 21–24
File Transfer Protocol (FTP), 214–217
Filtros de spam, 93–95
Firewall, 203–206

Fluxo da campanha, 23-26
Fluxo do jogo, 133-136
Forbes Global, 7-10
Formação de equipe, 125-128
Formas tradicionais de marketing., 8-11
Formulário de contato, 57-60
Frameworks, 196-199
Freelancers, 74-77, 135-138
Funcionários internos, 136-139
FutureSplash Animator, 138-141

G

Garantias de código, 83-84
Gartner, 7-10
Gerar lealdade, 11-14
Gerenciadores de anúncios, 37-40
Gerente de projeto, 125-128
GIFs, 70
Gigantes de mídia social, 192-195
GlockApps, 94-97
Google, 51-52
    Google Analytics, 173-175
    Google Chrome, 9-12
    Google Cloud CDN, 147-149
    Google My Business, 229-232
    Google Santa Tracker, 244-247
Gostos do público, 274-276
GroupHigh, 162-165. *Consulte também* Influenciadores e blogueiros
Grupo demográfico, 15-16
Grupos focais, 39-42
Guildas ou equipes, 26-29

H

Habilidade ou chance, 24-27
Habilidades de desenvolvimento, 74-77
Hacks, 175-178, 204-206
Hadoop, 196-199
Hardware, 212-215
Hasbro, 9-12
Hashtag, 49-51, 60-66
    Hashtagify, 66-68
    hashtag única, 61-63, 161-164
    trending topics, 61-63
Higiene de dados, 100-103
Honda, 103-106
Honeypot, 205-206
Horários de postagem, 68-70

HTML5, 32-34, 86-90, 137-140
HuffPost, 159-162
Hypertext Markup Language (HTML), 86-89

I

Ícones populares, 261-264
Identidade da marca, 237-240
iframe, 166-168
Imprensa, 49-52
Impressões, 194-197
Impulsionar o engajamento, 12-15
Influenciadores e blogueiros, 160-163
    influenciar comportamento, 12-15
    marketing do influenciador, 161-163
    número de seguidores, 163-165
Infográficos, 67-69
Information Commissioner's Office (ICO), 102-104
Inovação, 22-25
Insights de dados, 171-174
Instagram, 58-62
    Instagram Insights, 47-50, 151-154, 194-197
Inteligência artificial (IA), 234
    chatbots, 234
Inteligência de IP, 175-178
Interação, 178-181
Interesses, 115-118
Internet das Coisas (IoT), 197-200
Introdução da campanha, 70
ISPs, 93-96

J

Janela de lançamento, 144-147
JavaScript, 86-89
Jogabilidade, 119-122
Jogos, 8-12
    elementos de jogos, 8-11
jornada de gamificação, 235-239
Jornada do usuário, 13-16, 177-180, 181-184
JPEGmini, 218-220

K

Keeper, 204-206
Kit de desenvolvimento de software (SDK), 167-168

L

Landing page (página de destino), 145-148, 192-195

Largura de banda, 219-220
Lei Geral de Proteção de Dados (LGPD), 101-104
Licenças de software, 136-139
Linha do tempo, 44-47
LinkedIn, 42-45, 151-153
    LinkedIn Analytics, 48-50
Links, 95-98
    link de cancelamento de inscrição, 96-99
    links personalizados, 147-150
Linux, 106
Lista de bloqueio, 96-99
    listagens baseadas em evidências, 97-99
    listagens de políticas, 97-99
    listagens técnicas, 97-99
Lista de desejos, 32-34
Logs, 215-218

M
Magnum, 258
    Magnum Temptation, 258
Mail-Tester, 93-96
Malwares, 203-206
Marketing, 8-10
    campanha de marketing, 1-4
    estratégia de marketing, 8-11
    marketing tradicional, 11-14
    metas de marketing, 179-182
        conversão, 179-181
McDonald's, 9-12
Mercado-alvo, 39-42
Mercado de massa, 118-121
Metas competitivas, 14-16
Métricas de vaidade, 43, 49-51
Microsoft, 147-150
    Microsoft Azure CDN, 147-149, 211-214
    Microsoft Excel, 154-157
Mídias sociais, 43-46, 161-164
    alcance social, 44-46
    crescimento de seguidores, 44-46
    engajamento, 44-46
        curtidas e compartilhamentos, 45-47
        menções, 45-47
    impressões, 44-46
    número de seguidores, 45
M&M, 254-257
    Eye-Spy Pretzel, 254-257
Modelos de gamificação, 110-114
Modelos de processo e de desenvolvimento, 127-130
    ciclo de vida, 127-129
Monitoramento, 72-75

N
Narrativa digital, 161-164
Narrativa interativa, 110-113
Navegadores, 90-93
    Chrome, 90-92
    Edge, 90-92
    Firefox, 105-106
    Opera, 90-92
        Opera Mini, 105-106
    Safari, 105-106
Netflix, 198-201, 273-276
    Black Mirror: Bandersnatch, 198-200
Newsletters, 9-12
Nike, 14-16
    Nike+ FuelBand, 253-256
Nintendo, 258
    Super Mario, 258
Nissan, 12-15
    CarWings, 257-258
    Leaf, 257-258
Níveis de status, 14-16
Níveis ou progressão, 21-24
Novas habilidades, 21-24

O
Objetivos do público, 184-187
Objetivos específicos, 153-156
Objetivos inúteis, 262-265
Objetivos SMART, 116-119
Office Depot/OfficeMax, 22-25
    ElfYourself, 22-24
Opt-ins de e-mail, 101-104
Orçamento de campanha, 72-75
    orçamento de contingência, 74-76
    pesquisa de mercado, 72-74
Oreo, 246-248
    Oreo Design a Pack, 246-248
Oscar, 64-67
Otimização de mecanismos de pesquisa (SEO), 149-152

P
Palavras-chave, 95-98

Personalizar a experiência, 12–15
Personas (perfil de pessoas), 225–228
Pesquisa de mercado, 72–75
Pesquisa inicial, 39–42
Phishing, 203–206
Pinterest, 51–52
    pin, 62–64
    Pinterest Analytics, 194–197
Placares, 24–27, 57–60
Planejamento técnico, 125–128
Plano de marketing, 72–76
Plano mestre, 123–127
Ponto de vista do público, 16
Pontos, 54–57
Pontos de experiência, 24–27
Pontos de presença, 209–212
Portal de administração, 172–177
    aThemes, 172–174
    Colorlib, 172–174
    ThemeForest, 172–174
Posts, 45–48
Potencial de compra, 41–44
Programas de fidelização, 12–15
Proposta de venda única (USP), 232–234
    slogan eficaz, 232–234
Público-alvo, 17–20, 38–52, 242–244
    público mais jovem, 13–16, 271–274

Q
Qualidade, 67–70
Qualidade de codificação, 81–84
    padrão de codificação, 82–84
Quebra-cabeça, 111–114, 241–244
Questões de segurança, 82–84

R
Rackspace CDN, 147–150, 211–214
Recompensas, 14–16, 121–122
    recompensas simbólicas, 21–24
    recompensas temporárias, 26–29
    resgate de recompensas, 122
Reconhecimento da marca, 13–16
Reddit, 164–167
    subreddit, 164, 181–183
Rede de distribuição de conteúdo (CDN), 209–212
Redes sociais, 60–63
    engajamento, 60–62
    feeds de notícias, 70
Regulamento Geral de Proteção de Dados (RGPD), 101–104
Relatório de marketing, 176–179
Remarketing, 149–152
Repostagens, 69–70
Resposta emocional, 11–14
Resumo Mensal, 193–196
Reviews.io, 229–232
Rich media, 219–220
RPG, 242–245

S
Sandbox, 90–93
Sazonalidade, 50–52
Search engine optimization (SEO), 149–152
Secure Sockets Layer (SSL), 174–177, 202–205
Segmentação, 153–156
Segmento de mercado, 151–154
Segurança de dados, 3–4, 173–175
Sender Score, 97
Sensação de realização, 14–16
Slogans de marketing, 243–246
Snapchat, 92–95
Software Requirements Specification (SRS), 80–83
Software terceirizado, 202–205
Spam, 158–161
    spammer, 158–160
SQL/MySQL, 41–44
SRSCreator, 81–84
Starbucks, 8–11
    Starbucks Rewards, 14–16, 252–255
Stories, 47–50
Storyboard, 126–129
Suporte contínuo, 72–75
Surfistas prateados, 51–52
Surveyapp, 185–188
SurveyMonkey, 42–45
Susan Boyle, 66–69
    #susanalbumparty, 66–68

T
Target, 255–258
    Wish List, 255–257
Taxa de rejeição, 208–211, 238–241
Taxa de saída, 238–241
Tema sazonal, 243–246
Tempo limite, 212–215

Tendências, 30–33, 64–67
    rastreio, 41
Terceirização, 78–84
Termos de Serviço, 166–168
Testagem, 126–129
    Alfa, 127–129
    Beta, 127–129
        Closed beta, 127
        Open beta, 127
Teste A/B, 39–42
Teste da lista de seed, 93–96
TikTok, 165–168
Tipos de jogadores de Bartle, 27–30
Tipos de jogos, 18–22
    Clássicos, 18–20
    Colaborativos, 18–20
    Comunidades, 18–20
    Disruptivos, 18–20
    Empreendedores, 18–20
    Experiências de usuário, 18–20
Token, 175–178
    Tokenização, 175–178
        chave de criptografia, 175–177
Tráfego da web, 224–227
Trilha sonora, 34
Tripadvisor, 229–232
Tweepi, 162–165
Twitter, 58–61
    tweet, 61–64
        Twitter for Business, 47–49, 152–155
            Twitter Analytics, 47–50, 193–196

U
Unity, 139–142
Unix, 172–175
URL de login, 173–176
User acceptance testing (UAT), 149–152
Usuários, 166–168

V
Valor agregado, 122
Verificação e validação, 129–132
Verificadores de spam, 93–96
Verizon Wireless, 10–13

Vídeos, 193–196
VIP, 157–160
Viralizar, 33–34, 271–274
    tráfego viral, 207–210
    vídeos virais, 70
Visitas ao perfil, 47–50
Visita x visualização, 227–230
Visualizações de página, 193–196
Volkswagen, 10–13
Voz, 22–25

W
Waze, 56–59
Widget, 184–187
Windows, 106
    Windows Update, 138–141
WordPress, 172–175
World Touring Car Championship (WTCC), 255–257

X
Xamarin, 139–142
Xbox AAA, 159–162
XCode, 139–142

Y
Yelp, 230–233
YouTube, 138–141, 196–199
Yu-kai Chou, 16

Z
Zarrar Chishti, vii–x
Zendesk, 186–188

Projetos corporativos e edições personalizadas dentro da sua estratégia de negócio. Já pensou nisso?

Coordenação de Eventos
Viviane Paiva
viviane@altabooks.com.br

Assistente Comercial
Fillipe Amorim
vendas.corporativas@altabooks.com.br

A Alta Books tem criado experiências incríveis no meio corporativo. Com a crescente implementação da educação corporativa nas empresas, o livro entra como uma importante fonte de conhecimento. Com atendimento personalizado, conseguimos identificar as principais necessidades, e criar uma seleção de livros que podem ser utilizados de diversas maneiras, como por exemplo, para fortalecer relacionamento com suas equipes/ seus clientes. Você já utilizou o livro para alguma ação estratégica na sua empresa?

Entre em contato com nosso time para entender melhor as possibilidades de personalização e incentivo ao desenvolvimento pessoal e profissional.

PUBLIQUE **SEU LIVRO**

Publique seu livro com a Alta Books. Para mais informações envie um e-mail para: autoria@altabooks.com.br

/altabooks   /alta-books   /altabooks   /altabooks

CONHEÇA OUTROS LIVROS DA **PARA LEIGOS**

Todas as imagens são meramente ilustrativas.

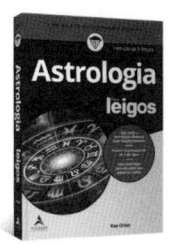

- Astrologia Para Leigos
- Design Thinking Para Leigos
- DevOps Para Leigos
- Feng Shui Para Leigos
- Excel Fórmulas & Funções Para Leigos
- Programando Excel VBA Para Leigos
- Mineração de Criptomoedas Para Leigos
- Criando Games em 3D

ALTA LIFE EDITORA
ALTA/CULT EDITORA
ALTA BOOKS EDITORA
alta club